-언론인이 본 자랑스런 한국인-
나는 이렇게 미국에서 꿈을 이루었다

-LA 한인타운 초기 인사들의 도전과 성공-

미국 땅에 심은 한국

이 영 아 著
(중앙일보 미주본사 전문위원)

뿌리출판사

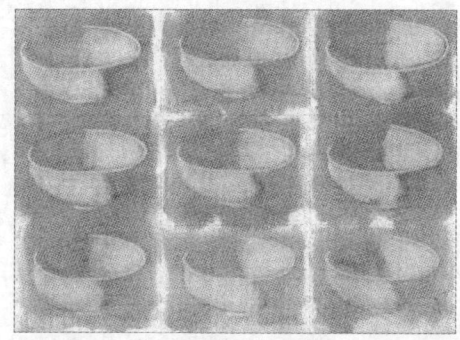

미국 땅에 심은 한국

뿌리出版社

이(고)영아 약력

이화여대 신문학과 졸업, 뉴욕대학 대학원 공연학(연극학)과 졸업. 1968년『중앙일보』에 입사. 1972년부터 미국에 거주하며『중앙일보』미주본사 외신부장, 특집부장, 문화부장, 논설위원을 지내고 현재 전문위원이다. 아시아·태평양계 미국인 예술가협회 이사, 사무국장을 역임했고, 주요 번역서로 재일교포 채수명의『생명과 희망』영역 출판, 테네시 윌리엄스가 마리아 세인트 저스트에게 보낸 서간집『다섯 시의 천사』, 퓰리처상 수상작가 랜퍼드 윌슨의 수상 희곡집『탤리가의 빈집』등의 번역서가 있고, 저서로는『한국인입니다』,『대륙에 뿌리 뻗는다』,『미국을 빛내는 한국인들』등이 있다. 국제 PEN U. S. A. 회원.

미국 땅에 심은 한국

2002년 10월 14일 발행
2002년 10월 21일 1쇄

지 은 이 / **이 영 아**
펴 낸 이 / **윤 현 호**
사　　진 / **신현식, 전흥철, 양철우 기자**
펴 낸 곳 / **뿌리출판사**
홈페이지 / **www.rootgo.com**
주　　소 / 서울특별시 성동구 성수 2가 3동 317-10호 (2층) 우편번호/133-835
전　　화 / (02)2247-1115(代), 466-4516, 팩 스 / (02)466-4517
출판등록 / 서울시 등록(카) 제 1-551호 1987.11.23

ⓒ2002. 중앙일보 미주본사

값 / 12,000원
ISBN 89-85622-31-5

*잘못된 책은 바꾸어 드립니다.
*인지는 저자와의 협의에 의하여 생략합니다.

-LA 한인타운 초기 인사들의 도전과 성공-
미국 땅에 심은 한국

뿌리出版社

차 례

책 머리에 ─────────────────────────── 8
LA-서울길 25년 '지킴이'　　　　항공정비 기술자 / 강 영 구· 10
'꽃밭에서' 등 대표적인 동요 150여 곡 작곡　동요 작곡가 / 권 길 상· 16
35년간 고향맛 전해온 '떡 할아버지'　　김방아 대표 / 김 명 한· 22
고국소식 물어다준 까치방송인　　한국 첫 TV 아나운서 / 김 봉 구· 28
교육과 봉사로 지낸 한평생　　남가주 한국학원 이사 / 김 수 안· 34
"모국에 뭔가 바치고 싶었다"　　'조국에 드리는 탑' 헌납 / 김 시 면· 40
"받은 축복 나누니 행복 더 커져"　한미 문화협회 회장 / 김 원 보· 46
"자동차에 꿈을 담아 팔았죠"　김윤성종합자동차 대표 / 김 윤 성· 52
한인사회 운전교육의 '훈장님'　김스 운전학교 교장 / 김 응 문· 58
우리 야채 첫 재배한 농부 목사　한인농장 일군 목사 / 김 익 환· 64
힐튼호텔에 '대원각' 세워　작곡가 이재호씨 미망인 / 김 정 선· 70
"한인고객 성공 빌며 소망 찍어냈지요"　한미인쇄소 대표 / 김 종 훈· 76
한-미 무역의 선구자　렉서스 코퍼레이션 대표 / 김 죽 봉· 82
'코리아타운' 팻말이 붙기까지　당시 LA 시장 보좌관 / 김 준 문· 88
전세계 향한 봉사로 한평생　와이즈맨클럽 국제총재 지낸 / 김 히 영· 94
미국이 존중한 한국인 과학자　NASA의 연구관 / 노 준 희·100
한인 교사들의 대모　한미교육가협회 초대회장 / 매리 손·106
약자편에서 인간을 보호한 법조인　남가주 한인 변호사 2호 / 민 병 수·112
오렌지카운티 한인회 기틀 마련　O. C. 초대 한인회장 / 박 진 방·118
한인 봉제업계의 주춧돌　가주 봉제협회 초대회장 / 변 창 환·124
반세기전 미국의 한인 영웅　미국대표로 올림픽 금메달수상한 / 새미 리·130
"후세들에게 뿌리를 찾아줘야"　이민백주년사업회 실행위원장 / 서 동 성·136

가난한 동포들 어루만져온 약손   한인 1세 개업의 2호 / 서 종 원 · 142
한인사회 교육계의 선두에서   3가 초등학교 교장 / 수지 오 · 148
할리웃 진출한 첫 이민 1세   배우·연출가·극작가 / 오 순 택 · 154
정통 한국식 중국음식 LA에 보급   중국음식점 용궁 사장 / 왕 덕 정 · 160
수많은 간호사 길러낸 '대모'   프랜차이즈 '비지비' 대표 / 유 분 자 · 166
한인회 40년 역사의 기록   한인회 초대 총무 / 이 경 동 · 172
사형수 이철수를 살린 인권운동가   원로 언론인 / 이 경 원 · 178
한인사회 가꾸기 현장의 손길   남가주 한인상의 발기인 / 이 교 숙 · 184
자동차 열쇠로 일군 성공   한국자동차 회장 / 이 대 룡 · 190
가위질의 예술, 분재에 바친 삶   정원수 재배업 개척 / 이 병 균 · 196
한국 얼을 노래하는 예술인생   벨칸토 음악 연구소장 / 이 우 근 · 202
한인사회와 미국정계 이은 다리   LA시 첫 한인 커미셔너 / 이 천 용 · 208
올림픽 거리의 3천만불 신화   '영빈관' 설립자 / 이 희 덕 · 214
최고의 양복점으로 할리웃 진출   하이소사이어티 대표 / 임 윤 영 · 220
모친 소니아 석여사와 타운 발전위해 활약   치과의사 / 장 기 열 · 226
관직 없는 외교관 반세기   한국연구협회 회장 / 정 경 조 · 232
아메리칸 드림에 한인들 꿈 접목   가든 그로브 전 부시장 / 정 호 영 · 238
향수와 소망을 음악으로 승화   유뱅크스 음악학교 학장 / 조 민 구 · 244
한인들 사업성장의 증인   타운 초기 공인회계사 / 조 용 직 · 250
"2세들 훨훨 날게 활주로 닦은거죠"   부동산 중개인 한인타운 1호 / 조지 최 · 256
KAL 태평양 횡단 이뤄낸 명교관   연방항공국 서부지역 매니저 / 체스터 장 · 262
이민 4세, 민완경찰로 명성 얻어   LAPD 한인 경찰 3호 / 티모시 서 · 268
이민문학 새 지평 연 방랑시인   첫 교포문학지 편자 / 황 갑 주 · 274

책 머리에

로스앤젤레스 일대를 중심으로 본격적인 한인 커뮤니티가 형성되기 시작한 지 30여 년이 됐습니다. 그 짧은 기간에 한인 이민자들은 미국 땅 곳곳에 '한국'을 세워놓았습니다.

지리적으로 한국과 가까운 남가주 지역이 가장 먼저 이루어지기 시작한 곳입니다. 로스앤젤레스 미드타운을 중심으로 한국이 있고, 한인들이 있고, 한인들의 거대한 힘이 있습니다. 케네디 이민법이 발효되면서 조국을 두고 꿈을 찾아 태평양을 건너온 초기 인사들의 땀과 노력이, 용기와 도전이 이렇게 결실을 맺은 것입니다.

한인들은 뒤늦게 왔지만 일찍 미국 땅을 밟은 앵글로들과 함께 이제 미국의 주인이 되어 있습니다. 백악관 요직에도, 연방정부 주요 부처에도, 학계에도, 의료계에도, 법조계에도 주요 인사로 인정받고 있는 한인들이 적지 않습니다. 이제 한인 커뮤니티는 미국의 주인으로 힘을 행사할 수 있는 그룹이 될 것입니다.

세계의 여러 지역에 자리잡고 있는 한인들은 한국의 힘입니다. 2백만을 헤아리는 미국내 한국인의 거대한 힘이 미국내 한인들의 힘이면서 동시에 조국의 힘이 되고 있다는 사실은 다시 말할 필요가 없습니다.

이민생활의 정착 초기는 무엇이든 힘겹습니다. 하물며 이민자들의 집단이 체제를 만들어가기에는 무한한 어려움과 좌절과 실패가 따릅니다. 로스앤젤레스 지역에 한인타운이 형성되기 시작하던 그 시절, 낯선 땅에 우리의 삶터를 다지기 위해 앞장섰던 인사들을 우리는 기억해야 합니다.

LA 한인 커뮤니티 초기 인사들을 찾아 남기고 싶은 이야기를 들어보았습니다. 조국에 대한 그리움과 고난, 극심한 인종차별을 이겨내며, 한국의 세계화 시작에 온몸을 던졌던 이민 선배들의 피눈물 나는 현장 증언입니다.

여기에 들어간 내용은 2001년 한해 동안 중앙일보 미주판에 'LA한인타운 30년— 그시절 그사람' 이라는 제목으로 연재했던 시리즈물입니다. 우리가 기억해야 할 이민 선배들은 많지만 여건이 미치지 못해 여기에는 극히 일부만이 들어가 있습니다. 아쉬움과 함께 깊은 양해를 구합니다.

2002년 10월
로스앤젤레스에서 이 영 아

시절 그사람

LA-서울길 25년 '지킴이'

항공정비 기술자 **강 영 구**

● 1973년 한국사상 첫 점보기 도입 기술책임자 였던 강영구씨.

⬆ 1972년, 점보기 도입을 위해 시애틀 소재 보잉 항공기 제작사에서 기술교육을 받고 있을때. 맨 앞에 조중훈 회장, 맨 끝이 강영구씨.

한국의 항공계와 삶의 발자취를 같이한 사람이 항공기 정비기술자 강영구(68)씨다. 그는 공군에서 항공분야 일을 하다가 소령으로 예편한 후 대한항공(Korean Air Line-KAL)에서 정비기술 책임자로 한평생을 살아왔다. 한국 항공계의 산 역사이며 항공계 발전의 주춧돌이었다. 그는 로스앤젤레스에 대한항공 미주본부가 문을 열면서 로스앤젤레스 교민으로 생활해 왔다.

1970년대 초부터 로스앤젤레스에 한인 커뮤니티가 빠르게 형성된 데에는 대한항공이 한몫 했다는 것을 아무도 부인하지 않는다. 1970년대초까지만 해도 우리에게 외국과 외국인, 외국어가 지금처럼 열려있는 상태가 아니었다. 대한항공이 자국기라는 신뢰감과, 한국말을 사용하면서 한국인이 안내하는 비행기를 탈 수 있다는 것은 우리에게 외국으로 나가보겠다는 희망과 가능성을 제시해 주었다.

"1970년대와 80년대 로스앤젤레스와 서울간 항공로를 이용한 고객이 연평균 16만 명이었습니다. 만약 대한항공이 로스앤젤레스와 서울간을

미국 땅에 심은 한국 11

취항하지 않았었다면 이민이 활발하게 시작되던 그 시절, 여러면으로 대단히 불편했을 겁니다. 미국항공사가 독점하고 있는 상황에서 성수기 항공여행은 하늘의 별따기만큼 어려웠을 것이고 여행경비도 훨씬 더 비쌌을 겁니다. 뿐만 아니라 한국 상품의 무역거래도 활발하지 못했을 테고 이에 따라 교포사회 발전 속도도 훨씬 더디게 되었을 겁니다."

대한항공에서 은퇴하고 지금은 뉴욕 롱아일랜드에 거주하고 있는 강영구씨의 설명이다.

대한항공이 서울과 로스앤젤레스간 길을 튼 것은 1971년 4월이다. 동경을 경유하는 노선으로 화물서비스만을 했다. 그로부터 1년후인 1972년 4월, DC-8기를 리스해서 서울과 로스앤젤레스간 승객을 나르기 시작했다. 매주 3~4회씩, 한번에 1백명에서 2백여 명까지 태워다 주었다. 서울에서 동경, 호놀루루를 거쳐서 로스앤젤레스로 왔다. 승객석은 2백여석에 불과했지만 대부분은 자리가 많이 빈 채로 운행을 했다고 한다.

한국에 사상 처음으로 점보기 B-747기가 들어간 것은 1973년이다. 한국 항공사의 혁명이라고 할 수 있는 점보기 도입을 맡은 기술쪽 팀장이 강영구씨였다. 한국항공업계가 이제 막 걸음을 시작한 시기에 세계의 첨단 항공기인 B-747기를 들여온다는 것은 누구라도 상상조차 하기 어려운 일이었으나 한진그룹의 조중훈 회장은 B-747기 구입을 결정했고 비행기 자체에 대한 책임을 강영구씨에게 맡긴 것이다. B-747기가 세계에 선보인 지 아직 3~4년 정도 밖에 되지 않았을 때였다. 미국의 유수 항공사들 중에서도 점보기를 소유하지 않고 있는 경우가 적지 않았고 TWA의 경우는 10여 대의 점보기를 보유하고 있으면서도 운행을 하지 못하고 사막에 그냥 방치해두고 있던 시절이었다.

강영구씨를 리더로 한 점보기 인수팀 5명은 1971년부터 제작사인 보잉항공사가 있는 시애틀에 머물며 보잉항공사의 학교에 들어가 3개월간 기술교육을 받았다. 그후 다시 애리조나주 피닉스의 스페리 전자학교에서 보수교육을 2개월간 받았다.

"인수팀 다섯명은 총 8개월에 걸쳐 항공기술 교육을 받으면서 우리가 들여갈 점보기 두대의 제작과정에 직접 참여했습니다. 비행기 수리나 정비를 못하게 되면 그 비행기는 쓸모가 없는 거지요. 당시 우리 팀이 제일

○ 1974년 DC-10을 처음으로 제작해 도입하면서.
왼쪽에서 세번째가 강영구씨.

한국 민간 항공 약사

한국의 항공산업은 1948년 민간기업으로 설립된 Korea National Airlines(KNA)가 시작이다. 그러나 KNA는 외국 항공사들과의 경쟁에서 도저히 따를 수 없었고, 기술 부족, 경영 미숙 등으로 고객이 없어 1962년 파산하고 말았다.

KNA가 파산하고 나서 한국항공이 설립돼 새로운 항공기를 도입하고 국제노선을 확장하는 등 항공업 발전을 위해 많은 노력을 기울였으나 역시 경영 미숙으로 실패하고 말았다.

대한항공(KAL)은 1969년 3월 민간기업으로 탄생했다. 한진그룹의 조중훈 회장이 세운 것이다. 지난 30여년새에 대한항공은 눈부신 발전을 했다. 바꾸어 말하면 한국의 항공업은 실상 대한항공과 함께 발전을 한 것이다. 대한항공은 설립 당시 13개였던 비즈니스 팀이 현재 1백 85개로, 16개였던 판매소가 1백 14개로, 그리고 4개였던 공항사무실이 74개로 늘어났다. 현재 직원수는 1만 5천 명이다.

처음 들여온 점보기의 가격은 2천7백만달러였습니다. 2개월 후에 또 한 대 들여왔는데 당시 환율이나 경제상황으로 보자면 엄청난 돈이었습니다. 격에 맞지 않는 일이라며 비웃는 사람들이 많았습니다. 우리나라 기술로 어떻게 정비를 하며 어떻게 운영하겠느냐는 거였지요. 조중훈회장님의 그만한 추진력과 모험, 투자가 없었으면 오늘의 한국 항공업계는 있을 수 없지요."

완성된 B-747기를 타고 김포공항에 들어서던 그날을 강영구씨는 지금도 생생하게 기억하고 있다. 점보기가 한국에 들어간 것은 그때가 사상 처음이었다. 외국 항공사의 점보기도 공항에 들어간 적이 없었다. 공항에는 환영인파가 몰려있었다. 국무총리를 비롯해 각계 주요 인사들이 모두 공항에 나와 축하를 해주었다. 한국 항공 역사의 한획을 긋게 된 그 순간을 강영구씨는 감격스럽게 가슴에 간직하고 있다.

"비행기 정비사는 하늘의 불침번이라고 할 수 있습니다. 저희들은 24시간 긴장과 비상상태로 지냅니다. 항공기가 서울을 출발해 LA에 왔다가 다시 서울에 도착할 때까지 긴장상태에서 모니터링을 합니다. 깊은 밤중 전화벨 소리가 나면 늘 불안감에 놀라곤 합니다."

그는 지난 1996년, 25년간 몸담았던 대한항공에서 은퇴했다. 은퇴한 후에 휴즈항공사 전자항공분야에서 근무하고 있었는데, 대한항공이 총 1억달러 규모의 뉴욕 공항터미널을 건설하게 되어 화물 터미널 담당 책임자로 다시 발령받고 뉴욕으로 갔다. 터미널 공사 일은 금년 1월에 완공되었다. 지금은 집 가까이에 있는 전자의료기 제작회사에서 엔지니어로 일하고 있는 그는 '일을 하지 않고는 배기지 못하는 성미'라 은퇴했다고 손을 놓고 쉴 수가 없다고 했다.

일을 해야만 사는 것 같다는 그는 그런 부지런함과 성실로 한국의 항공업계를 지켜왔다. 독실한 기독교 신자로 범사에 감사하는 마음과 부지런함이 생활의 바탕이 되었고, 그 생활은 곧 한국의 항공업계를 발전시키는데 큰몫을 했다. 그리고 우리 모두가 안전하게 비행기 여행을 할 수 있도록 만반의 준비를 갖추어 주었다. '사람의 목숨이 걸린 일인데 비행기는 안전이 제일입니다. 정비작업을 진두지휘할 때는 침식을 잊은채 전심을 다했습니다"고 그는 회고했다.

강영구씨는 아현초등학교와 서강초등학교를 다닌 후 국립 교통고등학교를 졸업했고 졸업하던 해에 한국전이 발발해 피란길 대전에서 공군에 입대한 것이 그가 항공계와 평생을 함께 하는 시작이 됐다.

휴전 후 그는 미 5공군에서 항공전자교육을 받았다. 1957년에는 공군의 기술자 양성을 위한 프로그램으로 센트루이스 미공군 군사학교에서 항공전자분야의 훈련을 받았다.

"1961년부터 10여년간 공군본부 정비분야에 근무했습니다. 70년 공군 소령으로 전역한 해는 대한항공이 민항으로 막 생겨난 지 얼마되지 않았을 때였어요. 그때 기술과장으로 입사한 것이 은퇴할 때까지 25년을 근무했습니다. 제가 공군에 있었던 것을 합치면 항공기와 함께 40년을 살았습니다."

강영구씨가 민항기와 일을 한 것은 25년여 되지만 처음 시작했을 무렵과 은퇴할 때와는 '격세지감' 이란 말이 실감이 날 만큼 큰 차이가 난다며 당시의 에피소드 하나를 소개했다.

"1972년 가을, 추석때였습니다. DC-9 딱 한대가 부산과 서울을 오가고 있었는데 이 비행기가 부산에 도착해 고장이 난 거에요. 서울에서는 승객들이 이 비행기가 되돌아 오기만을 고대하고 있는데 말입니다. 다른 비행기가 없으니 기차를 타고 부산에 가려고 서울역으로 달려갔지요. 거기는 추석 귀향객들로 발 디딜 틈도 없었어요. 어렵사리 택시를 잡아타고 부산으로 달렸습니다. 밤새도록 달려서 새벽녘에 부산에 도착해 그길로 정비를 시작했는데 두시간만에 끝났어요. 이미 부산에서 서울로 갈 손님들은 다 없어졌고 빈 비행기를 몰고 서울로 왔었어요."

기계는 거짓말을 못한다. 그는 기계와 더불어 한평생을 살다보니 모든 생활과 사고방식이 완벽주의가 되고 말았다고 한다. 그의 별명은 그래서 '99%' 다.

그는 올개니스트인 부인 강은희씨와 뉴욕의 롱아일랜드에 살면서 뉴욕의 명성 감리교회 성가대장(테너)으로 활약하고 있고, 슬하에 결혼한 1남 1녀와 손주가 셋 있다.

☐ 시절 그사람

'꽃밭에서' '아빠하고 나하고'
대표적인 동요 150여 곡 작곡

동요 작곡가 권길상

◐ 1972년 LA에서 처음으로 한국학교를 시작한 권길상씨.

로스앤젤레스의 봄은 유난히 색이 아름답다. 봄꽃을 앞세우고 찾아오기 때문이다.
  햇빛나는 봄의 한낮이면 눈부시게 피어나는 꽃이 채송화다. 미국의 채송화는 한국의 채송화보다 잎과 꽃이 크고 빛도 더 선명하다. 봄날, 거리를 지나다보면 어느곳에서나 노랗게 혹은 빨갛게 빛을 내고 있는 채송화 무리를 만날 수 있다. 채송화와 봉숭아, 나팔꽃이 어린 시절을 보낸 고향의 꽃처럼 생각되는 것은 아름다운 멜로디에 담겼던 '꽃밭에서' 라는 노래 때문이 아닐까 싶다.

"아빠하고 나하고 만든 꽃밭에
채송화도 봉숭아도 한창입니다.
아빠가 매어놓은 새끼줄 따라
나팔꽃도 어울리게 피었습니다."

91년 '꽃밭에서' 악보 넣어 우표 제작

1991년 한국정부는 '꽃밭에서' 의 악보와 예쁜 그림을 넣어 우표를 만들었다. 한국정부는 '날로 거칠어져가는 세태를 우려하면서 고운 심성의 발달과 건전한 인격의 형성에 많은 영향을 미치는 음악을 소재로 한 우표를 시리즈로 발행해 오고 있는데 일곱번째 묶음으로 '꽃밭에서' 와 '과수원길' 두 곡을 우표로 발행한다' 고 발표했다. "'꽃밭에서' 는 어효선 작사, 권길상 작곡으로 9.28 서울 수복후 혼란하고 메마른 국내 분위기 속에서 탄생하였는데, 아름다운 음률과 밝은 가사로 당시 전흔으로 얼룩진 동심을 어루만져 주었으며, 지금도 많은 어린이가 즐겨 부르고 있는 동요"라고 설명을 붙였다. 발행일은 1991년 3월 27일. 조국을 떠나 살고 있는 권길상씨로서는 눈시울이 더워질 수 밖에 없는 순간이었다.

◎ 1991년 발행된 '꽃밭에서' 우표

언제 들어도 생활에 찌든 어른들의 마음에 어린 시절의 아련함을 실어다주는 동요다. 한국사람으로서 이 노래를 모르는 사람은 없다. 거의 누구나가 일부라도 부를줄 안다. 어린이들은 이 노래를 부르면서 무럭무럭 자라고 어른이 되어서는 이 노래에 많은 추억을 담고 산다.

이 노래의 작곡자 권길상씨가 LA 교민으로 생활한 지 올해로 37년째가 된다. 그가 37세되던 1964년에 미국으로 왔으니까 그의 74년 생애 중 한국에서 37년을, 그리고 미국에서 37년을 보낸 셈이다.

한인 커뮤니티가 아직 형성되기 시작하기도 전에 그는 LA 땅에 삶의 자리를 잡았다. 한국에서 동요작곡자로서 모든 어린이들에게 꿈을 심어주던 그는 LA 교민이 되어서도 한국 어린이들에게 꿈과 희망을 심어주며 살아왔다. 그는 LA에서 어린이들을 모아 노래를 가르치고 한글을 가르치며 한국학교를 시작한 사람이다. 등록생이 2천 5백명이 넘는 지금의 남가주 한국학원의 시작은 권길상씨가 1972년 2월에 20여 명으로 시작한 '무궁화 학원' 이다.

권길상씨는 한국에서도 미국에서도 한평생을 어린이들과 함께 살아서인지 칠순이 넘은 지금도 티없이 맑은 표정에 어린이처럼 평화로운 마음으로 조용하고 소박하게 산다.

"노래를 좋아하고 어린이들을 사랑하다보니 평생동안 어린이 노래를 만들고 어린이들을 가르치며 살아왔습니다. 한평생을 어린이들과 함께 지내온 것이 제게는 큰 축복입니다. 어린이들에게서 깨끗한 마음을 보고 배우며 저 자신이 세파에 크게 물들지 않았다는게 참으로 고마운 일입니다. 70년 세월을 돌아보면 아름답고 복된 생활을 해왔다는 생각입니다."

이민자의 초기생활은 힘겹다. 낯선 땅, 낯선 언어, 낯선 얼굴에 적응해야 하고 이 낯선 곳에서 생업을 위해 돈을 벌어야 한다. 이렇게 힘겨운 이민생활이지만 우리의 어린이들에게 한국노래를 가르치고 한국말을 가르쳐야겠다고 나서게 된 것은 그가 항상 어린이들을 위한 생활을 해 왔기 때문에 가능했을 것이다.

"미국에 온 후 맨처음에는 미국 어린이들과 한국 어린이들에게 피아노 개인교습을 했습니다. 1년 정도 지난 후 한국어린이들에게 노래와 피아노 등 음악을 가르치기 위해 진달래 학원을 열었지요. 어린이들에게 음악을

◑ 1972년 무궁화학원이 시작된 초기에 찍은 기념 사진.

가르치는 것은 정서적으로 매우 중요합니다. 아름다운 마음을 그대로 간직할 수 있게 됩니다. 어린이들이 노래를 많이 부르게 하기 위해서 1969년부터는 어린이 음악 콩클대회도 시작했지요. 한국말 노래를 가르치다보니 음악을 통해 어린이들이 자연스럽게 한국말을 배우게 되더군요. 여기에서 연장된 것이 1972년에 세운 무궁화 학원이에요. 학생 20여명으로 시작했는데 교재는 교사들이 만들거나 학부모들이 직접 만들어 카피를 해서 사용하기도 했어요."

한국학교를 이끌어 가기가 초창기에는 정말 어려웠다고 그는 회상한다. 초기 이민생활이 너무 힘들다보니 부모들이 자녀들에게 한국말을 가르칠 여유가 없었다. 또 나서서 학교일을 함께 하며 봉사하려는 사람도 없었다.

그러던 중에 한국학교 열기가 일기 시작했다. 그것은 1973년 모국 방문 하계 학교에 무궁화 학원 어린이 합창단이 다녀오면서부터였다. 어린이합창단원들이 한국에 2주간 머무르며 모국 공부도 하고 방송에도 출연해 좋은 경험을 하고 돌아온 것이다. 이 소식이 전해지자 너도나도 한국학교에 대한 관심이 높아지게 됐다. 무궁화 학원은 권길상씨가 1974년까지 운영하다가 호프 스트릿으로 자리를 옮기면서 체제를 개편했다. 새 이사장이 들어앉고 이름도 '남가주 한국학교'로 바뀌었다.

1982년에 권길상씨가 만든 가주소년소녀 합창단은 남가주 지역을 대표하던 합창단이었다. 50명 단원으로 해마다 정기연주회도 갖고 4년마다 해외연주여행도 가지면서 아름다운 선율과 화음을 선사하다가 1997년, 15년만에 해체됐다. 그는 지금 남가주 한국학교에서 소년소녀 합창단을 다시 만들기를 희망하고 있다.

"미국으로 건너와서도 작곡을 계속 해오고 있습니다. 한국에서 보내오는 가사에도 곡을 붙이고 이곳 시인들의 작품에도 곡을 붙이고 있어요. 그런데 미국생활이 편해서 그런지 한국에서처럼 좋은 곡이 나오지 않는 것 같애요." 물론 겸손의 말이다.

권길상씨가 작곡한 동요는 1백 50개 정도가 있다. 그외에 성가곡, 가곡, 어린이 합창곡들이 있다.

작곡가로서 권길상씨가 간직하고 있는 추억은 많다. 아름다운 글을 만나 가슴에 깊은 감동을 받고 곡을 붙이는 경우도 그렇고 자신의 노래를 어린이들이 정성들여 열심히 부르던 모습도 그렇다.

그많은 노래 중에 권길상씨가 특히 좋아하는 노래가 '바다' 다.

아침바다 갈매기는 금빛을 싣고/고기잡이 배들은 노래를 싣고/희망에 찬 아침바다 노저어 가요/희망에 찬 아침바다 노저어 가요/저녁바다 갈매기는 행복을 싣고/고기잡이 배들은 고기를 싣고/넓고넓은 바다를 노저어 와요/넓고넓은 바다를 노저어 와요.

서울 수복 후 어느날 우연히 손에 잡힌 프린트물을 뒤적이다가 권길상씨는 이 글을 읽었다. 아침 햇빛에 반짝이는 드넓은 바다의 수면이 눈에 보이는 듯 했다. 고기잡이에 희망을 걸고 있는 순박한 소년의 얼굴도 보였다. 신선함과 아름다움에 끌려 그는 곧 곡을 붙이기 시작했다. 물론 작사자가 누구인 지를 알 길이 없었고 구태여 알려고 하지도 않았다.

이 노래는 곧 어린이들의 사랑을 받으면서 널리 퍼지기 시작했다. 전쟁으로 많은 것을 잃은 상황이었기 때문에 작은 희망이라도 갖고 싶은 마음이 이 노래를 더 사랑하게 되었는 지도 모른다. 권길상씨는 전쟁으로 폐허가 되다시피한 YMCA 건물에서 어린이들에게 이 노래를 가르쳤고 합창단 어린이들이 라디오 방송을 통해 이 노래를 불렀었다.

지금부터 10년 전쯤, 권길상씨가 한국을 방문하고 있는데 음악가 이상

만씨에게서 연락이 왔다. '바다'의 가사를 쓴 사람이 있다는 것이다. 노래가 나온 지 거의 40여 년만의 일이다. '바다'는 동아일보 논설위원 문명호씨가 초등학교 5학년 때 쓴 시라고 했다. 어린시절을 인천에서 보낸 문명호씨는 바다가 바라보이는 2층집에 살았는데 그때 바다를 보고 지은 시라고 했다. 휴지가 되어 없어져버리고 말 프린트물에 씌어진 아름다운 동시가 한 작곡가의 손에 의해 노래가 되어 영원히 사라지지 않을 아름다운 노래로 남은 것이다.

권길상씨는 1927년 서울에서 태어났다. 부친이 장로교 목사였기 때문에 그는 어려서부터 자고깨면 풍금에 매달려 지냈다. 그는 17,8세 때 친구 안병원씨(캐나다 거주)와 함께 '봉선화동요회'를 만들어 어린이들에게 노래를 가르칠 만큼 노래를 사랑했고 어린이들을 사랑했다.

권길상씨가 본격적으로 작곡을 시작한 것은 수복후였다. 어린이 잡지나 신문에 발표된 동시를 보고 좋은게 있으면 곡을 붙였다.

"요즈음에도 피아노 앞에 앉아 노래를 흥얼거리면서 작곡을 합니다. 자꾸 고쳐가면서 하지요. 일단 작곡이 되고나면 아내가 불러봅니다. 들으면서 또 고치게 되지요."

동요는 멜로디가 아름다워야 하고 리듬도 서정적이면서 화음이 쉬워야 어린이들이 애정을 갖고 부르게 된다.

"무슨 일을 하든 본인이 좋아서 해야 합니다. 저도 노래가 그냥 좋아서 한평생을 어린이들과 노래와 함께 살아왔습니다. 그래서 말년에 돌아보는 저의 인생이 참 복됐다고 생각해요."

부인 한정희 여사와 사이에 희창(51·보잉회사 시니어 엔지니어), 희원(48·콜번음악학교 교수). 희준(45·의사), 희민(42·변호사) 등 4남매가 있다. 모두 장성해 가정을 꾸리고 있고 지금은 두 부부만 할리웃에 살며 가끔 작곡을 하고, 교회 일과 서울 음대 동창회, 음악가 협회 등의 모임에 나가고 있다.

□ 시절 그사람

35년간 고향맛 전해온
'떡 할아버지'

김방아 대표 김 명 한

◐ 1980년대 김방앗간을 배경으로 올림픽 거리에서.

◐ 1966년 라브레아 길에서 가래떡과 절편을 만들어 팔며 떡집을 시작한 김명한옹.

○ 1992년, 한국의 날 행사에 북채를 쥐고 행렬에 참가하며.

김명한옹의 이민 35년은 '김방아' 라는 한마디로 압축될 수 있다. 뜨는 아침 해와 함께 그는 김방아에 있었고 지는 해와 함께 김방아에 있었다. 김방아는 김옹의 세계였다.

금년 3월 9일에 102세 생일을 보낸 김명한옹은 기억력이 희미하다. 올림픽 거리에 '김방아' 라는 간판을 내걸고 한인들의 향수를 달래주던 한인타운의 기둥 한분이 한 생을 보내고 마지막 길에 들어서 있는 모습은 보는 이의 가슴을 저리게 한다.

"내가 젊어서는 괜찮은 사람이었어. 두 학교의 이사장이었고 지금의 시의원격인 부의원도 지냈고 신안특허도 받았고..... 그런데 미국에 와서 길을 잘못 든게야. 나이 60이 넘어서 왔으니 말이 통하지 않았거든. 원래 기계 전문가가 되고 싶었는데. 나는 기계 공부를 해서 기계에 대한 것만은 자신이 있었거든. 그런데 떡집을 하면서 한인들하고만 어울렸지 주류사회와는 동떨어져서 살았으니 내 실력을 살리지 못한거지. 지금 생각하면 갖고있던 재능을 발휘하지 못하고 생을 끝내게 된게 한스러워. 양조기술도 갖고 있었는데 그것도 못해보고 말이야. 정종이나 소주를 이곳에서 생산해내는 걸 꼭 하고 싶었는데 어쩌다 세월이 다 갔구만. 마음은 지금이라도 뭘 좀 해보고 싶지만 몸이 말을 안들어. 기억력도 희미하고......"
 쌍지팽이에 의지해 어렵게 몸을 움직이는 김옹은 지난 날을 이야기했다. 젊은 시절의 일은 많이 또렷하게 기억하고 있지만 최근의 것은 기억을 못하는게 많다. '금년 연세가 어떻게 되시느냐?' 는 질문에 '잘 몰라. 80은 넘었을 걸' 이라고 했다. '엊저녁에 왜 병원에 다녀오셨느냐' 고 묻자 '내가 병원에 갔었나?' 며 멋적게 웃었다. 자신이 떡만드는 기계를 개발해 그 기계가 이민생활을 이어온 중심이 되었다는 것과 기계 쪽에서 큰일을 성취하고 싶었다는 것, 미국에 와서 영어를 못해 원래 의도했던 것과는 다르게 떡집을 하느라 자신의 능력을 발휘하지 못했다는 것을 그는 여러 번 되풀이 해서 말했다.
 1900년 음력 2월19일, 평안남도 용강군 용월면에서 태어난 김옹은 19세기에 태어나 20세기를 온전히 살고 이제 21세기에 들어와 있다. 세기를 따지는 이런 계산이 시간적으로 별다른 의미가 있는 것은 아니지만 100세를 넘긴 사람 중에서도 세 세기를 걸쳤다는 것이 특이하다.
 올림픽 거리에 있는 김방아는 지금도 떡을 만들어내고 있다. 김옹은 아침이면 방앗간으로 나와 한쪽 의자에 앉아 방앗간을 지킨다.
 "내가 젊은 시절, 워낙 성질이 빽빽한 편이었어. 별명이 빽빽이였거든. 타협하는 법이 없고 적당히라는 게 없으니 옆 사람들이 힘든거지. 나 자신에게도 좋을게 없어. 사업을 하는 사람은 은행돈도 좀 써보고 남의 돈도 쓸줄 알아야 하는데 난 이런걸 전혀 안했으니 사업을 더 크게 번창시키지 못했어. 수중에 있는 돈만으로 하자니 한계가 있었던거지. 오죽하면 내 별명이 빽빽이였겠어."
 100세를 넘기고 이제 쇠잔한 몸으로 방앗간 한쪽 의자에 앉아 방아 소리에 귀를 기울이듯이 앉아있는 김옹은 젊은 날 해보지 못한 것들을 거듭 안타까와 했다.
 그는 어려서부터 기계에 관심이 많고 기계를 잘 다뤄 진남포 상공학교 기계과에서 공부했다. 학교를 졸업한 후에는 철공소에서 근무하기도 했고 일본인이 경영하는 양조장에서 10여 년을 근무하며 양조기술을 익히기도 했다.

"진남포 신흥리에 살 때 동네에 넓디넓은 갈밭이 있었는데 그걸 사들여 쓰레기를 치우고 깨끗하게 갈아서 중앙 공작소라는 공장을 세웠어. 새끼 꼬는 기계를 만들어내서는 새끼를 꼬아서 팔았지. 땅 일부인 800평은 시에 헌납했는데 시에서는 이 땅 800평을 포함해 공설시장을 만들었어. 진남포 사람들이 공설시장을 가려면 누구든지 내 땅을 밟고 지나가야만 했지."

젊은 시절 김옹은 많은 돈을 벌었다. 그리고 소문난 멋쟁이였다. 당시 영국제 양복을 직접 맞춰 입고 다녔고 승마를 즐겼을 만큼 앞선 사람이었다.

그는 지금은 진남포 제 2고가 된 여자 상업 실천학교를 세워 이사장이 됐고, 또 다른 학교의 이사장까지 된 데다가 지금의 시의원격인 부의회 의원을 지내면서 시를 대표하는 명망있는 유지가 됐다.

"사업이 잘 되고 진남포에서 유명인사이기도 하니까 내가 주최해서 진남포 시민 운동대회를 열기도 했었지. 릴레이, 사이클, 그런 부문도 있었어. 운동대회날이면 온 진남포 시민들이 한데 모여서 신나게 하루를 보내곤 했어."

해방이 되면서 월남한 김옹은 6. 25 피란 부산 시절에 빈대떡장사를 했다. 돈은 늘 그를 따라다녔는지 손바닥만하게 벌인 장사판이지만 그는 또 적지 않은 돈을 모았다. 빈대떡을 팔아 그 돈으로 소주와 녹두를 많이 사쟁여놓았더니 때를 맞춰 화폐개혁이 되어 또 행운이 왔다.

모은 돈을 챙겨 그는 서울로 올라왔다. 그리고 원래의 소망이던 기계 개발에 나섰다. 기계라면 무어든 자신이 있던 사람이었다. 생활을 편리하게 하게 하기 위해 어떤 기계가 좋으리라는 생각이 머리 속에 가득했다. 제일 처음 만들어 실용특허를 얻은 것이 제분기(떡기계)였다.

"재래의 제분기는 설치 장소도 많이 차지하고 덜커덩 거리는 소리도 요란하고 시끄러울 뿐만 아니라 핏대가 돌아가야 하기 때문에 대단히 위험한 것이었다. 내가 개발해낸 '기성식 제분기'(2남 김기성씨의 이름에서 따옴)는 조그만 기계 한대로 가루도 빻고 떡을 익혀서는 고물까지 묻혀서 한꺼번에 만들어내는 거야."

1966년 봄, 그는 돈 1백달러를 들고 미국으로 이민 왔다. 7순을 눈 앞에 두고 낯선 새 땅에서 새생활을 하겠다고 나선 그의 정신력을 읽을 수 있는 일이다.

그의 이민 보따리는 한국 정부로부터 그가 신안특허를 받은 떡기계 4대와 검정고무신 300켤레, 드럼통 가득히 새우젓을 담아 꾸렸다. 미국에 도착하던 해 가을, 로스앤젤레스의 라브레아와 제퍼슨 근처에서 김옹은 가래떡과 절편, 메주를 만들어 팔았다. 한국에서 갖고온 떡기계로 떡집을 시작한 것이다. 어쩌다 한국사람을 만나면 반갑기 그지없던 시절이었다.

"처음에는 고생 많이 했지. 떡을 만들어 파니까 교포들이 좋아하긴 하지만 한국사람들이 많지 않아 팔리는 분량이 적은거야. 그래도 떡을 만드는 집은 우리 밖에 없었으니 그런대로 괜찮기는 했어."

한인들이 많아지기 시작한 1970년대 들어서면서부터 사업이 번창했다. 1969년에는 웨스턴으로, 1973년에는 다시 지금의 올림픽 자리로 옮겨 떡집을 계속했다.

"내가 떡집을 하면서 보니까 한인 사회에서 제일 큰 문제로 눈에 뜨이는 게 노인문제였어. 젊은 사람들은 자기네 생활 하느라 시간 가는줄 모르게 바쁘지만 노인들은 온종일 집에서 살림 뒷치닥거리를 하거나 아기들 봐주는게 다야. 답답한 생활이지. 자식들을 따라 떡집에 오는 노인들을 보면 외로워 보이고 안됐어요. 그래서 방앗간 한켠에 올림픽 노인회 간판을 걸었지."

노인회를 시작하자 방앗간은 늘 붐볐다. 뒷쪽에 있는 노인회관에 노인들의 발길이 끊이지 않은 것이다. 회관에서 노인들은 이야기도 나누고 바둑도 두고 장기도 두었다. 매주 토요일에는 수십명의 회원이 모여들었다. 매월 첫 토요일 갖는 정기 모임에는 200여 회원이 나와 실컷 놀고 먹고 노래를 부르며 외로움을 풀었다. 회원들이 직접 기계로 냉면도 뽑아 먹고, 떡도 만들어 먹었다. 회비가 따로 없이 김방앗간에서 제공한 것이다. 노인들에게 김방앗간은 외로움도 덜고 회포도 풀며 자유를 누릴 수 있는 '낙원'이었다. 지금도 '좋았던 그 시절'을 그리워하는 노인들이 적지 않다. 올림픽 노인회는 10여 년 동안 지속됐다.

당시에 LA에 살았던 한인들은 김옹에 대해 많은 것을 이야기한다. 기회가 될 때마다 어려운 노인들을 도우라며 서슴없이 돈을 내놓던 모습, 그

많은 한인들의 행사장에 나타나 보태쓰라며 아낌없이 기부금을 내던 모습, 해마다 한국의 날이면 꽃차 퍼레이드에서 북채를 쥐고 흥에 겨워하던 모습들을 기억하고 있다.

김옹은 1998년 그의 아호인 남용을 따서 장학재단인 남용재단을 설립했다. 남용재단의 회장은 4남 김기순씨(전 한인회 부회장)가, 이사장은 2남 김기성씨(전 한인회장)가 맡고 있다. 한미장학재단 내의 김명한 지정 장학금, 칼폴리 공대생에게 주는 김명한옹 장학금과 함께 남용재단은 청소년, 대학생을 위한 장학사업과 노인들을 위한 일을 하고 있다.

김옹은 원래 7남 4녀를 두었으나 6남 2녀가 생존했다.

김방아에서는 디딜방아나 물레방아가 아닌 기계로 곡식을 빻지만 역시 떡을 만들기 위해 곡식을 찧는 곳이다. 떡메로 치지 않고 기계로 빻는다 해도 떡방앗간 소리는 항상 정겹다. 떡 찌는 구수한 냄새에 어린 날의 향수가 실려 있기 때문인 지도 모른다.

1966년 초가을 어느날, 라브레아 길에서 떡방앗간이 문을 연 지 이제 40년 가까이 된다. 지금과는 수백년 차이가 있는 듯 아득하고 먼 시절이었다. 고향을 떠나 사는 한국인들에게 고향의 맛을 만들어 향수를 달래준 김명한옹은 이제 1백세를 넘어 조용히 쉬고 있다. 낯선 땅에서도 우리의 한세대가 이렇게 지나가고 있다.

□ 시절 그사람

고국소식 물어다준 까치방송인

한국 첫 TV 아나운서 김봉구

● 1974년 고 필립 안 (가운데)씨 자택에서 있었던 정일권 국회의장 환영모임에서 김봉구씨가 정일권씨와 악수를 하고 있다.

● 1972년에 LA에서 시작한 한국TV의 첫 뉴스캐스터 김봉구씨.

○ 1961년 혁명 직후, TV방송을 통해 내각수반 송요찬씨가 특별방송을 시작하기 전 김봉구씨가 소개를 하고 있다.

우리는 요즈음 아무때나 라디오 스위치를 누르면 한국말 라디오 방송을 듣는다. 이 방송이 마음에 안들면 주파수를 바꾸어 다른 방송을 들을 수 있다. 저녁 시간이면 프라임 시간대에 TV 앞에 앉아 고두심이나 최수종이 출연하는 한국 TV 드라마도 보고 현 철이나 주현미가 노래하는 가요무대도 볼 수 있다. 미국에 산다고 해서 고국 소식을 접하는 데에 전혀 모자람이 없다.

로스앤젤레스 한인 커뮤니티에 이만큼 한국방송이 자리를 잡을 수 있었던 것은 초창기 방송인들의 희생과 노력이 있었기 때문이다. 남의 땅에서 우리말 방송을 한다는 것은 어려운 일이다. 방송에 대한 열정을 갖고 헌신적으로 일한 초창기 방송인들이 있었기에 오늘이 가능하다.

로스앤젤레스 지역 한국어 방송의 선구자로는 1965년에 라디오 방송 KTYM을 시작했던 김영우씨가 있다. 방송을 시작하고 며칠 후 서정자씨가 KTYM에 동참했다가 1년 후 서정자씨와 이순재씨가 함께 KBBI를 시작했다. TV 방송은 1972년에 배함덕씨가 시작했다. 김봉구(70)씨는 라디오 KBBI와 TV방송에서 아나운서와 뉴스캐스터로 초창기 방송에 동참한 방송인이다.

1971년말인가 72년 초 앰버서더 호텔 코코넛룸에서 있었던 패티김쇼를 보러갔던 김봉구씨가 언론인 배함덕씨를 만나 이야기를 나누던중 좋은 아이디어가 없느냐는 배함덕씨의 질문에 김봉구씨는 한국어 TV방송을 하면 어떻겠느냐고 했다. 그리고 배함덕씨가 한국어 TV 방송을 시작했을 때 김봉구씨는 방송위원 자격으로 방송실무를 담당했다. 그리고 1976년 홍순식씨가 시작한 한국어 라디오 방송 KBC (Korean Broadcasting Company)에서 김봉구씨는 방송국장으로 3년간 일하면서 이 지역 시청자, 청취자들과 함께 살았다.
  김봉구씨는 1967년에 미국으로 건너왔다. TV 연출을 공부하고 싶었지만 우선 생활 해결이 급선무였다. 공부는 뒷전으로 밀어두고 일을 시작했다. 시간당 최저임금을 받고 플래스틱 병뚜껑을 한꺼번에 묶어 다발을 만드는 일을 하면서 생활비를 벌었다.
  "다운타운 노스 브로드웨이에 있는 공장이었는데 오후 4시부터 밤 12시까지 근무하는 조였어요. 근무를 시작한 첫날, 밤 열두시에 일이 끝나고 집으로 가려고 나와보니 당연히 버스가 있으려니 했는데 버스가 끊긴 거에요. 겨울밤 바람이 휘몰아치는 거리를 거기에서부터 걸어서 후버와 6가에 있는 집으로 걸어왔습니다. 겨울밤에 다운타운 거리를 걸어보신 분은 굉장히 춥다는 것을 아실겁니다. 추위에 몸을 웅쿠리고 어두운 차이나타운을 지날 때 눈물이 나더군요. 춥고 피곤하고 외로웠습니다. 이민생활을 시작하면서 남자도 그렇게 눈물이 나는 경험을 했어요."
  그것도 1년 후 공장이 산타아나로 이사가는 바람에 일을 그만두고 말았다. 그리고나서 얼마 후에는 커피샵도 했고, 샌드위치 샵도 운영했다.
  경제적으로 몹시 어려운 이민생활이었지만 그의 방송에 대한 열정은 어쩌지 못했다. 그는 미국에 오던 다음해인 1968년 초부터 KBBI 한국어 라디오 방송에서 뉴스캐스터를 시작했다. 주 한시간 방송으로 뉴스와 한국노래가 주 프로그램이었다. 그때는 국제전화 값이 엄청나게 비싸서 지금 처럼 한국에 전화를 자주 할 수 없었다. 이곳 한인들은 항상 고국 소식에 갈증을 느끼고 있었고 뉴스를 전하는 사람은 뉴스 소스가 전혀 없었다. 한국에서 새로 도착하는 사람이 있으면 그 사람의 입을 통해 최근 뉴스를 들었고 어떤 때는 그사람의 여행가방에 들어있는 신문조각을 통해 조국 소식을 하나라도 더 알리려고 노력했다.

"무엇이나 처음 시작은 힘듭니다. 한국에서 처음 TV를 시작했을 때도 참으로 열악한 환경에서 일을 했지요. 이곳 한인 커뮤니티 초창기 방송은 정말 어려운 사정이었습니다. 우선은 방송시간을 얻기조차도 어려우니 방송을 한다는게 보통 힘든게 아니었습니다. 그러나 당시의 방송인들은 개척자의 정신으로 헌신적으로 일했습니다."

김봉구씨는 한국의 TV 아나운서 1호다. 한국의 TV 역사는 김봉구씨와 함께 시작됐다. 1956년 5월에 RCA사가 한국 대리점 형식으로 첫 TV방송국을 세워 방송을 시작할 때 김봉구씨는 TV 카메라를 통해 자신의 모습이 비쳐나가는 첫 방송을 떨리는 가슴을 안고 시작했다. 종로 화신백화점 건너편 보신각 옆 동일빌딩에 있던 TV 방송국의 이름은 코캐드(KORCAD)에 호출부호 HLKZ-TV였다. 한국의 첫 TV방송은 세계에서 15번째로, 아시아에서는 일본, 타일랜드, 필리핀에 이어 네번째로 시작했다.

코캐드는 1년 후 장기영씨가 인수해 대한 방송주식회사라는 이름으로 바뀌었다. 그리고 방송을 시작한 지 3년이 채 되기 전인 1959년 2월에 이 방송국은 화재로 전소되고 말았다. 김봉구씨는 불타고 있는 스튜디오에 뛰어들어가 불더미 속에서 끄집어낸 사진과 종이조각들을 지금도 소중하게 간직하고 있다. 한국 TV 방송 역사의 한 장이 거기에 담겨있기 때문이다. 젊은 날의 애정과 열정으로 한때를 장식했던 스튜디오가 불길에 사그러들 때 그는 불길에 뛰어들어가 손에 잡히는대로 무엇이든 가슴에 끌어안고 나올 수 밖에 없었다고 회상하고 있다.

김봉구씨는 한국에 처음으로 소개되는 텔레비전에서, 그것도 시청자들과 직접 만나는 아나운서로 첫 사회생활을 시작했기 때문에 그가 회상해 보는 젊은 날은 아름답고 선명한 빛으로 채색되어 있다. 한국의 첫 TV 아나운서를 모집하는 원서 마감 날, 그날 따라 비가 억수같이 쏟아져 마감 시간에 겨우 되서야 숨을 몰아쉬며 원서를 체출했다. 그때까지 한국에는 라디오 아나운서만 있었지 TV 아나운서는 처음이었다. 여기에 1백여 명의 신청자가 몰려들었다. 영어와 한문, 상식, 면접, 음성 테스트, 카메라 테스트를 거쳐 여자 한명과 남자 한명이 뽑혔는데 최종까지 남은 사람은 김봉구씨 한사람이었다. 그리고 그는 한국 최초의 TV 아나운서로 선발되어 방송역사의 한 장을 기록하고 있다.

김봉구씨는 경복고등학교와 동국대학을 졸업했다. 어려서부터 주위에서는 그에게 성악가가 되거나 아나운서가 되라고 이야기하는 사람이 있었다. 그는 듣기 좋은 목소리를 갖고 있었다. 주위에서 그런 말을 해주니까 그는 자연히 신문을 들고 소리를 내어 읽으며 아나운서 흉내를 내곤 했었다고 한다.

"당시 TV 수상기는 전국 모두 합해야 2백대 정도 있었습니다. 서울의 거리 요소요소에 40대가 있었고 나머지는 정부 고위층이나 대기업체 사장 등이 소유하고 있었습니다. RCA에서는 TV수상기를 판매할 목적으로 자기네가 직접 방송국을 시작하게 된 거지요. TV 한대값이 17인치짜리가 37만환이었어요. 쌀 한가마에 1만 8천환이었으니까 TV 한대가 쌀 20가마 값이었고 달러 환율이 5백대 1이었으니까 7백 40달러였는데 당시로서는 대단히 비쌌던 거에요."

TV 값이 비싸 RCA가 기대했던 것처럼 TV 수상기가 팔리지 않으면서 방송국 운영은 어려울 수 밖에 없었다. 그래도 한국의 첫 TV 방송국에서 근무하고 있다는 자부심으로 일하는 사람들은 모든 열성을 바쳐가며 일을 했다.

"스튜디오에는 물론 냉난방 시설이 없었지요. 겨울에는 조명에서 열기가 좀 나오니까 그런대로 괜찮지만 여름에는 정말 견디기 힘들었어요. 선풍기는 소리가 나서 사용할 수 없고. 할 수 없이 너무 더운 날이면 큰 얼음 덩어리 하나를 스튜디오에 갖다놓고 방송을 하기도 했지요."

필름이 없어 모든 것이 생방송이었다. 스튜디오가 하나 뿐이니 프로그램 중간중간에 대한 뉴스와 문화영화를 내보냈다. 처음에는 하루에 두시간씩 하던 방송을 그해 연말이 되어서는 4시간으로 늘렸고 주말에는 5시간까지 했다.

1959년 방송국이 화재로 전소하고 나서는 AFKN 방송을 통해 하루에 30분씩 방송을 했지만 이것도 2년여 후에 끊기고 말았다.

한국의 KBS-TV가 생긴게 1961년 마지막날인 12월 31일이었다. 당시 오재경 공보장관이 61년을 넘기지 않고 개국하기 위해 연말에 방송을 시작한 것이다. 김봉구씨는 프리랜서로 쇼프로그램인 '그랜드 쇼'와 퀴즈프로그램인 '홈런 퀴즈'의 MC를 맡았다.

　김봉구씨는 미스 코리아 경연대회와도 인연이 깊다. 한국에서 미스 코리아 경연대회가 있던 초창기, 그는 사회를 맡았다. 1956년에 시작된 유일한 TV 방송국의 아나운서다보니 1957년(1958년도 미스코리아)부터 시작된 미스 코리아 경연대회의 사회를 매해 맡아 봤다. 그리고 미국으로 건너온 후에도 미스 코리아와는 인연이 끊어지지 않았다. 1972년 로스앤젤레스에서는 한인회 주최로 첫 미스 코리아 선발대회가 열렸다. 필립 안씨를 심사위원장으로 추대하고 김봉구씨는 부위원장이면서 실무를 담당했다. 1980년까지 미스 코리아 심사위원장을 여러차례 맡았고 1982년부터 타운번영회가 주최하는 남가주 주니어 미스 코리아 심사위원장을 맡았다.

　그는 남가주 한인회 공로상, 로스앤젤레스 사회봉사상, 가주 하원 사회봉사상, 국제라이온스협회 멜린 존스상 등 여러 단체로부터 상을 받았다.

　한국어 라디오 방송 KBC의 방송국장으로 근무하고 있던 1977년에 김봉구씨는 로스앤젤레스 인근에 거주하는 방송인들을 모아 방송인 협회를 만들었다. 방송인들 사이의 친목도 목적이었지만 미국에서 우리말 방송을 향상시키자는 것도 목적이었다. 방송인 16명이 모인 첫 회의에서 김봉구씨는 초대 회장이 됐다. 그리고 지난 봄, 그는 2백여 회원으로 늘어난 협회에서 다시 24대 회장으로 추대됐다.

　김봉구씨는 부인 김인애(70)씨와 템플시티에 살고 있다. 슬하의 4남 1녀는 모두 장성해 가정을 꾸리고 있다.

□ 시절 그사람

교육과 봉사로 지낸 한평생

남가주 한국학원 이사 **김 수 안** 박사

○ 1959년 3월 3일 김수안 박사가 김포공항을 떠나던 날 공항에 환송 나온 친지들과 함께.

○ 1950년대에 유학생으로 와서 박사학위 취득후 많은 후배들에게 장학금을 주어 공부시킨 김수안 박사.

○ 1984년 가주정부 대학교육 커미셔너로 임명 받은 후
가주 연방상원의원 앨런 크리스펀과 함께.

이력서를 준비해 달라는 기자의 요청을 받고 오랜만에 지난 날을 정리하다보니 '눈물이 많이 나더라' 며 김수안(76)박사는 '눈물 젖은 이력서' 를 기자에게 건네줬다. 몸서리쳐질 만큼 고생했던 순간도, 어려움에 처한 사람을 도와준 보람의 순간도 돌이켜보면 모두 가슴이 저렸지만 자신의 삶이 '어느 한때도 게으름을 부리지 않고 열심히 봉사하며 살아온 역정이라 만족스럽다' 고 말했다.

패사디나 언덕 위에 자리잡은 김수안씨의 집은 조용하고 아름답다. 뒷마당 가득히 서있는 나무 사이사이로 핀 철쭉과 한련이 무척 평화롭게 보인다.

"LA가 좋아서 LA에서 42년을 살아왔습니다. LA가 너무 좋습니다. 그렇지요?"

김수안 박사는 본인이 살고있는 지역이 정말로 좋은 곳이라고 여러번 강조했다. 같은 곳에 살고 있으면서 별다른 감정이 없이 사는 사람이 있는 반면 이렇게까지 좋다고 느끼면서 살고 있으니 김박사는 대단히 행복한 사람이라는 생각이 들었다.
 그렇다. 김수안 박사는 행복하다. 집을 아름답게 꾸미는 일도 즐겁고 음식을 맛있게 만들어 아는 사람들과 나누어 먹는 일도 즐겁다. 그리고 무엇보다 불우한 이웃을 돕는 일이 행복하다. 지나온 삶을 돌아보아도 도우면서 살아온 자취 하나하나가 행복하기만 하다.
 "요즈음도 바쁘게 삽니다. 일찍 와서 공부하고 자리잡은 사람으로서 도와야 할 이웃이 많지 않습니까. 대학에서 강의도 하고 있고 커뮤니티를 위한 봉사활동도 계속 하고 있습니다. 집에서는 마당 가꾸고 꽃 심는데 많은 시간을 보내지만 평생을 해온 바느질과 뜨게질도 하고 있습니다."
 김수안 박사의 삶은 공부와 봉사, 그리고 수많은 상들로 크게 세 줄기를 이룬다. LA한인회장표창 8회를 비롯해서 한국 외무부 장관표창, 나성 총영사 공로표창, 워싱턴 DC 한미 재단 공로상, 가주 상하원 표창 등 수상 기록이 헤아릴 수 없지만 김박사가 가장 귀하게 여기는 상은 1976년 미국 독립 2백주년 기념으로 LA시 인간관계위원회로부터 받은 '올해의 LA 여성상' 이다. 이 상은 봉사활동을 하며 리더십을 발휘한 여성에게 매 1백 년마다 한번씩 주는 상이다.
 1924년 대구에서 출생한 김수안 박사는 경북여고를 졸업한 후 동경여자전문학교 가정과에서 공부하고 귀국해서는 경북여고에서 교편을 잡았다. 미국으로 온 것은 1959년, 경북여고 학생과장으로 봉직하던 35세 때 풀브라이트 장학생으로서였다. 미국 유학이 몹시 힘들었던 시절, 김박사는 공부를 시작하기에는 힘든 나이였지만 미국유학에 도전했던 것이다.
 대구를 떠나던 날, 대구역에는 경북 도지사와 경북여고 전교생들, 교직원들이 환송을 나왔다. 역 건물에는 플래카드가 내걸리고 15개 여고 걸스카웃 브라스 밴드가 울려퍼졌다. 학생들은 만세 삼창으로 경상북도에서 나온 첫 교사 대상 풀브라이트 장학생의 도미 유학을 축복해 주었다.
 미국에 도착해서 짐을 푼 곳은 UCLA 기숙사. UCLA 한국 유학생을 모두 합쳐도 10여 명 밖에 되지 않던 때였다.
 김박사는 미국에 오기 전에 영어 공부를 한다고 혼자 애를 많이 썼지만 미국에서 대학강의를 듣기란 너무나 어려웠다. 영어가 통하지 않아 일어났던 웃지 못할 사건도 셀 수 없이 많았다.

"교수들의 말을 10%도 못알아들으면서도 노라고 대답하면 어른께 실례가 되는 것 같아서 못알아들었을 때는 무조건 다소곳하게 예스라고 했습니다. 한번은 어학 클래스의 녹음기가 없어졌는데 교수가 하는 말에 무조건 예스라고 했어요. 알고보니 녹음기를 봤느냐고 물어도 예스, 어디에 두었느냐고 해도 예스, 집으로 가져갔느냐고 해도 예스, 그럼 지금 가서 가져오라고 해도 예스라고 하고는 그냥 교실에 앉아있었던 거에요. 한국 유학생을 찾아 통역을 시켰는데 제가 녹음기를 갖고갔다고 대답했다는 것입니다."

김수안씨는 정말 어렵게 공부했다. 수면시간은 하루 3시간을 넘기지 않았다. 식사하는 시간까지 아껴가며 책과 씨름을 했다. 밤낮으로 공부에만 매달려도 쫓아가기가 너무 힘드니까 모든 것을 포기하고 돌아가 버릴까 싶은 생각이 하루에도 몇번씩 들었다. 그러나 그많은 어려움을 이겨내고 끝까지 공부를 할 수 있었던 것은 그날, 대구역전을 메웠던 학생들의 모습 때문이었다고 회상한다. 3월초였지만 아직 늦겨울 바람이 살을 에이듯 추운 날에 유학길에 오르는 스승을 환송하기 위해 나왔던 제자들의 얼굴을 생각하면 그냥 돌아갈 수 없었다.

지금 생각해보면 영어도 모르고 돈도 없으면서 그 나이에 미국 유학에 도전한 것은 '바늘로 바위를 뚫어보겠다'는 무모한 짓이었다는 생각이 들기도 한다.

"학문도 어렵고 경제적으로도 어려워 파트타임으로 일을 하면서 겨우겨우 다른 학생들의 뒤만 쫓아가는 공부를 하고 있는데 미국에 올 때 재정 보증을 서준 길벗 해리스 박사가 제게 청혼을 했어요. 그 사람은 뉴욕에서 변호사로 활동하고 은퇴한 후 LA에 와서 CPA를 하고 있었을 때에요. 5년 전에 상처하고 자녀도 없이 혼자 하우스키퍼와 지내고 있었습니다. 저보다 26세나 연상이었기 때문에 처음에는 많이 망설였지만 2년 동안의 끈질긴 청혼에 결국에는 손을 들고 말았습니다."

결혼을 하고 난 후 김수안씨는 여러 면으로 생활이 안정됐다. 경제적으로 쪼들리던 것도 없어졌고 공부가 너무 어려워 좌절감을 느낄 때 남편이 많은 위로와 용기를 주었기 때문에 큰 의지가 되기도 했다. 해리스 박사는 "내가 지금 한국에 가서 공부하면 당신이 지금 여기에서 하는 것보다 훨씬 못할 것"이라며 용기를 북돋아 주었다. 모르는 게 있을 때 물어보면 언제나 대답해 줄 수 있는 남편이 옆에 있다는 것이 얼마나 든든했는지 모른다.
 공부를 하느라 바쁜 신부였지만 김수안씨는 마당 한쪽에 야채를 심어 남편에게 정성껏 식탁을 마련해 주고 남편의 스웨터도 직접 짜 입혔다. 밤이면 밤마다 남편은 아내를 붙들고 영어 공부도 시키고 학교 강의도 공부시켰다. 국적이 다르고 언어가 다른 두사람, 나이 차이가 많은 부부였지만 두 사람은 천생 연분으로 만나 참으로 행복한 신혼생활을 했다. 해리스 박사는 신혼의 아내에게 늘 "자랑하지 말고 봉사하라"는 것을 가르쳤는데, 김박사는 봉사하는 삶의 기쁨을 남편으로부터 배울 수 있었다고 한다.
 김수안씨는 1964년에 UCLA 학부를 졸업하고, 66년에 교육대학원을 졸업했으며, 71년에는 교육학 박사학위를 취득했다. 미국에 온 지 11년만에 박사학위까지 모두 마친 것이다.
 김수안씨가 LA카운티 아동복지국 행정관으로 일하던 결혼 17년째의 어느날, 남편이 심장마비로 쓰러져 세상을 떠났다. 병상을 지키는 젊은 아내에게 그는 "남을 도우면서 살라"는 유언을 남겼다.
 이들 부부는 미국에서 공부하는 많은 한국 유학생들에게도 장학금을 주어 학업에 전념하도록 도와주고 한국에 있는 불우학생 20명을 공부시키고 있었다. 중고등학교와 대학교까지 해서 한학생에 10년씩 장학금을 주었는데, 해리스 박사가 세상을 떠날 때는 네 명의 학생이 아직 학업을 마치지 못한 상태였다. 그는 "이들 네 학생이 대학을 졸업할 때까지 꼭 장학금을 주라"고 당부하기도 했다. 해리스 박사의 장례식은 남가주 한인회 회장으로 치러졌다.
 남편의 유언이 아니고라도 김수안씨는 남을 돕는 생활을 계속하고 싶었다. 봉사가 이미 생활화 되어 있었다. 유학 초기 무섭게 고생하고 살았던 경험이 있기 때문에 미국 생활에 익숙치 않아 고생하는 사람들을 돕고 싶었다. 지난 20년 이상 김수안 박사의 UCLA 봉급과 신학교에서 나오는 봉급은 체크 그대로 장학금으로 나간다.
 김수안 박사가 LA 한인 커뮤니티를 위한 봉사활동을 시작하게 된 것은

LA 한인회 초대회장이었던 조용삼 박사(작고)의 권유에 의해서 한인회에 참여하면서부터였다.

"매주 수요일과 목요일 이틀 동안 하루 8시간씩 10년간 봉사했습니다. 한인회에 관여하면서 초기 이민자들을 위한 취업 안내, 진학 안내 등을 주로 한 거지요. 그러다가 PACE(Pacific Asian Consortium in Employment)재단이 생겨 초대 이사장이 됐습니다. 여기에서는 돈을 받으면서 공부하는 직업훈련을 직접 맡아서 했는데 2천명 이상이 이곳을 거쳐갔습니다. PACE에서는 한국인들 뿐만 아니라 일본인, 중국인, 필리핀인, 사모아인 등 5개 아시아 인종들이 이민와서 정착하기까지 도운 거지요. 연방정부에서 연 2백만달러씩의 그랜트를 받아 여기에서도 10여 년 일했습니다."

'봉사'에 대해 김수안 박사는 다음과 같은 설명을 했다.

"봉사라는게 남을 위해서만 하는게 아니에요. 자기 자신을 위해 하는 겁니다. 우리가 살아가면서 가장 보람을 느끼는 일이 바로 이웃을 위한 봉사에요. 봉사를 마치고 돌아설 때의 기쁨은 봉사를 했을 때만 받을 수 있는 대가(代價)입니다. 봉사를 하는 생활은 즐겁고 보람된 삶입니다."

요즈음 김수안 박사가 가장 심혈을 기울이고 있는 것은 남가주 한국학원 일이다. 남가주 한국학원을 살리기 위해 지난해 새로 이사진이 만들어질 때 김박사도 참여해 10만달러를 기부하기도 했다. 그러나 돈으로만 해결될 일이 아니기 때문에 김박사는 직접 현장에서 교육학자로서 남가주 한국 학교 일에 많은 시간과 정열을 바치고 있다.

□ 시절 그사람

"모국에 뭔가 바치고 싶었다"

'조국에 드리는 탑' 헌납　　김시면

○ 1960년대말 가발사업으로 엄청난 돈을 벌어 아메리칸 드림의 신화를 만들어낸 김시면씨.

○ 염직회사를 운영하던 당시 직원들과 함께.

조국 방문길은 항상 가슴이 설렌다. 몇 번 다니다 보면 별다르게 나를 기다리는 사람이 있는 것도 아닌데 그렇다. 이제는 국제선 비행기가 인천공항으로 도착하게 되어 그렇지 않지만 얼마전까지만 해도 조국을 찾아 들어가는 이민자의 설레는 가슴을 제일 먼저 받아주는 게 김포공항 바로 중앙 입구에 웅장하게 서있는 탑이었다. 68피트 높이의 이 '조국에 드리는 탑'은 1971년 LA 교포 김시면(66)씨가 세운 것이다.

1960년대에서 1970년대로 들어서면서 가발업으로 엄청난 부를 축적한 한인들이 적지 않았다. '들어온 돈을 셀 시간조차 없을 만큼 돈이 쏟아져 들어왔다'고 당시를 회상하는 사람도 있다. 김시면씨는 이 시기에 가발업으로 거부가 된 사람이다. 30대 초반의 청년 실업가가 거액의 현찰을 만지면서 그는 가발업계의 왕자로 부상해 한인 커뮤니티에 아메리칸 드림의 신화를 만들어 놓았었다.

백만장자가 된 김시면씨는 그 돈으로 김포공항에 '조국에 드리는 탑'을 헌납했다. "조국을 떠나 산 사람이 해외에서 성공했으니 조국에 무언가 기념될만한 것을 바치고 싶었다"는 것이 김시면씨가 '조국에 드리는 탑'을 세우게 된 동기다.

이 탑에는 국회의장을 지낸 한솔 이효상씨의 시 '나의 강산아(Oh, My Country)'의 싯구가 한국어와 영어로 새겨져 있다. "눈을 감고도 어루만져 보고 싶은 나의 강산아"로 시작되는 이 시는 김시면씨의 가슴에 항상 감동을 불러주는 시였다.

그에게 '조국'은 가장 중요한 단어다. 해외이민자로 40년 이상 살아온 지금도 그가 갖고 있는 지상과제는 '조국의 발전을 돕는 일과 이곳 이민 후세들을 위한 지원'이다.

1936년 경북 안동에서 출생한 김시면씨는 성균관대학에서 공부하고 1960년 도미, 1963년에 USC 대학원을 마쳤다.

"처음에는 공부하면서 일을 하느라 아내나 저나 고생을 많이 했습니다. Sees Trading Inc.를 차려서 무역업을 시작한건 1965년이에요. 고무장화, 한약, 삽, 곡괭이 같은 것들을 수입했어요. 삽과 곡괭이는 월남전에서 남은 고철로 만들어 들여왔는데 별 재미를 못보았지요. 한약재는 제가 직접 어깨에 메고 중국촌에 가서 중국인 한의사들에게 팔았습니다. 고생을 많이 했지요. 그런데 아내가 자꾸 가발수입을 하는게 좋을것 같다고 졸라요. 사업안목이 있었던 것 같애요."

부인 김옥자(64)씨의 권유에 따라 그는 가발 무역을 시작했다. 그전에는 위그(Wig)라고 하면 인모를 사용했는데 김시면씨는 인조가발을 개발해 한국에서 만들어왔다. 아무리 들여와도 수요를 감당할 수 없어서 아예 서울 성남시에 대규모 가발 공장을 짓고 직접 만들어 갖고왔다. 가발을 시작하고 첫 3년 동안은 거의 독점하다시피 물건을 팔았다. 돈이 이렇게 물밀듯이 몰려들어올 수도 있다는 것에 그는 매순간 경악하며 사업을 했다고 한다.

"시간이 지나면서 가발업자들이 많이 늘어났습니다. 초기처럼 큰돈이 벌리는 것은 아니지만 그래도 계속 돈을 벌다가 가발이 사양길에 접어들기 시작하자 1977년 손을 뗐습니다. 가발사업을 한 지 10년이 됐을 때에요. 저는 아니다 싶을 때에는 미련없이 손을 뗍니다. 시간을 두고라도 호황을 누릴 수 있는 새로운 사업을 찾는게 현명한 거지요."

그리고는 부동산 개발업에 뛰어들었다. Sees Development Co.를 설립하고 우선 가발사업을 하면서 사두었던 땅에 건물을 올렸다. 김시면씨는 땅을 살 때 절대로 먼 외곽지역에 사지 않았다. 땅값이 좀 비싸다싶어도 내가 자동차를 타고 오가면서 항상 볼 수 있는 곳에 땅을 사두었다. 먼데 있는 땅은 값이 싸긴 하겠지만 언제 사용할 수 있을지 모르는 일이다. 어쩌면 살아생전 써보지도 못하고말 땅이 될 지도 모른다. 그보다는 쓰고싶

○ 김포공항 중앙 입구에 서있는 조국에 드리는 탑 앞에서 부인 김옥자씨와 함께.

을 때 유용하게 쓸 수 있는 가까운 곳의 땅이 투자가치가 있다고 믿고 그는 애나하임과 토렌스, 레돈도비치 등 큰 땅을 사둔 곳에 건물을 올렸다. 이 땅들을 개발하는 일만 해도 큰 기업이었다.

그리고 10년 후에 시작한 게 염직업이다. 염색공장은 가발업이나 부동산 개발업과는 좀 달랐다. 본인이 염직에 대해 좀 알고 있었어야 하는데 전혀 상식이 없어 힘이 들었다. 아무리 기술자가 따로 있다 해도 본인이 뭘 좀 알아야 이끌어갈 수 있는 것이다. 공장설립 허가가 너무 까다로왔고 시설비도 엄청나 시작부터 힘이 들었지만 일단 해놓고 나면 후세들에게 좋을 것이라는 생각에서 밀고나갔다고 한다.

"한 10년 동안 연평균 성장률 15%로 활기차게 운영했습니다. 10만 스퀘어피트의 공장이 하루 24시간 주 7일 쉬지 않고 돌아갔습니다. 직원 170명이 교대로 근무한 거지요. 그런데 아무래도 기술이 딸려 1996년에 손을 떼고 말았습니다."

염직업에서 손을 떼면서 그는 사업에서 은퇴했다. 돈을 버는 일은 그만하고 시간적 여유를 갖고 이웃을 도우며 사회봉사를 하겠다는 계획을 갖고서였다.

요즈음 그는 이민 선배로서 후배들에게 자문도 해주고 사업 '노하우'를 알려주기도 하며 지내고 있다. 법적인 문제나 투자 문제 등을 의논해오는 사람들에게 성의껏 답변을 해준다. 억울한 일을 당하는 후배들이 있으면

당사자들과 함께 머리를 맞대고 해결책을 찾아나간다. 그리고 시간을 내어 이민 초창기에 정들었던 옛친구들과 어울리는 것도 큰 즐거움이다.

"저는 젊어서부터 아무리 사업으로 바빠도 취미생활을 열심히 하며 살았습니다. 그 취미가 지금까지도 이어지고 있으니까 은퇴했다고 해서 시간이 남아돈다거나 무료한 일은 없어요. 거의 30년 동안 조깅을 해왔는데 나무가 울창한 길이나 바닷가를 뛰고나면 온 세상 걱정 모두 없어져요. 스트레스라는 게 남아있을 수가 없지요. 우리 한인들도 운동이나 여행 등 자기에게 맞는 취미를 개발하는게 꼭 필요한 것 같아요. 속이 편해지거든요. 저는 여행도 굉장히 좋아하고 골프, 낚시와 승마, 수상스키를 많이 합니다. 낚시는 제게 많은 것을 가르쳐주고 정서적으로 키워줍니다."

그는 건강하다. 아직도 청년 같은 기개로 부지런히 뛰어다니며 적극적인 사고방식으로 활기차게 생활에 대응하고 있다.

시인이기도 한 김시면씨는 1958년 현대문학에 '항아리' 라는 시로 등단했다. 미국생활 20여 년을 보낸 1985년에는 시집으로 '면강' 1집을, 1986년에는 기행집으로 '면강' 2집을 출판하기도 했다. 1970년대초, 김시면씨는 시인 황갑주씨와 함께 한인들의 문집 '지평선' 을 발간했다. '지평선' 은 남가주 한인문인들의 첫번째 문집으로 기록되어 있다.

이제까지 한인 커뮤니티 활동에도 동참해온 김시면씨는 1973년 남가주 한인회관 건립위원회 초대 회장을 지냈고, 75년에는 본국의 제56회 전국체전에 재미동포 선수 단장으로 참가했다. 76년에는 남가주 한인재단 이사장을 했고 82년에는 남가주 한인회 회장을 지냈다.

김시면씨와 동향출신인 부인 김옥자씨는 성악가다. 서울 음대를 졸업한 소프라노로 미국에 온 후에는 USC와 LA Conservatory of Music에서 공부했다. 연년생으로 낳은 세딸을 키우면서 남편의 사업을 돕는 아내로서 시간을 내어 틈틈이 음악 공부도 했을 만큼 김옥자씨는 부지런하고 적극적인 사람이다. 이제까지 미국에서 일곱번이나 독창회를 가졌다. 그리고 오페라 루치아(미국), 대춘향전(미국), 라트라비아타(한국 세종회관) 등에서 주연을 맡았었다. 해외 공연도 여러차례 했는데 중국 켄튼과 일본 오사카, 평양 등에서 연주를 했다. 이제까지 성가 테입과 CD를 모두 10개 발간해냈다.

이들 부부에게는 출가한 세 딸이 있다. 큰딸 미란(37 · Cedina)은 변호사, 둘째딸 영란(36 · Doris)은 콜로라도 유니버시티 건축과 교수, 셋째딸 효란(35 · Debbi)은 바이올리니스트다. 아이들이 어렸을 때는 세자매 트리오로 활발하게 음악 활동을 했었다.

오는 6월 9일에는 콜번스쿨에서 효란씨가 속해있는 어센션 트리오(Ascension Trio)의 정기 공연이 있는데 김옥자씨가 성악을, 7세짜리 손녀딸이 하이든의 피아노 콘체르토 찬조출연해 가족 3대의 연주가 있게 된다.

이민 선배로서 김시면씨는 한인들에게 부탁하고 싶은 말이 있다.

"한인들은 흩어져서 살아야 합니다. 미국땅이 얼마나 넓은데 좁은 타운 안에서만 같은 업종으로 싸웁니까. 이렇게 경쟁해 봤자 서로 피해를 입게 됩니다. 넓은 곳으로 나와서 곳곳에 한인들이 자리를 잡아야 합니다. 이게 우리들 자신에게도 좋고 조국의 힘도 키울 수 있는 겁니다."

팔로스버디스에 있는 김시면씨의 자택은 대지가 2.5에이커다. 바다가 보이는 넓은 집에서 부부가 두마리의 말과 두마리의 개를 데리고 살고 있다. 테니스장 앞에는 웬만한 학교의 것만한 어린이 놀이터를 만들어놓아 손주들이 언제라도 찾아와서 놀 수 있게 해 놓았다.

이들 부부의 하루 일과는 아침 6시에 기상해 30분 동안 기도와 찬송을 하면서 시작된다. 부부가 함께 바닷가에서 조깅을 하거나 말을 타는 것도 빼놓을 수 없는 주요 일과다.

□ 시절 그사람

"받은 축복 나누니 행복 더 커져"

한미 문화협회 회장 김원보

○ '입양아의 대부'로 불리는 김원보 회장. 그는 지난 20년 동안 연인원 1만 5천명의 입양아와 가족들을 초청해 한국음식과 한국문화를 즐기는 자리를 마련했다.

미주내 여러 인종그룹 가운데 한인 커뮤니티의 위상은 높은 편이라는 것이 일반적인 관념이다. 정확한 숫자로 비교할 수 있는 것은 아니지만 주류사회에서 한인들에 대한 능력과 성실성은 높게 평가받고 있다고 보아도 크게 틀리지 않는다. 미국에 살고 있는 한인 개개인이 법을 지키며 성실하게 살려고 노력하는 것도 중요하고 뛰어난 두뇌로 두각을 나타내는 경우, 개인의 성공으로 명예를 높이는 경우, 이웃을 위한 헌신적인 봉사로 모범적인 사회생활을 하는 경우 등 한인의 위상을 높이는 요소는 많다.

웨스트 모엘랜드(예비역 대장/미육군 참모총장) 대장이 김원보 회장과 미 재향군인 초청파티 에서.

로스앤젤레스에서 북서쪽으로 60여마일 떨어져 있는 옥스나드시는 과수원과 농장이 끝없이 이어져 있는 바닷가 어촌이기도 하다. 지금은 식당을 하는 한인도 있고 온실을 경영하며 꽃을 키우는 한인들도 있지만, 1970년대까지만 해도 한인을 찾아보기 힘든 지역이었다. 백인들만이 거주하고 있던 1960년대 말에 이곳으로 들어와 옥스나드 터주가 된 김원보(63)씨는 이 지역 주류사회에서 '봉사하는 한인'으로 널리 알려져 있다. '내가 무슨 봉사를 했네' 라고 말하면 이미 봉사의 참뜻이 희석된다며 김원보씨는 기자의 질문에 대단히 조심스럽게 대답을 했다.

김원보(발리하이 사장, 한미 문화협회 회장)씨가 백인 일색인 옥스나드에 들어가 살기 시작한 것은 1969년이다. 동국대학을 졸업하고 사업을 하다가 유학차 미국에 온 지 1년만이었다. 1년여 동안 로스앤젤레스에 거주하다가 내린 용기있는 결정이었다. 모두가 대도시에서 큰 사업을 하기 위해 바쁘게 뛰고 있을 때 그는 아름답고 평화로운 마을에서 자연을 즐기며 살겠다는 소박한 아메리칸 드림을 갖고서였다.

"당시에는 가발업이 가장 손대기 쉽고 또 성공 확률이 높은 사업이었기 때문에 로스앤젤레스 지역의 많은 한인들이 가발업을 하고 있었습니다. 저는 옥스나드로 옮겨가고 나서 그곳에서 가발사업을 시작했지요. 처음부터 사업은 예상을 훨씬 웃돌았습니다. 좋은 제품을 좋은 가격에 판다는 소문이 벤추라 일대에 곧 퍼졌습니다. 가발사업을 시작하고 꼭 1년만에 바닷가에 아름다운 집을 살 수 있었고 그 다음 해에도, 또 그 다음 해에도 계속 빌딩 한채씩을 살 수 있을 정도로 사업이 잘 됐어요."

가발업도 잘됐고 부동산 투자도 크게 성공이었다. 생활풍습이나 사업방법도 모르는 낯선 남의 땅에 와서 시작한 사업이 아무런 걸림돌 없이 이렇게 불어나는 것은 특별한 신의 축복이라고 믿을 수 밖에 없었다. 그는 모든 것이 고맙다는 생각밖에 없었다. '이럴수록 겸손하게 살아야 한다'는 것을 자신에게 반복해서 다짐하곤 했다. 그리고 이렇게 받은 축복은 이웃과 나누어야 한다는 생각도 하게 됐다.

"10여 년 사업을 하는 동안에 큰돈을 벌었습니다. 삶의 방향을 서서히 바꾸어야 할 때가 됐다는 판단을 하게 됐습니다. 갖고 있던 사업체들을 모두 정리하고 수익성이 좋은 쇼핑몰과 호텔을 구입해서 이들을 관리하는 '발리하이' 사를 세웠습니다. 그리고는 사업보다는 봉사활동 쪽에 더 무게를 두어야겠다고 생각했습니다. 미국생활 10여 년 동안 엄청나게 받은 혜택을 이웃과 나누고 사회로 환원해야겠다는 것이었지요."

제일 먼저 시작한 사업이 '한국 입양아와 그 가족들을 위한 밤' 이다.

"1981년 초에 우리 옆집에 살던 백인 부부가 한국에서 아이를 입양해 왔어요. 이분들이 아이를 어찌나 사랑하고 지성껏 키우는지 존경심이 생길 정도였어요. 그런데 이상한 것은 이 아이가 어린애 같지 않게 우울해 보이는 거에요. 친구들과 잘 어울리지도 않고 늘 혼자 외톨이로 도는 모습을 보면서 떠나온 고향생각 때문일까, 아니면 저만이 외모가 다르기 때문에 외로움을 느껴서일까 하고 혼자 생각해보곤 했었지요."

그 아이의 이름은 주디였다. 주디를 보면서 김원보씨는 고향을 떠나 언어도 통하지 않고 문화도 다른 이 나라에 와서 사는 다른 많은 한국의 어린이들을 생각하게 됐다. 가난한 부모에게서 태어나 가족의 사랑도 받지 못하고 낯선 지역으로 입양되어 온 아이들을 생각하면 가슴이 아팠다. 좋은 양부모 만나 쉽게 적응해서 잘 사는 아이들도 있겠지만, 적응이 쉽지 않아 외로움을 타고 서럽게 사는 아이들도 있으리라는 생각을 하게 된 것이다.

입양아에 대한 관심을 갖게 되면서 그는 새로운 사실도 알게 됐다. 본인이 살고 있는 옥스나드 지역 일대에는 해외 입양 기관이 있다는 것과 한국에서 입양되어 온 어린이들이 1천명이 넘는다는 것이었다. 그가 이 지역으로 거주지를 삼게 된 것은 바로 이런 사명을 수행하도록 하기 위해서였던 것 같은 생각까지도 들었다.

1983년 그는 한미 문화협회를 결성했다. 개인의 힘보다는 단체의 이름으로 봉사활동을 시작하기 위해서였다. 그리고 한미 문화협회는 입양기관으로부터 한국입양아가 있는 가정의 리스트를 얻을 수 있었다.

"첫해 행사를 준비하던 때의 감격은 대단했습니다. 잘 될 지에 대한 두려움이 있어서 더 가슴이 설레기도 했겠지만, 한국에서 부모를 떠나온 한국 어린이들을 한자리에 모아 만난다는 기대감도 컸으니까요."

1983년 10월 3일, 카마리요 커뮤니티 센터에서 입양아와 가족들을 위한 첫번째 행사가 있었다. 이날을 위해 인근 입양인 가족들에게 초청장을 내보내는데 그게 보통 일이 아니었다. 온가족이 아버지가 하는 일을 후원하고 나섰다. 부인 킴벌리씨가 가장 큰 후원자가 됐고, 당시 중고등학교에 다니고 있던 딸 줄리(32)와 아들 스티브(28)가 아버지를 도왔다. 밤 늦게까지 잠자리에 들지 못하고 일일이 초청장에 주소를 쓰고 우송하는 일을 이들 남매가 맡았다.

"남을 위한 이런 봉사를 하다보니 부수적으로 얻어진 게 가족간의 화합과 협동이에요. 모두가 한마음이 되어 열심히 일하면서 가족의 소중함도 깨닫게 되고 남을 위한 봉사의 귀중함을 확인하면서 서로 상대방에게 고마운 마음을 갖게 됐지요."

입양아들의 모임을 위해 그는 몇 가지 원칙을 세워놓고 준비를 했다. 조국을 떠난 어린이들에게 조국의 문화를 직접 보게 하고 조국의 음식을 맛

보게 하자는 것이다. 한국인의 피를 받았다는 사실에 자긍심을 갖게 하고 자신의 뿌리를 확인시켜주겠다는 것이다. 또 조국을 떠나 입양가정에 들어간 다른 어린이들을 만남으로써 자신은 혼자가 아니라는 것을 알려주고 미국에 사는 한국인들이 입양아들에게 관심과 애정을 갖고 있으니 외로워하지 말라는 것이었다.

첫해 모임에 7백여 명이 참석했다. 물론 옆집 주디도 부모의 손을 잡고 참석했다. 자신과 외모가 비슷한 어린이들을 만난 주디의 표정은 참으로 오랜만에 밝아보였다. 잡채와 불고기를 먹으면서 시종 웃음기가 얼굴에 머물러 있었다. 한국의 부채춤과 장구춤을 보면서 작은 손으로 '짝짝' 박수를 치기도 했다. 준비를 하느라 1개월 이상 쌓였던 피로와 우려가 모두 사라지는 순간이었다.

"해마다 10월에 갖는 입양아 행사를 지난 달에는 열여덟번째 치렀습니다. 매번 불고기와 김치, 잡채 등을 대접하고 한국의 춤도 보여주고 태권도 시범도 보여주곤 합니다. 아이들도, 입양부모들도 정말 즐겁게 하루를 보내고 한국을 접할 수 있게 해준 것을 고마와 합니다. 이제까지 연인원 1만 5천명이 입양아 행사에 참석했습니다. 이제는 웬만큼 알려져서 입양아를 키우는 가족끼리 연락을 해서 나오곤 합니다. 매년 7, 8백명에서 1천명까지도 모입니다."

그동안 김원보씨에게는 '입양아의 대부' 라는 별명이 붙었다. 입양아를 위해서 시간과 경비를 아끼지 않고 그들에게 사랑을 쏟아붓고 있기 때문이다.

입양아들을 위한 첫번째 행사를 치른 다음해 부터는 한국전 참전 용사의 밤도 갖고 있다. 한국전에 참전해 우리의 조국을 위해 싸워준 용사들에게 감사의 뜻을 전하는 것이다.

"참전 용사들을 위한 밤을 개최하는 데에는 어려움이 더 많았습니다. 이들만의 모임이나 단체가 만들어져있지 않아 어디에 알아봐도 이 사람들의 연락처나 리스트를 구할 도리가 없는 거에요. 어려운 경로를 통해 몇 사람의 연락처를 구한 후 이사람들을 통해 다시 연락처를 얻고 해서는 84년 6월에 첫 모임을 가졌지요."

이 자리에는 5백여 용사들이 참가했다. 젊은 시절 목숨을 걸고 함께 싸웠던 용사들은 35년이 지나 백발이 되어 만난 자리에서 눈물의 해후를 했다. 이들은 곧 '6.25 참전 미국협회'를 만들어 프랭크 마이어스씨를 회장까지 선출하고 자기네들끼리의 연락망도 만들었다. 어느 해엔가는 한국전 당시 대대장이었다가 후에 월남전때 총사령관을 지낸 웨스트 모어랜드장군도 참석해 김회장에게 고마움을 표하기도 했다.

김원보씨는 독실한 기독교 신자다. 2000년부터는 한국에 기독교를 들여와 한국의 발전에 큰몫을 해준 초기 선교사들을 모아 감사의 뜻을 전하고 있다. 모두 연로한 분들이기 때문에 급한 마음으로 시작했다고 한다. 이 자리에는 2백여 은퇴목회자들과 그 가족들이 자리를 함께했다.

"봉사는 남을 위해서라기 보다 자기 자신을 위해 하는 것 같아요. 봉사활동을 하다보니 가족 모두가 건강의 축복을 누리게 되고 경제적으로도 부족함이 없는 축복을 누리게 돼서 정말 감사하게 살고 있습니다."

그는 벤추라 지역 터주로서 한인들을 모아 라이온스클럽을 만들어 초대 회장을 지내기도 했다. 가주 주지사와 LA 시장, 옥스나드 시장, 주 상하원 등으로부터 많은 표창장을 받았지만 그는 '입양아와 입양부모들이 보내주는 감사편지' 만큼 기쁜 건 없다고 했다.

□ 시절 그사람

"자동차에 꿈을 담아 팔았죠"

김윤성종합자동차 대표 김 윤 성

○ 1962년 아이라 에스코바 포드 딜러에서 일을 시작하면서 첫번째 한인 자동차 세일즈 맨이 된 김윤성씨.

◐ 1964년 우수 세일즈맨 표창을 받고.
왼쪽이 부인 강경림씨.

김윤성(65·Richard Kim.)씨가 자동차업계에 뛰어든 지 내년이면 40년이다. 사람의 나이 40이면 불혹지년이라고 한다. 일을 추진하는데 망설이거나 마음이 흔들리지 않을 나이라는 것이다. 업계 40년이면 어떤 상황에도 자신감이 넘칠 수 있는 햇수다.

로스앤젤레스 지역의 한인들이 모여 공식적인 한인단체(Korean American Community Center)를 이민사상 처음으로 만든 바로 그해(1962년)에 김윤성씨는 자동차업계에서 일을 시작했다. 한인으로는 제일 먼저 자동차업계에 몸을 담은 사람이다. 그리고 2년여 후에 자동차 세일즈를 시작했다. 그는 한인사회의 이민 선배로서 정직하고 성실하게 세일즈맨의 정도를 걸어오며 후배들에게 모범을 보여왔다.

"초기의 한인 자동차업계는 질서가 잡혀 있었습니다. 세일즈맨과 고객 사이에 신뢰감이 있었어요. 한인들이 늘어나고 자동차 판매에 종사하는 사람들의 숫자가 많아지면서 중간에 불미스런 일이 있기도 했고 피해를 본 고객들도 있었지만, 서로가 이를 바로 잡기 위해 힘을 합해 노력해서 많이 회복됐다고 봅니다. 세일즈를 하는 입장에서 보자면 한인들은 대하기 좋고 믿을 수 있는 좋은 고객이라 주류사회 판매업계에서도 우수 고객으로 인지되어 있어요."

김윤성씨는 서울에서 출생해 배재고등학교를 졸업했고, 1955년 서울대학에 입학한 직후 미국으로 유학을 왔다. 중고등학생 시절 그의 꿈은 훌륭한 외교관이 되는 것이었다. 그러나 미국에 온 후 기본적인 생계를 준비하기 위해 그는 캘스테이트 롱비치에서 회계학(Accounting)을 공부했다.

"학교에 다니면서 새벽에는 가드닝을 하고 저녁이면 식당에서 접시닦기도 하느라고 고생을 많이 했어요. 그러다보니 6년만인 1961년에야 대학을 졸업했는데, 졸업하고 얻은 첫직장이 맨하탄 비치에 있는 아이라 에스코바 포드 딜러의 어카운턴트였어요."

40년을 이어온 그의 자동차업계와의 인연은 이렇게 시작됐다. 처음에는 생활수단으로 시작한 어카운턴트 일이었다. 2, 3년을 넘기지 않을 것이라는 막연한 계산이 있었다. 그러나 자동차업계는 그의 능력과 성실성, 책임감을 놓치지 않았다. 오피스 매니저에서 비즈니스 매니저로, 다시 제너럴 매니저로, 그리고는 부사장으로 승진하면서 그는 자동차 업계에서 발을 뺄 수 없는 위치에까지 갔다. 자동차는 무엇보다도 절대적인 생활의 필수품이 아닌가. 거대한 미국 경제의 원동력이 되는 자동차업계의 매력에 본인이 깊숙히 빠져들어갔다. 젊은 날 가졌던 외교관의 꿈은 '자동차업계의 성공'으로 바뀌었고, 40년의 세월이 흐르는 동안 한인들에게 10만대 이상의 자동차를 파는 보람도 갖게 됐다.

"아이라 에스코바에 들어가고 1, 2년 지난 후 세일즈를 시작했는데 제 적성에 맞아서인 지 일하는게 즐거웠어요. 미국생활의 성공을 여기에 걸 수 있겠다는 판단이 서자 세일즈에 대한 장기적인 원칙을 세우게 됐지요. 지금 당장은 실적을 올리지 못한다 해도 시간이 지나면서 고객이 전적으로 신뢰할 수 있는 세일즈맨이 되도록 하겠다는 계산을 한거지요. 고객의 입장에 서서 내가 내 자동차를 산다는 생각으로 고객을 대했습니다. 그러기 위해서는 우선 상품에 대해 제가 정확하게 알고 있어야 겠기에 공부를 많이 했습니다. 작은 부품 하나라도 성능에서부터 사용연한, 장단점 등을 알고 고객에게 정직하게 알려주었습니다. 후에 불만이 있는 고객에게는 최선의 서비스를 해주는 것도 물론이고요."

한인들의 숫자가 늘어나면서 그의 세일즈 실적도 늘어났다. 주류 자동차업계에서 '뛰어난 세일즈맨'으로 인정을 받은 것은 전적으로 '한인들의 도움' 때문이었다고 그는 말한다. 많은 한인들이 그를 통해 자동차를 구입했기 때문에 가능했다는 것이다. 동족에 대한 고마움을 그는 잊지않고 있다.

"돈을 벌기 위해 자동차 세일즈를 한 건 사실이지만 저는 참으로 즐거운 마음으로 일해왔습니다. 특히 초기 한인들은 어렵게 돈을 모아 자동차를 한대 사면 온 가족이 굉장히 행복해 했습니다. 이런 것을 바라보는게 저의 즐거움이 되기도 했어요. 자연히 조금이라도 좋은 조건으로 그들에게 더 적합한 자동차를 구해주려고 노력했고 만족해하는 고객들과 함께 기쁨을 나누곤 했지요."

그는 자신이 평하는 것처럼 '외향적이고 긍정적'인 사람이다. 일을 하는데 적극적이고 원칙을 벗어나지 않는다. 언론매체를 통한 광고보다는 자동차를 산 한명의 고객이 다른 사람에게 좋은 이야기를 해주는 것에 그는 더 비중을 두었다.

"어떤 형태의 광고든 광고는 경비지출이 아니라 투자에요. 인간관계에서는 더 그렇지요. 한 사람의 고객에게 신용을 지키기 위해 내가 손해를 봤다면 그 액수만큼 투자를 한거나 마찬가지에요."

아이라 에스코바 포드에서 일할 때 그는 한국에까지 광고 안내문을 보낼 만큼 적극적으로 나섰다. 미국으로 올 계획이 있는 사람들을 대상으로 한 것이다. LA 공항에서 김윤성씨에게로 직행한 한인들이 적지 않았던 것도 그런 이유 때문이었다.

아이라 에스코바에서 12년 동안 일하면서 그는 꽤 많은 돈을 벌었다. 1973년에는 웨스턴과 9가에 있던 센추럴 크라이슬러 - 플리머스를 인수했다. 3년 정도 운영한 후 아이라 에스코바 포드의 요청에 따라 그는 51%의 주식을 소유하기로 하고 다시 그 회사로 옮겨갔다.

"자동차 사업으로 적지 않은 돈을 모으면서 그 돈으로 잠시 외도를 한적이 있습니다. 아이라 에스코바에 주식만 남겨두고 저는 부동산에 손을 댄 거에요. 79년에 시작해서 2년 동안 엄청난 돈을 투자해서 바닷가에 당시 가격으로 50만달러가 넘는 주택과 콘도 수십채를 지었습니다. 그런데 미국 경제가 곤두박질 치는 거에요. 사겠다고 거들떠보는 사람조차 없었어요. 저로서는 그때까지 벌었던 돈을 모두 쏟아부었는데 거의 빈손이 되어 손을 들었습니다. 비싼 수업료를 지불하고 너무나 귀중한 것을 배운 좋은 경험이었습니다. 언제, 어디에, 어떤 방법으로 투자를 하는가, 사업은 언제 확장하고 언제 축소해야 하는가를 확실하게 배운 좋은 기회였지요. 부동산 실패를 경험하면서 앞으로 더 탄탄하게 성공할 수 있다는 자신감이 생기더군요."

마침 미드웨이 포드를 운영하고 있던 김행키씨가 운영이 어려워 직원들 월급도 못주고 있다며 김윤성씨에게 함께 일하자고 제안해왔다. 미드웨이 포드의 파트너로 다시 자동차업계로 돌아온 김윤성씨는 '한번의 실패에서 배운 실력'으로 승승장구했다. 1986년에 김행키 현대딜러를 시작한 이래 김윤성 종합자동차, 마즈다딜러, 헐리웃 포드 딜러 인수, 헐리웃 종합자동차 등의 초석을 다져 포드와 마즈다, 현대 등 3개의 딜러십과 김윤성종합자동차 체인을 운영해왔다. 한때 매장이 9군데 있었지만 그는 연전에 3군데로 축소했다. 그리고 지금은 다시 확장을 준비하고 있다. 그의 사업 안목으로는 '지금이 사업 확장의 최적기'라고 했다.

'김윤성'이라는 이름은 남가주 지역 한인들에게 자동차의 대명사다. 그는 자동차업계에서 철저한 전문인으로 입지를 세웠다. 돈보다는 신용을 지키는 일을 앞세웠고, 나보다는 고객의 입장을 먼저 생각해왔다.

그는 한미박물관과 태극 방범 순찰대 등에 자동차를 기증해왔고 모교 동창회를 통한 장학금 전달 등 '작은 봉사'를 하고 있다. 앞으로 유학생들을 도울 수 있는 장학재단을 만들고 싶지만 '실천하게 될 지는 미지수'라고 했다.

김윤성씨를 이야기하면서 빼놓을 수 없는게 아름다운 여인들로 구성된 그의 가족이다. 부인 김(강)경림씨는 미스 코리아 출신이다. 서울에 살고 있는 김윤성씨 손위 누이의 소개로 만나 1년 여간 미국과 한국을 오가며 데이트를 하다가 결혼했다. 김경림씨는 이곳에 와서 미용실을 경영하며 한국여성들의 아름다움을 가꾸어왔고 남가주 지역 미스 코리아들을 배출해냈다. 연진(30), 지연(24) 두 딸도 모두 남가주 미스 코리아, 미스 아시아로 뽑혔었다.

"한인 커뮤니티가 형성되어 있지 않던 초기에는 한인들이 선택의 여지가 없이 그냥 주류사회로 들어갈 수 밖에 없었어요. 그러나 지금은 한인사회가 커지고 발전해 있으니까 한인들의 주류사회 진출이 느려지는 것 같아 안타깝습니다. 우리는 한인사회를 지키고 발전시키면서 동시에 주류사회 진출도 활발하게 해야 합니다. 초기에 미국에 온 한국인들은 기회를 최대로 활용해 주류사회와 경쟁을 했는데 지금은 한국인끼리 경쟁을 하면서 나쁜 점이 있어요. 한인 커뮤니티 지도자들이 앞장서서 고쳐야 할 것은 고쳐나가야지요."

그는 1994년과 98년에 이어 지난해에도 우수 포드 딜러에게 수여되는 프레지던츠 어워드를 수상했다. 판매 뿐만 아니라 정비와 고객서비스 등 종합적인 소비자 만족도를 평가해 수여하는 이 상은 전국의 5천여 딜러 중 3백여 업체에 주어진다.

그는 주말이면 오랜 친구들과 골프를 하거나 부인과 뮤지컬이나 쇼를 관람한다.

◻ 시절 그사람

한인사회 운전교육의 '훈장님'

김스 운전학교 교장 김 응 문

◐ 지난 28년간 한인들에게 운전을 가르쳐온 김스운전학교의 김응문 교장은 한인커뮤니티에 운전의 밑거름을 뿌려놓은 사람이다.

○ 1977년 전미 운전학교 연합회 총회에 한국계 대표로 참석해 찍은 사진. 당시 김스운전학교에서 한인들에게 운전을 가르쳤던 김환기씨(맨 왼쪽), 조광제씨, (왼쪽에서 두번째), 유일한 여성 운전 강사였던 김춘자씨(왼쪽에서 네번째)와 함께.

로스앤젤레스 지역 한인들을 대상으로 한 운전교육 28년. 우리 생활의 필수항목으로 우리의 평생 동반자가 될 자동차 운전을 가르쳐 온 김응문(62·Emanuel Kim) 교장은 '자동차 운전 교습의 정도'를 걸으며 참으로 오랜 시간을 거쳐왔다. 사업에 나선 주위의 다른 사람들처럼 큰돈을 버는 것도 아닌데 그가 운전학교를 지켜온 것은 운전교육의 본질에 재미를 느꼈고, 또 운전교육이 우리에게 중요한 것인 만큼 배우는 사람들이 '적당히 기술만을 배워 지나가지 않도록 하기 위해서' 였다.

그는 운전을 가르치는 일이 '즐겁다'고 했다. 운전대를 잡은 사람의 심리상태가 그대로 반영되는 것이 운전이다. 운전을 바르게 가르치기 위해 운전에 깊숙히 파묻혀 살다보니 그는 운전과 운전자의 심리 관계를 파악하는 전문가가 됐다.

"대부분의 사람들이 일정 기간 운전을 배워 면허를 취득합니다. 그러나 많지는 않지만 그렇지 못한 분들이 있습니다. 연습기간 동안에는 아무 문제가 없이 운전을 잘 하는데 일단 시험관 옆에 앉아 시험장에 들어서면 제대로 하지 못해 두번, 세번 낙방하는 분들이 있지요. 어느새 저는 이런 문제 있는 분들, 연세가 많아 시험 패스가 쉽지 않은 분들을 위한 전문 운전강사가 됐습니다. 30년을 같은 일만 해왔으니 당연한 거지요."

운전은 자동차를 달리게 하는 것만이 아니다. 자동차가 달리는 그 이전의 것들을 알고 있어야 위급한 상황이나 불안한 상황을 피해갈 수 있는 것이다. 평생동안 운전을 하면서 우리는 수도 없이 많이 위급하고 불안한 상황과 부닥치게 된다.

"처음 운전을 배우는 청소년들에게 바르게 가르치는 것은 그 청소년이 평생 동안 운전을 하는데 큰 영향을 미칩니다. '이렇게 하면 된다' 는 식으로 그냥 자동차를 운전하고 다니는 것만을 그대로 가르쳐서는 충분한 운전교육이 아니에요. 운전학교에서 가르치는 게 '자동차가 굴러가고 면허를 받을 수 있게' 해주는 게 아니라는 걸 부모님들도 아셔야 해요. 자동차 운전이 갖는 의미를 청소년들이 바르게 알도록 가르쳐야 합니다."

김응문교장은 배재고등학교와 연세대를 졸업하고 1969년에 유학을 위해 미국에 와서 아주사 패시픽 칼리지에서 사회학 석사학위를 받았다.

"운전면허를 받기 위해 운전학교에서 배우면서 미국에는 운전학교라는 게 있다는 걸 처음 알았습니다. 1970년대 초, 마침 그때가 한인들이 대거 이민을 오던 때였습니다. 저는 운전면허를 받고나서 제 누이와 친구 아내 등에게 운전을 가르쳐 주면서 이곳에 오는 한인들을 위해 운전학교가 필요하겠다는 생각을 하게 됐습니다. 곧 수속을 밟아 운전 강사 면허를 받았지요."

1973년 그는 한인으로는 처음으로 가주 운전 강사 면허를 받고 본인이 운전을 배웠던 LA 운전 교육 센터(LA Drive Education Center)에서 운전강사로 일했다. 마침 그 학교를 운영하고 있던 교장이 한국전에 참전했던 사람으로 김응문씨에게 남다른 호의를 보이면서 운전강사로 채용했던 것이다.

지금의 김스운전학교는 김응문씨가 시작한 것은 아니다. 지금은 목회활동을 하고 있는 김오현씨가 올림픽 식품 2층에 운전학교를 하면서 김스운전학교라는 간판을 달았다. 김응문씨는 이 학교로 옮겨와 가르치다가 1976년에 김오현씨가 신학교로 진학하게 되자 운전학교를 아예 인수하게 된 것이다.

운전학교가 하나 둘 생기기 시작하면서 어느 분야나 마찬가지지만 경쟁도 심하게 됐다. 시간당 교습비가 12달러씩 하던 것이 한 학교에서 11달로 내리면 또 다른 학교에서는 10달러로, 다시 9달러로 내리면서 8달러 50센트까지도 내려가게 됐다. 운전학교를 운영하는 모든 사람이 너무나 힘들게 됐지만 누가 나서서 조정을 할 수가 없었다.

그러다가 운전학교의 수가 20개가 넘어서게 되자 1986년, 남가주 한인 운전학교 협회가 결성됐다. 그리고 김응문씨가 초대 회장에 선출됐다. 협회를 만들 때 몇 가지 협회 원칙을 세웠다. 가격을 제대로 받고 제대로 가르치자, 운전교사들이 정부에서 실시하는 세미나에 반드시 참가하도록 하자, 교사 자신들이 질적 향상을 위해 노력하고 교습방법을 개발하자 등을 내걸었다. 회원학교는 22개로, 서로 협조하고 도우면서 질서있게 운영됐다. 그러나 안타깝게도 5년 후에 없어지고 말았다. 운전학교들이 너무 많이 생기고 협회가 요구하는 것을 지키지 않는 학교가 생기니까 어떻게 할 도리가 없었던 것이다.

"협회가 운영되는 동안 보람있는 일이 많았습니다. 주류사회의 정보를 제공하는 게 회원들에게 큰 도움이 됐습니다. 협회 차원에서 큰 일을 한 것도 있습니다. 협회 창설 초기에 정기적으로 모여 회의를 하면서 보니 당시 할리웃 DMV에 있는 시험관 하나가 한국인에게 못되게 군다는 것을 알게 됐어요. 마이클 싱커라는 시험관인데 이 친구가 오클라호마에서 살다가 이쪽으로 이사를 와보니까 영어도 잘 하지 못하는 한국인들이 좋은 차를 갖고 시험을 보러 오고 하니 속심이 뒤틀린 모양이에요. 한인들이 불법으로 돈을 모았는가 하는 편견을 갖게 된 거에요. 마침 우리 학교 학생도 의도적으로 시험에 떨어뜨린 걸 알게 됐고 해서 협회 대표 두사람과 제가 차량국장을 찾아가 강력하게 항의를 하면서 서면으로 고발을 했습니다. 당국의 조사 결과 그 친구가 징계를 받게 됐고 다른 지역으로 전근을 갔는데 그곳에서 저와 김스운전학교를 상대로 1백만달러 손해 배상 소송을 제기했어요. 물론 우리 쪽 잘못은 없으니까 그냥 끝나고 말았지요. 그일이 있고 난 후부터 DMV 내부에 이 소문이 퍼져 시험관들이 한인 운전자들에게 정말 친절하게 잘 해 주었습니다."

2001년 현재 로스앤젤레스 인근에 한인이 운영하는 운전학교가 30여

개다. 80% 정도가 로스앤젤레스에 있고 나머지는 토렌스나 가디나, 샌개 브리얼, 세리토스 등 외곽지역에 있다. 그동안 많은 학교가 나왔다가 사라지고 새로 생겼다가 사라지곤 했다. 한인 커뮤니티에 있는 그 많은 운전학교를 보면서 그는 격세지감을 느낄 때가 많다. 한인으로는 유일하게 첫번째 강사가 되어 가르치던 때가 있었다는게 믿기 어려울 정도다.

그는 이제까지 가르치면서 정부의 프로그램에 자신의 현장체험을 첨가해 정확하고 효과있는 교습 방법을 모색해왔다. 차량국 사무국에 더 좋은 교습방법을 제시해 채택된 것도 여러 번이다.

"처음 운전을 배우는 청소년과 연세 드신 분, 여성분들을 가르치는 데 각각 특징이 있습니다. 거기에 맞추지 않으면 힘든 경우가 많아요. 연전에 한국에서 대학교수를 하시던 65세 되신 분이 시험에서 번번이 낙방을 하시는 거에요. 가르치던 강사도 손을 들게 되자 제가 나섰지요. 저는 그 분과 커피를 여유 있게 마시며 많은 이야기를 나눈 후 둘이서 운전 실기 시험 코스인 1.9마일을 함께 걸었습니다. 저는 걸으면서 하나 하나 설명을 하면서 중간중간에 있는 트래픽 사인에 대해서도 함께 이야기를 나누었지요. 직접 걸어보고난 후 그 분은 그 길과 익숙해져서 두려움이 없어진 거에요. 그 다음 시험에서 물론 100점으로 통과하셨어요."

겁이 많아 시험에 통과하지 못하는 분들에게서 심리적인 불안감을 덜기 위해 함께 커피도 마시고 식사도 하면서 이야기를 나누면서 그는 운전이 그 사람의 정신상태와 직접적인 관계가 있다는 것을 알게 됐다고 했다.

1988년에 그는 한국에 운전학교 분교를 세우려고 나갔었다. 이곳에 도착하고나서 그때부터 운전을 배워 면허를 따는 것 보다는 한국에서 미국 운전을 배우고 오면 시간과 돈을 많이 줄일 수 있을 뿐만 아니라 미국 정착에 큰 도움이 되겠다는 판단에서였다. 그러나 성사시키지 못하고 말았다.

나성 영락교회 시무장로인 김응문교장은 부인 김필남(54)씨와 사이에 조엘(25)과 패트릭(22) 두아들을 두고 라크레센타에 살고 있다. 그는 테니스와 등산에 있어서 프로다. 미국에서 가장 높은 마운트 위트니의 정상에 올랐고, 1995년 캘리포니아주 대표로 전미 테니스협회(USTA) 성인 테니스 리그에 출전해 우승을 하기도 했다.

김응문씨는 남가주 지역 첫번째 한인 운전 강사

그는 1973년에 캘리포니아주 운전 강사 면허를 받아 한인들에게 운전을 가르치기 시작했다.

이제까지 그를 거쳐간 한인 운전자는 9만명 정도로 추산된다. 운전을 배워 면허를 받은 사람이 4만명, 교통법규 위반자 교육을 받은 사람이 5만명이다. 이 중에서 음주운전 교육을 받은 사람이 8천명이다. 그리고 그가 양성해낸 운전 교사가 64명. 근년들어 한인 운전학교가 많이 생겼지만 남가주 지역 한인 운전자들의 많은 부분이 김응문씨에게 직접 운전을 배웠거나 김교장이 훈련시킨 운전교사에 의해 운전을 배웠다. 바꾸어 말하면 한인 커뮤니티 운전의 밑거름은 김응문씨가 뿌렸다는 것이다.

운전학교를 하면서 1976년에는 운전교사를 양성할 수 있는 자격을, 1977년에는 DDC(Defensive Driving Course) 강사 자격증을 땄고 교통법규 위반자들을 가르칠 수 있게 됐다. DDE는 운전 기술을 향상시키는 프로그램으로 연방 안전국에서 발급하는 것이다. 1983년에는 음주운전자 교육(DUI - Driving under Influence of Alcohol or Drug) 자격증도 취득했다. DUI는 초범 음주운전자의 경우에만 학교에서 교육을 하고, 재범부터는 주정부 보건국 산하 알콜 마약부에서 직접 한다.

◩ 시절 그사람

우리 야채 첫 재배한 농부 목사

한인농장 일군 **김 익 환**

◐ 1970년에 이곳 한인들에게 처음으로 풋고추를 공급해 준 김익환 목사.

◐ 포모나 한인교회 창립 1년 후 신도가 50여 명으로 늘어났다.

남가주 지역 한인들이 누리는 생활의 풍요로움에는 여러가지가 있다. 그 중에서 가장 실질적으로 우리가 느끼며 사는 것은 질 좋고 값싼 한국 야채를 어느 때나 식탁에 올릴 수 있다는 것이다. 30여 년 전, 한국에서 먹던 채소와 과일을 구하지 못해 고향의 입맛을 그리며 향수에 젖던 때에 비하면 격세지감이 들 수 밖에 없다.

포모나 지역 일대에는 지금도 대형 한국농장들이 많다. 남가주 지역에서 한국농장을 시작한 '농부'는 누구인가. 농사 짓는 목사님—소와 말이 떼지어 다니는 황량한 목장지대에 첫 한인교회를 설립하고 농사를 짓던 김익환목사(77)의 별칭이었다. 그는 신도를 이끄는 목자면서 식물을 키우는 농부로 한평생을 살아왔다.

로스앤젤레스에서 동쪽으로 70마일 가량 떨어져있는 온타리오, 포모나, 치노 지역의 대형 한국농장들 중 많은 농장들의 주인이 1970년대 김익환목사와 인연이 되어 같은 교인으로, 혹은 같은 이웃으로 살면서 농업 전문가인 김목사의 지도와 인도로 농장을 시작한 사람들이다.

1968년에 이 지역에서 처음으로 한국 야채를 심었던 김목사는 새로 오는 한인들에게 농장을 권유하며 농법을 가르쳤다. 김목사의 권유를 받아들여 농장을 시작했던 한인들은 몇년 후에 이 지역에 온타리오 공항이 들어서면서 땅값이 10배, 20배로 뛰어 '농작물로 돈을 벌고 땅값으로 돈을 벌어' 큰 돈을 모았다. 김목사는 한인 이민자들을 '젖과 꿀이 흐르는 땅'으로 인도한 목자였고 포모나 한인교회를 통해 이 지역 한인들에게 신앙을 키워준 목자이기도 하다.

지금은 각 지역 한국 마킷마다 한국 과일과 한국 야채가 풍성하지만 1960년대 말까지만 해도 그렇지 않았다. 미국땅에서 수확한 한국풋고추가 처음으로 로스앤젤레스 지역 한국인들에게 공급된 것은 1970년이다.

김목사는 작은 농가가 붙은 3에이커 땅을 구입해 한국에서 가져온 고추씨를 뿌렸다. 가지마다 빽빽하게 매달린 볼품 좋은 풋고추에 농사를 지은 자신까지도 놀랄 지경이었다고 회상한다.

"땅 3에이커를 구입해놓고 무엇을 심을지 생각하고 있던중 어느날 동네를 지나다보니 무료로 쇠똥비료를 준다고 써붙인 곳이 있어요. 저는 부삽을 갖고 가서는 땀을 흘리며 비료를 퍼날랐지요. 그걸 본 이웃 사람이 전화를 하면 한트럭에 1달러씩 갖다주는데 왜 그 고생을 하느냐고 해요. 그래서 전화로 50달러어치를 주문했더니 자동으로 비료를 뿌리도록 설치되어 있는 초대형 트럭에 싣고 와서는 50대분을 우리 농장에 고루 뿌려주는 거에요. 그리고는 30대 트럭분이 더 있는데 거저 갖다 주겠다고 하더라고요. 원래가 옥토였는데 더 좋은 옥토가 된거지요. 얼마나 땅이 좋았으면 풋고추 한그루가 사람키만큼 자라고 한그루에서 고추를 따면 대형 들통 하나를 가득 채우고도 남을 정도였어요."

그 많은 풋고추를 어떻게 처리하나 고민을 하고 있는데 올림픽 마킷을 운영하고 있던 이희덕 사장이 소문을 듣고 농장을 찾아왔다. 풋고추를 전부 달라는 것이었다.

"다음날 신문에는 한국 풋고추가 나왔다고 대문짝만하게 광고가 났어요. 마킷에는 한국 풋고추를 사려는 사람들이 몰려들었지요. 이희덕사장이 고추 딸 사람 몇 명을 데리고 와서 파운드당 10센트씩에 넘겼는데 한번에 2백달러, 3백달러어치씩을 가져가다가 주말이 낀 어느 날에는 1천달러, 1천 2백달러씩 가져갔으니 소비된 양이 얼마나 엄청난지 추측을 할 수 있는 거지요. 언젠가는 은행에 갈 시간조차 없어서 사나흘 밀린 돈 2만 3천달러를 현찰로 들고 은행에 갔더니 은행원이 기절할 듯이 놀라는 거에

🔵 이민초기 온실앞에서 가족들과

요."
 미국땅에서 처음 생산된 한국 풋고추를 먹으면서 한인들은 산뜻하게 고향을 느꼈다. 많은 가정에서 식탁에 된장과 풋고추를 올려놓고 고향의 맛을 즐기게 된 것이다.
 상상조차 못했던 대단한 풋고추 풍작에 힘을 얻은 김목사는 풋고추에 이어 한국배추와 무, 상추와 쑥갓, 참외, 토마토도 심었다. 옥토에 뿌린 씨는 농부의 정성과 좋은 햇빛, 무한정으로 나오는 지하수 덕택에 너무나 좋은 열매를 맺었다.
 김익환 목사는 평안남도 안주에서 출생하고 안주농업전문학교를 졸업한 후 국민대학 경제학부를 졸업했다. 1965년 2월, 불혹을 넘긴 나이에 넓은 세상에서 더 많은 것을 배우기 위해 유학차 미국으로 왔다. 그시절에 유학을 위해 온 한인치고 고생을 안해본 사람은 없다. 김익환 목사의 경우도 예외는 아니다. 정부에서 허용하는 50달러를 들고 42세에 시작한 미국생활은 뼈속까지 시린 고생이었다. 하루 세끼를 계란 한개와 빵 두쪽, 물로 채우며 고된 노동을 하고 밤에는 야간교실에서 공부를 하다보니

기력도 빠지고 현기증마저 나는 생활이었다. '밤이면 달을 바라보며 눈물을 흘린 적도 있었지만 중간에 포기하지 않는다는 각오로 외로움과 고생을 이겨냈다'고 한다.

김목사가 포모나 지역과 인연을 맺은 것은 코비나에 있는 가주 침례대학원에서 신학공부를 했기 때문이다. 신학교를 나온 후에는 리버사이드 대학 특수교사 양성과를 마치고 특수교사자격증을 얻어 온타리오에 있는 빈야드 초등학교에서 교편을 잡기도 했다. 그는 이 학교 최초의 아시아계 교사였다.

한국에 있던 김목사의 가족들이 미국으로 건너와 합류한 것은 1968년이다. 갓 도착한 가족들이 영어를 모르기 때문에 주일날 미국교회에 나가던 것이 어렵게 됐다. 마침 인근에 거주하는 몇몇 한인가족들의 요청도 있고 해서 그는 미국교회의 주일학교 교실을 빌어 서너 가정을 데리고 주일예배를 인도했다.

포모나 한인교회 창립예배를 드린 것은 1968년 4월 14일이었다. 이 지역에 첫 한인 이민교회가 생긴 것이다. 네가족이 시작한 예배 모임이 10여 년이 지난 후 신도 3백명이 넘는 대형교회가 되리라고는 생각지도 못했었다. 김목사는 1988년에 은퇴하기까지 같은 교회에서 20여 년 담임목사를 했다. 그동안 1974년에 이지역 처음으로 한국학교를, 1981년에는 경로대학도 설립해 이 교회는 사실상 이 지역 한인들의 중심체였다.

흙을 상대해 살아본 사람은 흙이 갖는 매력을 쉽게 떨칠 수가 없다. 흙은 정직하고 우리에게 많은 것을 베풀어준다. 흙에서 맺어지는 결실만큼 아름답고 풍요로운게 없다. 김목사의 평생의 꿈은 목회와 농사였다.

"안주 농업학교 시절 국문학 교과서에 나와있는 덴마크에 관한 이야기를 읽고 너무 감격하고 흥분했던 적이 있습니다. 덴마크가 오스트리아와의 전쟁에서 패해 국토의 기름진 땅을 뺏기고 온 국민이 실망하고 자포자기해 있을 때 전쟁에서 돌아온 애국자 달가스 공병대위가 나라를 복귀시키겠다는 꿈을 가졌습니다. 유트란드 반도의 불모지 발틱해로부터 불어오는 거센 바람때문에 아무 곡식도 심을 수 없어 쓸모 없는 땅이었는데 그는 알프스산에 잣나무를 심어 방풍림을 만들었습니다. 그리고 많은 시행착오를 거치고 끈질긴 노력으로 거친 땅을 옥토로 만들어 오늘의 지상

낙원 덴마크를 건설했다는 이이야기에요. 저는 이 글을 읽고 나도 우리나라를 이렇게 만들어야겠다고 결심했습니다. 2차 대전 후 일본군대에서 풀려나 고향 안주로 돌아가자마자 부친이 경영하시던 인쇄소를 팔아 농토를 샀으나 이루지 못했고 남한으로 온 후 야산을 사서 땅을 갈아 과수원으로 만들었습니다. 미국에 오기 직전까지 과수원을 했었지요."

그는 미국에서도 10여년간 농사를 짓다가 목회에 전념하기 위해 1978년에 농장과 온실을 자녀들에게 넘겨주었다.

김익환 목사를 이야기할 때 빼놓을 수 없는 또 한가지 중요한 일이 한인 커뮤니티 일부에서 유용하게 사용하고 있는 약초 'horehound' 이야기다. 영어사전에는 '야생 쓴 박하'라고 되어 있고 한인들 사이에서는 '인디언쑥'으로 통한다. 모양을 보면 박하나무와 흡사하고 쑥과도 비슷한 데가 있다.

김목사는 10여 년 전 어느날, 만인기도원의 민종식 장로로부터 풀 한포기를 넘겨받으면서 '인디언들이 만병통치약으로 쓰고 있는데 어떤 것인지 알아봐 달라'는 요청을 받았다. 그는 곧 이 한포기를 들고 칼폴리대학 식물학 교수 카토넨박사를 찾아갔다. 교수는 여러자기 조사를 해본 후에 이름은 'horehound' 이며 이집트가 원산지라고 일러주었다. 김목사는 백과사전과 각종 식물 문헌을 뒤져 이 식물이 간염과 종양, 폐결핵, 장티프스, 파라티푸스, 황달, 가려움증, 기관지염 등에 효과가 있다는 것을 알아냈다. 인디언들은 무슨 병이 생겨도 이 약초로 고친다는 것도 알았다. 김목사는 곧 설명서를 만들어 묘종과 함께 주위의 많은 분들에게 보급했다. 한인들 중에는 지금도 마당에 키워 상용하는 사람들이 적지 않다.

김목사는 부인 김의자(63)사모와 겨울산이 아름다운 온타리오의 농가에서 평화로운 노년을 보내고 있다. 마당에는 각종 채소와 야채를 키워 이웃과 나누어먹으며 인근 경로대학에 나가 강의도 하고, 원로목사로 있는 포모나 한인교회와 양로원에서 주일예배를 인도할 때도 있다. 그밖에 수필 쓰는 일을 낙으로 삼는다. 슬하의 3남 2녀는 모두 출가해 모범적인 신앙인으로 살고 있고, 장녀 김인자씨 부부가 지금도 농사를 짓고 있다.

그시절 그사람

힐튼호텔에 '대원각' 세워

김정선
'나그네 설움' 작곡가 이재호씨 미망인

◐ 다섯 자녀를 데리고 힘겹게 살던 시절, 잠시 틈을 내 보트놀이를 나가서 찍은 사진.

◐ 1969년에 최고급 한식당 대원각을 연 김정선씨.

1969년 가을, LA 다운타운에 있는 힐튼호텔 안에 한·중식 고급 식당 '대원각'이 문을 열었다. 한국 대원각 주인 김정선씨가 로스앤젤레스에서 대규모 고급식당을 시작한 것이다. 제퍼슨이나 올림픽 거리를 한나절 걸어도 한국사람을 만나보기 힘든 때였다.

한국의 대원각은 정계의 최고위층에서부터 재계·언론계 고위층들이 드나들던 수준 높은 고급요정이었다. 미군 장성들과 외국 지상사, 귀빈들이 사업상담을 하고 한일 정상회담 참가자인 사또 수상 일행의 회식이 열리기도 했던 곳이다.

한인들을 대상으로 한 소규모의 그로서리나 식당 등이 손가락으로 셀 정도로 있던 LA 한인사회 초창기에 주류사회 고급 호텔 안에 제대로 규모를 갖춘 대규모 한식당이 들어설 수 있었던 것은 어찌보면 하나의 사건이었다. 한인 이민사에 기록될 이 큰일을 해낸 사람이 바로 손 크고 통도 큰 김정선(74)씨였다.

"지난 세월 돌아보면 모든 게 헛되고 헛되다는 생각입니다. 천재 작곡가의 아내로 젊은 시절을 보냈고 30대에 혼자 되어 다섯 자녀를 키우기 위해 온갖 일을 다 하다가 요정에 몸을 담아 한국 고위층 인사들을 뒷바라지하며 큰 돈을 벌었습니다. 미국에 건너와 민간 외교관으로서 한몫을 해보겠다고 뛰어보았지만 이제 가졌던 것 모두 없애고 빈손으로 절을 지키며 편안하게 생의 마지막길을 정리하고 있습니다. 모든 것 없애고 갖게 되는 풍요로움을 누리고 삽니다."

한인타운내 잉그람 길에 있는 불교사찰 고려사의 원주가 되어 절을 지키고 있는 김정선(불명 김대도행 보살)씨의 말이다. 잉그람 길은 큰길을 벗어나 있기 때문에 인적 없는 주중 한낮, 기자가 찾아갔을 때는 깊은 산속의 절간처럼 한적하고 고즈넉했다.

김정선씨는 경남 진주 태생이다. 김정선씨가 세살 때 모친이 사망한 후 부친마저 훌쩍 중국으로 가버려 김정선씨와 언니는 외조부모 손에서 자랐다.

어려서부터 영특하고 아름다웠던 김정선씨가 일본 여학교에서 공부를 하고 있던 어느날 부친이 나타났고 외조부는 부친에게 딸을 억지로 딸려

보냈다.
 "아버지를 따라 간 것이 제 인생의 방향을 틀어놓은 큰 전환점이었습니다. 외조부모와 계속 살았다면 학교를 마치고 시집가서 평범한 길을 걸었을 겁니다. 부친을 따라가보니 모든 것이 낯설고 황량해서 서글프기 그지 없었습니다. 바람 부는 바닷가에 서면 외롭고 서러워 눈물만 났어요. 게다가 아버님이 너무 엄격하셔서 생활이 몹시 힘들었지요."
 어느날 우연히 '성보가극단'에서 배우를 모집한다는 신문광고를 보고 신청서를 냈다. '하나오카 다이코'라는 예명으로 발탁된 김정선씨는 곧바로 주연급 배우가 되어 스타로 탄생했다. 그러다가 같은 성보가극단 밴드 지휘자로 있던 동향 출신 이재호씨의 눈에 띄어 김정선씨는 결혼을 하게 됐다. "그 사람이 나를 그냥 잡아채는 바람에 연애도 못해보고 열아홉살에 결혼을 했다"며 김정선씨는 미소를 지었다.
 "그 사람은 뭔가 머리에 떠오르는게 있으면 어느 시간, 어느 장소에서건 그 자리에서 곡을 씁니다. 늘 휘파람을 불면서 작곡을 했어요. 목숨을 촌각에 걸고 미아리고개를 넘어 피란을 가면서 쓴 것이 '한많은 미아리 고개'에요. 어느 날에는 바바리코트가 비에 흠뻑 젖도록 비를 맞고 서서 휘파람을 불며 작곡을 하기도 했어요. 휘파람 소리가 요즈음에도 제 귀에 생생하게 들리는 것 같애요."
 이재호씨는 술을 많이 했다. 공연이 있으면 연주자들을 위해 악보를 만드느라 밤을 새우면서 담배도 많이 피웠다.
 "폐가 나빠져서 잠시 마산 요양소에 가 있으면서 쓴게 '산장의 여인'이에요. 처음에 간이 나빴는데 천식도 생기고 여러가지 합병증이 생겨 살지 못했지요. 제가 너무 젊었을 때라 남편 건강관리를 제대로 못해줘서 일찍 가지 않았나 싶어 가끔은 아쉽기도 해요. 절생활을 하면서 저는 참회하는 일이 많습니다."
 올망졸망한 어린 것들 다섯을 데리고 김정선씨는 혼자 됐다. 남편이 가서 슬프다는 생각보다 앞으로 어떻게 살아야 할 지 걱정이 태산 같았다.
 집에서 살림만 하던 아낙이 생활전선에 나서니 모든 것이 어설펐다. 이것 저것 해보다가 손을 댄 것이 맥주홀이었고, 홀에서 입을 한복을 지으러 시장에 갔다가 선운각 주인의 눈에 들어 요정에서 일해보라는 요청을

O 젊은 시절의 이재호씨(왼쪽 세번째). 동료가수 백년설(왼쪽 두번째)씨 등과 함께.

이재호씨는 누구인가.

'나그네 설움', '번지없는 주막', '대지의 항구', '물방아 도는 내력'을 만든 작곡가 이재호(1963년 42세로 작고)씨는 김정선씨의 망부다. 그는 한국인의 가슴을 울리는 가요 1만여 곡을 썼고 발표하는 것마다 인기를 모았으며, 반세기가 지난 지금도 한국인들 사이에서 많은 사랑을 받고 있다.

〈오늘도 걷는다마는 정처없는 이 발길 지나온 자죽마다 눈물고였다〉 일제시대 나라를 빼앗기고 방황하는 마음을 담은 '나그네 설움'이다. 〈문패도 번지수도 없는 주막에 궂은 비 내리던 그 밤이 애절쿠려〉 지도에서조차 사라져버린 조국을 두고 애타는 마음을 노래한 '번지없는 주막'. 이 두 노래는 특히 우리 이민자 사이에서는 더 많이 애창되는 곡이다.

이재호씨는 한국의 가요계를 개척한 사람으로 평가받고 있다. 일제시대, 해방, 한국전쟁 등 격변기를 지내는 한국민들이 이재호씨의 노래로 울고 웃었다. 그의 노래는 국민들의 가슴에 맺힌 한을 풀어주고 서민들의 애환을 달래 주었고 국민들에게 위안과 용기와 희망을 주었다.

받게 됐다. '요정'이라는 말에 어림도 없는 일이라고 손을 내젓자 선운각 주인은 "다섯 아이 모두 공부 시키도록 돈을 벌게 해주겠다"고 했다. 김정선씨는 "다섯 아이 공부시킬 수 있다는 말에 넘어갔지만 요정에 발을 들여 놓았던 것을 지금도 후회하고 있다"고 했다.

선운각에서 3년여 일하다가 나와서 시작한게 성북동 대원각이었다. 성북동에 낡은 한옥들이 있는 허허벌판 같은 1만평 땅의 주인을 찾아가 땅을 임대해주고 돈을 꾸어주면 수리를 해서 사용해 사업을 번창시키겠다고 해서 시작했다.

김정선씨는 제일 먼저 1만평 땅의 가장이에 담을 두르고 집을 깨끗하게 고쳐 방을 만들면서 단체손님을 받거나 회의를 할 수 있도록 별실도 만들었다. 폐허 같던 곳이 아름답고 고급스런 대저택처럼 변했다.

대원각은 음식도 남달랐고 분위기도 특별했다. 성실과 신뢰로 고객들을 대하면서 김마담은 고객들과 가까운 친구가 되었다. 특히 남편의 친구·후배·제자들이 도와주려고 애썼고 '작곡가 이재호의 미망인'이라는 것이 많은 도움을 주었다. "다섯 아이를 내게 떠맡기고 갔지만 그 사람이 죽고나서도 나는 남편 그늘에 살며 덕을 많이 봤다"고 말한다.

"이름을 대면 누구나 알만한 고위층들이 대원각엘 드나들면서 가끔 급할 때면 집으로 전화가 오기도 하는데 큰아들이 이를 몹시 못마땅해 하는 거에요. 애를 설득해보려 했지만 되지 않기에 모든 것에서 손을 떼고 미국으로 온 것입니다. 애들을 위해 나선 길인데 애들이 동조하지 않는 일이라면 할 필요가 없는 거지요." 성북동 대원각을 시작한 지 7년이 되고서였다.

김정선씨가 미국에 들어올 때 스폰서를 선 사람은 고객이었던 하버드 대학 비즈니스스쿨 학장 홀러박사였다. 홀러박사는 대원각을 찾은 적이 있던 워싱턴의 우드워드 장군, 휴스턴에 있던 콜 호일 중령, 조 램버트 대기업 부사장 부부 등과 연락해 '마담 김이 이곳에 한식당을 하러 왔으니 돕자'며 서로 의견을 모았다. 그리고 직접 워싱턴과 시카고 등지의 유명식당에 데리고 다니면서 부엌에서부터 냅킨까지 하나하나 견학을 시켜주기도 했다.

몇개월 간의 조사 끝에 LA 힐튼에 대원각을 열기로 했다. 실내 장식을 위해 한국에서 이당 김은호의 그림 30점과 보료 30개, 방석 100개, 고무신 50켤레, 골동 장식품 등 두 컨테이너를 들여왔다. 실내는 칵테일 라운지와 2백석의 홀이 있고 홀 가장이로 방이 쭉 붙어 있게 꾸몄다. 한국의 유명 쿡과 베벌리 힐튼의 쿡 책임자 등 모두 7명의 쿡을 스카웃했다. 일본방송국 개국 파티에서부터 한진 파티 등 주요행사를 맡아하는 곳으로 자리잡아 가기 시작했다. 그러나 아직 한인들이 경제적으로 자리를 잡은 시기가 아니라 손님이 많지 않았다. 엄청난 경비를 당해낼 도리가 없었다. 표현 그대로 밑빠진 독에 물 붓는 식으로 돈이 들어갔다. 2년도 되기 전에 손을 들고 말았다.

"돈도 인정도 모두가 헛되다는 것을 깨달았습니다. 백만금을 갖고 있어도 우리들 인생에는 아무 소용이 없는거에요. 뒤늦게나마 종교를 알아 마음 편하게 살고 있습니다. 내 돈이 아니니까 내 수중에서 떠났을 겁니다. 모든게 인연법이라고 생각하면 되는 거에요. 종교는 자기 수도 아닙니까. 마음 닦는 공부를 하면서 남 위해 봉사하면 행복한 겁니다."

김정선씨는 49세에 한인타운 한복판에 고려사를 세웠다. 새로운 종교의 길로 삶의 방향을 잡은 것이다. 고려사에는 주 평균 5, 60명의 신도들이 모인다.

"앞으로 불우한 젊은이들을 위한 회관을 짓고 싶어요. 주방이 있어서 배고픈 젊은이들이 밥을 먹을 수 있는 곳을 마련하려고 합니다. 방황하는 10대들을 먹이고 가르치는 사업을 해볼 생각입니다."

범상치 않은 여류사업가였던 만큼 김정선씨가 벌이는 구제사업도 좋은 결과를 가져올 것으로 보인다. 한인들의 가슴에 영원히 남을 가요곡을 만든 천재 작곡가인 남편의 얼굴을 지키기 위해 '기승스레 살았다'는 7순 노부의 얼굴은 조용한 한낮의 절간에 내리쬐는 봄빛처럼 평화롭고 다사롭다.

시절 그사람

"한인고객 성공 빌며 소망 찍어냈지요"

한미인쇄소 대표 김종훈

○ 1969년에 한미인쇄소를 시작한 김종훈 씨.

◎ 피코블러버드에 있었던 초기 Ko-Am Printing의 모습. 인쇄소를 시작하면서 내걸었던 '한미인쇄소' 라는 한글 간판을 그는 지금도 그대로 보관하고 있다. 30여년전의 아메리칸 드림이 새겨진 한 조각의 나무를 버릴 수 없다고 했다.

피코와 워싱턴 블러버드를 중심으로 해서 버몬에서 크렌셔까지 이르는 지역에 한인들이 운영하는 인쇄소가 20개가 넘는다. 첨단 인쇄기계들을 갖추어놓고 양질의 서비스를 하고 있다.

1969년 김종훈(David Kim · 58)씨가 워싱턴블러버드에서 한미인쇄소(Ko-Am Printing)를 시작했을 때는 한인이 운영하는 인쇄소가 두어개 더 있었다. 현재 윌셔 블러버드에 있는 엘도라도 인쇄소가 워싱턴 블러버드에 있었고 선셋블러버드에 박학선씨가 운영하던 Pak's Printing Co., 현재 성업중에 있는 AA One Instant Printing을 김재경씨가 운영하고 있었다. 당시 이들 인쇄소의 주된 고객은 주류사회였다. 한인들이 많지 않았기 때문에 한인 대상으로 인쇄사업을 한다는 것은 생각할 수 없었다.

처음에는 주류사회의 대규모 인쇄소에 근무하면서 파트타임으로 인쇄소를 경영하던 김종훈씨는 1971년부터 풀타임으로 나섰다. 인구비율로 볼 때 인쇄소가 적어 인쇄소마다 주문이 넘치는 형편이라 인쇄업이 미국에서는 승산있는 사업이라는 확신을 갖고서였다. 성실하게 일을 하고 서비스만 제대로 한다면 어렵지 않게 비즈니스를 일구어낼 수 있다는 판단이 선 것이다.

한미인쇄소의 경우에도 처음 시작할 때는 주류사회 고객이 주된 대상이었다. 어쩌다 한인 고객들이 찾아오면 사업적인 측면에서보다는 한국인을 만났다는 반가움이 앞섰던 시절이었다. 70년대 초가 지나면서 로스앤젤레스 인근에 한인들이 증가했고 자연히 한인 고객들의 숫자도 늘어났다.

인쇄소를 열고 2, 3년이 지나면서 한미인쇄소를 찾는 한인들의 발길이 많아졌다. 사업을 하려는 한인들은 어떤 형태의 것이든 인쇄물이 필요했다. 한미인쇄소는 인쇄물이 필요한 한인이라면 모두가 들러야하는 필수적인 코스처럼 됐다. 인쇄 기술의 발달이 미국 경제 발전에 큰 역할을 한 것과 마찬가지로 한인 인쇄업소들은 성장해가는 한인 커뮤니티 형성에 적지 않은 밑받침 역할을 해왔다.

"사업체나 식당, 작은 가게를 연다 해도 필요한 게 인쇄물 아닙니까? 로스앤젤레스 인근에서 이민생활을 시작하는 많은 한인들이 저희 집을 거쳤습니다. 식당용 선전지, 식당 메뉴, 리커스토어나 세탁소 소개지, 작은 마킷의 세일 가격표 외에도 사무실에서 사내용으로 사용할 프린트물도 그때는 인쇄소를 찾아와야 만들었어요. 1980년대 이후에 카피머신이 나왔지만 처음에는 가격도 비쌌고 카피를 만드는데 시간도 많이 걸렸기 때문에 자체 해결이 어려웠거든요. 지금이야 카피머신의 성능이 뛰어나고 컴퓨터도 잘 되어 있지만 그때는 사정이 지금과는 완전히 달랐습니다. 작은 인쇄물 하나라도 인쇄소를 찾아와야 했습니다."

한미인쇄소 보관 파일에는 한인 커뮤니티 형성 초기에 만들었던 인쇄물들이 몇 개 보관되어 있다. 호반식당, 진고개 식당 등의 메뉴에는 불고기백반, 갈비 백반이 2달러 50센트에 냉면 2달러 25센트로 적혀 있다. 한미인쇄소 자체 선전용지에는 11 × 8 1/2 용지 1천장 인쇄에 24 달러 95센트라고 되어 있다. 지금은 보통 40달러에서 48달러 정도다.

한미인쇄소는 처음 문을 열자마자부터 문자 그대로 고객들로 문전성시

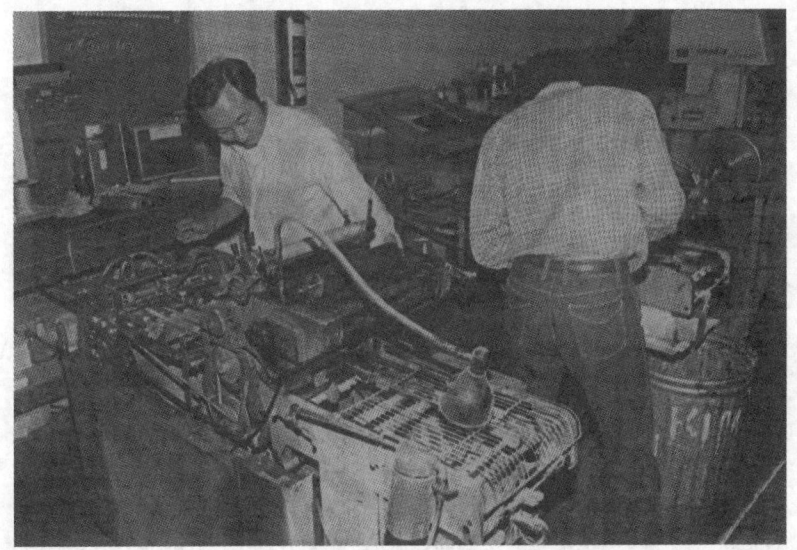
◐ 1970년대 어느날 인쇄소에서 작업중인 김종훈 사장.

를 이루었다. 신용과 양질의 서비스가 주무기였다. 해가 바뀌어 새로운 인쇄기계가 나올 때마다 사들였고 고객들의 편의를 위해 하루 14시간씩 일하면서 '신용있는 업소'로 인식되어 갔다. 부인 백유리(58)씨의 빈틈없는 업무 관리가 코암의 신용을 지켜주는 가장 중요한 요소였기 때문이다.

"내일까지 될 수 있는 일이라면 모레까지 된다고 말했습니다. 그리고 정작 일은 내일 완성해 놓는 거지요. 사람의 손으로 하는 일이란 언제 어디서나 잘못될 수가 있으니까 하루 여유가 큰 도움이 되는 경우가 반드시 있습니다. 단 한번이라도 손님에게 신용을 잃는 것보다는 하루 여유를 두는 것이 훨씬 현명한 방법입니다. 제가 큰돈을 번 것은 아니지만 신용 있는 업소, 최선을 다해 좋은 서비스를 해주는 업소로 알려져 있는 것만으로 큰돈보다 더 중요한 것을 벌었다고 생각합니다. 이 바닥에서 30년 이상 사업을 하면서 내 삶에 보탬이 되는 많은 것을 얻었다고 생각합니다. 남을 돕는 여유도 배우면서 부끄러움 없이 성공적으로 사업을 해왔다고 만족해 하고 있습니다."

한미인쇄소가 갖고있던 주류사회 업체의 단골 고객은 블럭스 백화점 소속 36개 상점을 비롯해 올림픽 오라토리엄의 레슬링, 복싱, 롤러 더비 경기와 Bank of America 등 금융업체, 그외 할리웃 영화사들이 몇개 있었다. 그리고 한인커뮤니티의 단골로는 단연 교회가 첫째였다. 정기적으로 매주말이면 주보 인쇄를 위해 많은 교회들이 이곳을 찾았다. 그리고 가발업, 무역업 등 여러 종류의 사업체가 단골로 드나들었고 1980년대에 들어서서는 지사, 상사, 은행 등의 각종 인쇄물과 교회의 칼라 주보까지 인쇄하게 됐다. 한미인쇄소는 성장하는 한인 커뮤니티와 비례해 성장했다고 할 수 있다.

  교회의 숫자가 늘어나면서 금요일과 토요일이면 교회의 목사님이나 전도사님들로 인쇄소 사무실 안이 발디딜 틈이 없을 정도로 붐볐다. 교회마다 주보를 들고와 인쇄를 하느라 모두가 몰려들었기 때문이다. 교회 관련 회의는 한미인쇄소에서 해야겠다는 농담도 나왔다. 목사님을 부친으로 기독교 가정에서 자란 김사장에게는 이런 일이 모두 즐거웠다. 그리고 경제적으로 어려운 교회는 무료로 주보를 인쇄해 줄 수 있는 입장이 된 것이 그에게는 큰 축복으로 생각됐다. 김종훈사장의 부친은 김은석목사(1994년 93세로 타계)다. 어려서부터 신앙 속에서 성장했고 미국으로 온 후에는 부친과 함께 한국에 있는 교회를 돕고 있었는데 지금까지도 그 사업을 계속하고 있다.

  이땅에서 거쳐온 한글 인쇄의 역사는 길지 않다. 1960년대에 미국내 한인 커뮤니티에는 공병우타자기가 있었다. 60년대 말에는 청타기가 들어왔고, 70년대 들어서서야 사진식자기가 들어와 반듯하고 예쁜 한글 글자체를 사용할 수 있었다. 한인 커뮤니티에서 오랫동안 한글 청첩장의 정형처럼 쓰여져 온 〈하나님의 축복 아래 두사람의 결혼식을 아래와 같이 갖고자 하오니……〉하는 문구의 청첩장은 1970년대 초 코암 인쇄소에서 처음 찍어낸 것이 후에 그대로 통용되게 되었다. 당시 상황으로는 글자 모양과 글자 크기 등 한글 청첩장을 만들 여건이 되어있지 않았다. 그런데 어느 목사님이 아들을 결혼시키면서 꼭 한글로 청첩장을 찍어야겠다고 했다. 생각 끝에 김종훈씨는 한국에다가 글자 필름을 보내달라고 요청해 거기에 있는 글자를 한자한자 오려내 붙여서 청첩장 문장을 만들었다. 그 다음부터는 신랑 신부의 이름과 주례, 시간, 장소 연락처만 바꾸어 찍었기 때문에 이 문구가 널리 사용된 것이다.

김종훈씨는 대광고등학교를 졸업하고 인하공대 토목과와 경희대 물리학과에서 공부하다가 4학년말 졸업을 앞두고 1965년 미국으로 건너왔다.

"미국 학교에서 공부를 하기 위해서는 우선 돈을 벌어야겠기에 레코드 재킷 만드는 회사에서 오후 5시부터 밤12시까지 시간당 89센트를 받으면서 일을 했습니다. 그런데 일을 하면서 보니까 본사 인쇄소에서 일하는 사람이 좋은 자가용을 타고 근사한 양복을 입고 출근해서는 프린터로 근무를 하는 거에요. 옆사람들한테 물어보았더니 미국에서는 전문 프린터라면 안정되게 생활할 수 있다고 하더라구요. 저만큼만 될 수 있다면 나도 해보는게 좋겠다 싶었어요. LA Trade Tech College에 들어가서 인쇄학을 공부하고 준학사학위를 받았습니다. 학교에 다니는 동안에는 인쇄소에서 파트타임으로 일을 했고 학교 졸업후 대규모 인쇄회사에서 수퍼바이저로 일하다가 제 사업을 시작한 겁니다."

그렇게 시작한 인쇄업이 32년이 지났다. 한인타운의 성장을 지켜보며 함께 살아온 30여년 세월이다. 그 발자취에는 한인의 손으로 이루어진 문화가 새겨져 있다고 말해도 좋다. 그동안 김종훈씨는 가까이에 있는 윌튼 초등학교의 장학위원회 회장, 이중언어위원회 회장, 학부모 위원회 회장 등을 지냈고 1983년부터 10년간 윌셔 경찰서 범죄예방 위원회 위원이면서 이사장으로 봉사활동을 했다.

이제 그는 은퇴를 계획하면서 사업을 서서히 정리해가고 있다. '큰 욕심 없이 내 그릇에 맞게 사업을 하며 열심히 일했고, 행복한 가정을 지켜왔다'는 것이 은퇴를 앞두고 돌아본 미국생활이다. 그는 부인 백유리씨와 사이에 2남을 두고 베벌리힐즈에 살고 있다.

그 시절 그 사람

한 - 미 무역의 선구자

렉서스 코퍼레이션 대표 김 죽 봉

◎ 1960년대에 한국에 고철과 원목 등을 수출해 한국 산업화의 역군 역할을 한 김죽봉 회장

🔺 동국철강 구매팀과 고철 수출에 대한 협의를 마치고.

한인 커뮤니티가 형성되어 가던 초창기에 한국과의 무역업으로 성공해 많은 한인들이 무역업에 뛰어들게 한 선구자 중에 김죽봉(67)씨가 있다. 그는 미국에서 남아도는 산업 자재를 저렴한 가격에 한국으로 들여가 '한국 산업화의 역군' 으로서의 역할을 톡톡이 했다. 한국에 산업화의 열기가 치솟던 1960년대에 그는 미국에 거주하며 조국의 산업화 대열에 끼었던 것이다.

미 주류사회의 선박업계, 철강업계, 목재업계에서는 한국인 'J.B. Kim' 을 모르는 사람이 없다. '정직하고 성실한 사업가' 로 널리 알려져 있다. 발전 도상에 있는 한 국가가 산업화되어 가는 과정에 필요한 엄청난 물량의 자재를 사들여간 사람이기 때문이다.

가디나에 소재한 렉서스 코퍼레이션(Lexus Corp.)을 운영하고 있는 김죽봉(67)씨는 미주내 한인사회에서 성공한 철강 사업가로 알려져 있다. 그는 미국에서 제2차 세계대전이 끝나고 남아 돌아가는 고철을 거두어 한국에 들여보내는 것으로 한국과의 무역을 시작했다. 낯선 곳에서 새롭게 시작하는 한인들이 어떤 일에 손을 대야 할 지 모두가 엉거주춤하고 지내던 초창기에 J.B. Kim, 김죽봉씨는 무역업으로 눈부신 성공을 거두면서 한인사회에 무역의 가능성을 보여줬다.

김죽봉씨가 미국에 온 것은 1958년이다. 서울대학을 졸업하고 유학차 북가주에 있는 프레즈노 스테이트 칼리지를 찾아 왔다. 프레즈노에 도착하니 수중엔 2달러 75센트가 있었다. 학교에서 주선한 월 10달러 짜리 보딩하우스에 짐을 풀고 일거리를 찾아나섰다. 그는 고 김호씨가 운영하던 복숭아 농장에서 복숭아를 따며 한시간에 1달러씩 받기도 하고 새크라멘토에서 피스워크도 하면서 돈을 벌어 열심히 학업에 정진했다. 1961년에는 USC로 옮겨와 경제학을 공부해 1967년에 학사학위를 받았다.

그는 대학에서 공부하는 동안 은행에서 파트타임으로 일을 했다. 뱅크 오브 아메리카에서 잠깐 근무하다가 유니언 뱅크로 옮겨 국제부에서 근무하게 됐다. 김죽봉씨의 미국생활 40여 년이 철강 사업으로 자리매김한 데에는 USC에 다닐 때 학비를 벌기 위해 은행 국제부에 배속받아 근무한 것이 결정적인 동기가 됐다.

"기회와 인연이란 게 참으로 신기하다는 생각을 많이 합니다. 제가 미국에서 경제학을 공부하고 은행에서 일하게 됐고 또 은행 안에서도 국제부에 일하게 된 것이 산업화가 시작된 한국의 사업가들과 직접 연관이 되리라고는 생각도 못했었지요. 그런 인연으로 해서 한국에 고철을 들여가게 됐고 산업화 과정에서 필요한 고철과 함께 원목까지도 들여가면서 평생을 살아왔으니 말입니다."

그가 유니언 뱅크에 근무하고 있을 때 당시 극동철강(후에 금호에서 다시 한보로 바뀜)의 이원재사장이 박길봉 구매부장과 함께 AID(Agency for International Development 국제 개발처) 자금으로 미국을 방문하게 됐다. 은행측에서는 한국에서 온 고객을 만나는 자리에 한국인 직원인 김죽봉씨를 끼게 했다.

"만나보니 저의 함흥고보 담임이셨던 박길봉 선생님이 구매부장으로 오신 거에요. 너무 반가워 제 아파트로 모시고와서 저녁을 대접하면서 많은 이야기를 나누는 중에 한국에 철강이 많이 필요하다시며 고철 이야기를 하시더라고요. 저는 선생님도 돕고 조국의 산업화에 일조를 하고 싶은 생각에서 은행으로 돌아와 은행 고객 중에 고철 사업을 하는 사람이 있는지 명단을 체크해봤지요. 샌프란시스코에 있는 니콜라이 조피사가 마침 유니언뱅크에 구좌를 갖고 있는 거에요. 이원재 사장, 박길봉 부장과 함께 샌프란시스코로 찾아갔습니다. 샌프란시스코 베이에는 콜로라도 강을 따라 리버티 쉽(Liberty Ship- 제2차 세계 대전중에 미국이 대량으로 건조한 소형, 중형 수송선) 수백척이 끝도 없이 늘어서 있는 거에요. 이 배를 해체하고 거기에서 나오는 고철을 팔겠다는 거지요. 배 한척을 해체하면 1만톤에 상당하는 고철이 나옵니다."

고철 무역은 그렇게 해서 시작됐다. 김죽봉씨는 배의 벽으로 사용했던 철판은 철판 그대로, 그외에 철 튜브나 철 막대 등 한국에서 그대로 쓸만한 것들은 있는 그대로 한국으로 보냈기 때문에 가격도 많이 쌌다. 대우에는 이 배를 해체하지 않은채 통째로 넘겨주기도 했다.

1966년 3월 1일, 고 박정희 대통령이 처음으로 교민 25명을 초청하는데 김죽봉씨를 불렀다. 저렴한 가격으로 엄청난 물량의 고철을 공급해 준데 대한 감사의 표시였다.

"1966년 5월에 은행을 그만두고 본격적으로 수출업을 하기 위해 김중정씨와 함께 코스트 트레이딩을 설립했습니다. 극동철강 뿐만 아니라 서울 제강, 대한 상사, 인천 제철, 한국 철강, 부산 제철 등 고철 요구량이 엄청나게 많아 한달에 한배씩 나갈 정도였어요. 전함 해체 뿐만 아니라 건물을 파괴하거나 자동차 폐차 등 산업지대에서 나오는 고철들을 내보내는데 한배에 2만 5천톤에서 4만톤까지 실어보냈어요. 당시 고철 값이 톤당 1백 1달러였으니까 한번 배를 내보내면 3백만, 4백만달러 어치가 되는 거지요. 엄청난 규모의 사업이었습니다."

김죽봉씨는 1971년 코스트 트레이딩에서 고철 부분만 떼어 독립하면서 회사이름을 J B Mercantile, Inc.로 바꾸었고, 1990년부터는 다시 렉서스로 이름을 바꾸어 운영해 오고 있다.

거대한 규모의 고철 사업에 추가한 것이 원목 수출이었다. 한국에서는 건물과 주택 건설에 목재 수요가 급증하면서 일본에서 들여다 쓰고 있었다. 목재업계쪽을 조사해본 결과 일본에서는 미국에서 원목을 들여다가 한국에 되팔고 있었다. 미국에서 자재를 살 때에는 원목 중에서 목재로 사용할 수 있는 부분에 대해서만 값을 지불하고 사가면서 한국에다 팔 때에는 목재로 사용할 수 없어 버리는 부분에 대해서까지 원목 전체에 대해 돈을 받고 팔고 있었다. 그는 곧 한국의 삼성과 동아기업에 원목 수출을 시작했다.

연 수천만달러의 물품을 한국에 들여가게 되자 한국 측에서는 '우리의 물건을 갖다가 파는 일도 해보라'고 했다. 그래서 시작한 것이 수도 피아노사의 기타와 시대 와이셔츠, 스테인리스 식기류(Flatware) 수입이었다. 기타는 월 2만대, 와이셔츠는 월 2만타씩 들여다 미 전국의 대형 소매점에 납품을 6년여 동안 했다.

"연 수천만달러의 물품을 들여오고 내보내고 하면서 사업이 정말 잘 됐습니다. 그러나 1980년대 후반 들어 러시아에서 많은 고철이 나오고 또 경쟁도 심해지고 하니까 그런 풍요로움은 한 시절이 갔지요. 지금은 나이도 있고 하니까 용해용 고철 판매를 위한 중개인 역할만을 하고 있어요."

그는 은퇴를 앞두고 돌아보는 자신의 일생이 조국에 보탬이 되는 삶을 살아왔다는 데에 고마움을 느끼고 있다. 우선 평생의 직업이 조국의 발전에 보탬이 되는 일이었다는 것이 만족스럽다. 어찌보면 조국을 떠나 미국에서 살게 된 것도 조국을 위해 이런 일을 할 수 있는 기회를 잡기 위한 것이 아닌가 하는 생각도 한다.

그가 조국을 위해 일 할 수 있는 기회를 갖게 된 것은 젊은 시절에도 있었다. 한국 전쟁중에 그는 함흥에 살고 있었는데도 '당시로서는 너무나도 운이 좋게' 국군에 들어가 조국을 위해 싸울 수 있었다는 것이다. 그는 일선에 배속되어 최전방에서 싸우다가 향로봉에서 부상을 입고 1년만에 명예제대를 했다.

무역업에 종사하면서 김죽봉씨는 1984년 남가주 한인회 회장을 지낸 적이 있다. 출마를 해서 교민들이 투표해 뽑은 회장이 아니고 회장에 출마했던 두 후보 간에 소송이 벌어지면서 3년 가까이 공백기간이 있었는데 LA 올림픽을 앞두고 한인사회를 대표하는 기관장이 없어서는 안된다는 데에 여론이 모아져 이사회에서 다수가결로 김죽봉씨를 추대한 것이다. 그는 한인회장 재직시 '한인회가 교민들을 위한 봉사 단체'로 자리잡는데 많은 공헌을 했다.
 남가주 한인 상의, 한국 상공부 장관으로부터 표창을 받기도 했던 김죽봉씨는 부인 김영수(63)씨와의 사이에 앤소니 (36·메릴린치), 크리스틴 (32·모기지 회사), 앤지(31·패션디자이너) 등 1남 2녀에 3명의 손주가 있다. 라팔마에 살고 있고 LA 연합 감리교회(김광진 목사) 시무장로다. 전쟁소설과 종교서적을 읽는 것이 취미다.
 김죽봉씨는 "70세까지 일하고 그 후에는 교회를 통한 선교사업에 전념하고 싶다"고 했다.

□ 시절 그사람

'코리아타운' 팻말이 붙기까지

당시 LA 시장 보좌관 김 준 문

● 1975년 부터 탐 브래들리 시장 보좌관으로 근무했던 김준문씨. 그는 브래들리 시장에게 코리아타운 공식 인정을 처음 문서로 요청했다.

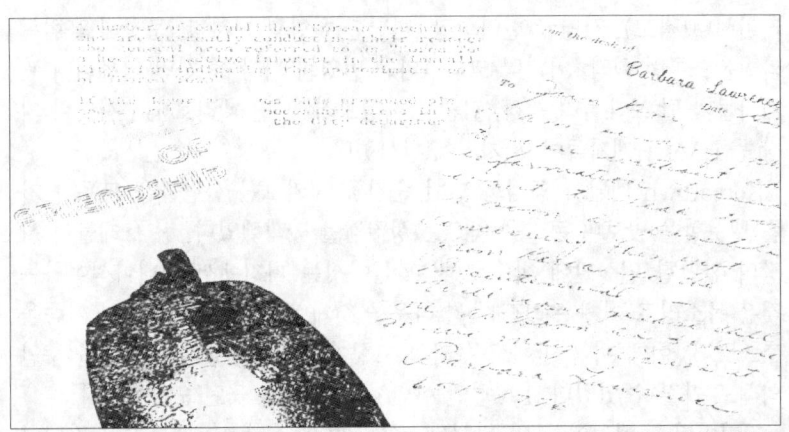
◐ 김준문씨가 탐 브래들리시장에게 올린 코리아타운 팻말 설치 건의문 원본과 우정의 종각 설치를 위해 오고간 서류들.

로스앤젤레스 거리를 지나다보면 'Koreatown'이란 팻말을 보게 된다. 당연히 있는 것이려니 하고 무심하게 지나치는 경우가 많다. 그러나 이 팻말이 붙었던 초기에는 한인이라면 누구나 바라볼 때마다 감회가 컸다. 이 땅이 어느 나라 땅인데, 이 곳이 어딘데, 한국타운이 버젓이 팻말을 달고 자리를 잡았단 말인가.

현재 'Koreatown'이란 공식 팻말이 붙은 곳은 올림픽과 버몬이 만나는 곳과 올림픽과 웨스턴이 만나는 곳, 노먼디와 올림픽이 만나는 곳이다. 로스앤젤레스 시의 실(Seal)과 함께 시의 공식 팻말(Official City Sign)이 붙어있다. 로스앤젤레스 시에서 공식 인정을 한 후에 캘리포니아 주정부가 산타모니카 프리웨이에서 노먼디로 빠져나가는 곳에 'Koreatown'으로 가는 길이라는 팻말을 붙였다. 물론 세계가 보는 LA 지도에는 'Koreatown'이란 명칭이 들어가 있다.

어떻게 해서 미국땅에 코리아타운이 공식화 될 수 있었을까. 로스앤젤레스 시정부에서 자진해서 코리아타운을 공식적으로 지정해 준 것일까. 그렇지는 않다.

1981년 8월 22일 토요일 아침 8시. 코리아타운 팻말이 공식화 되던 날은 한여름인데도 무덥지 않고 하늘이 유난히 청명했다. 소니아 석 LA시

커미셔너(작고), 김명균 한인회장, 변창환 한인회 이사장, 문창배 올림픽 라이온스클럽 회장, 이희덕 코리아타운 번영회 회장 등 한인 커뮤니티 관계자들과 탐 브래들리 시장, 김준문 시장보좌관, 잔 페라로 LA 시의회 의장 등 LA시 관계자들이 이 자리에 참석했다.

  Koreatown 팻말이 공식화 되던 순간을 지켜보던 사람들은 모두가 가슴 뿌듯함을 맛보며 큰일을 치르는 성취감을 만끽했었다. 탐 브래들리 시장의 간단한 인삿말에 박수를 치고 돌아서는 자리에서 소니아석여사는 젖은 목소리로 "이제 우리도 우리 타운을 갖게 됐구만"이라며 벅찬 가슴을 추스렸다. 이제 미국 안에도 우리의 고향이 있을 수 있다는 막연한 주인 의식도 가질 수 있었다. LA 한인 이민사에 한 획을 긋던 순간이었다.

  코리아타운 팻말이 붙던 당시만 해도 한인들은 탐 브래들리 시장이나 시정부가 한인들을 위해 좋은 일을 했으리라고 막연하게 생각하는 사람들이 적지 않았다. 그러나 이런 역사적인 일이 이루어지기 위해서는 누군가가 시간과 노력을 들여 정지작업을 했어야만 한다. 당시 한인사회를 위해 뛰던 지도급 인사들과 한인회 관계자들 등 이런저런 모양으로 애를 쓴 일들이 모여 힘이 된 것도 사실이다. 반드시 코리아타운 팻말을 붙이기 위해서는 아니었지만 주류 정계 인사들과 친분관계를 유지하며 공식적으로 정치헌금을 해준 개인이나 단체들의 힘도 여기에 보탬이 됐다. 주류사회에서 보자면 한인 커뮤니티는 활발하게 성장하며 탄탄하게 자리를 잡아가고 있는 모범적인 그룹이었다.

  그런 중에 Korea Town을 공식적으로 인정받아야 한다는 필요성을 절감하고 공식적으로 건의문을 올리고 나선 사람이 있었다. 당시 탐 브래들리 시장의 보좌관으로 있던 김준문씨(67)다.

  "지금의 한인 타운 인근을 중심으로 해서 한인 상가들이 많이 모여있었기 때문에 이 지역이 이미 한인타운으로 형성되어 있었습니다. 그러나 리틀토쿄와 차이나 타운은 모두 공식적으로 인정을 받고 있는데 우리는 공식 팻말이 없었습니다. 우리끼리는 코리아타운이라고 생각하고 있지만 주류사회로부터 공식적으로 인정을 받고 있지 못했던 거지요. 저는 브래들리 시장에게 코리아타운을 공식적으로 인정해 달라는 메모를 올렸습니다. 그때가 1981년 5월이었습니다. 동시에 한인 커뮤니티의 각 단체장들

탐 브래들리 시장은…

한인들과 유난히 가까웠던 탐 브래들리 시장은 1917년 텍사스주 캘벗에서 소작인의 아들로 태어났다. 너무나 가난해 새벽부터 밤 늦게까지 목화밭에서 고된 노동을 해도 하루살이가 어려운 형편이었다. LA로 온 것은 일곱살 때. 그는 UCLA 풋볼 장학생으로 공부했고 졸업후 LAPD에 근무하는 동안 사우스웨스턴 법대에서 수학, 변호사가 됐다. 7년간의 시의원 생활을 거쳐 1973년에 LA 사상 첫 흑인 시장이 되었고, 그때는 시장의 연임 제한이 없어 20년간 시장직에 있었다. 1998년 향년 80세로 타계.

브래들리 시장이 취임하던 해 LA 카운티에 거주하던 한인은 약 5천명으로 추산되었고 20년 후 그가 퇴임하던 때에는 남가주 한인이 50만명으로 추산되어 엄청난 증가를 보였다. LA에 이렇게 한인들의 물결이 몰려온 시기에 그는 LA 시장으로 있었다. 시장으로서 그는 한인들을 도왔고 한인들과 친하게 지냈다. 그는 LA의 자매 도시인 부산을 방문한 적도 있고 부산시장이 LA를 방문했을 때에는 게티하우스에서 공식 리셉션을 베푸는 등 양 도시간 우정을 공고하게 했다.

노먼디와 8가에 코리아타운 준 경찰서가 문을 연 것도, 88서울올림픽을 위해 1984년 LA 올림픽의 성공적인 운영에 대한 정보를 얻고자 하는 서울올림픽위원회 회원들이 LA 시 공무원들과 만나는 일을 주선해 준 것도, 샌페드로에 우정의 종각을 세운 것도 모두 브래들리 시장 재직시 이루어진 일들이다.

에게 코리아타운 지역 담당 시의원인 데이빗 커닝햄에게 코리아타운 공식 설정을 요청하는 편지를 보내도록 독려했습니다. 한인회와 코리아타운 번영회 등 많은 단체에서 편지를 보냈지요. 저의 제안이 받아들여진 것은 한인 커뮤니티가 활발하게 형성되어 성장 가도에 있었고, 한인들의 모범적인 주류사회 참여 등 모든 타이밍이 맞아떨어졌기 때문이라고 생각합니다."

무엇보다도 크게 영향을 미친 것은 브래들리 시장이 보좌관 김준문씨를 절대적으로 신임했다는 사실이다. 김준문씨는 "Koreatown 팻말이 어떻게 해서 붙게 되었는지를 어느 누구도 내게 묻지 않았기 때문에 이제까지 입을 다물고 있었다"며 코리아타운 팻말 건의 사실을 중앙일보에 "처음으로 공개한다"고 말했다.

김준문씨는 1970년에 미국으로 와서 75년부터 탐 브래들리 LA 시장 보좌관으로 근무했다. 한인 커뮤니티의 주요행사에 브래들리 시장이 못 나갈 경우 시장을 대신해 보좌관 자격으로 참석하는 일이 많아지면서 한인 커뮤니티의 지도급 인사들과 가까이 지내게 됐다. 브래들리 시장도 보좌관 중에 한인이 있다보니 한인 커뮤니티에 관심을 갖고 한인들의 행사에 적극 참여하게 됐고, 한인 커뮤니티가 탐 브래들리 시장을 지원하게 된 것도 당연하다. 선거때마다 개인으로 혹은 단체로 공식 루트를 통해 브래들리 시장에게 정치헌금을 한 사람도 적지 않았다. 코리아타운 팻말 요청서를 올린 이틀 후, 시장은 오케이 사인을 했다.

김준문씨는 가슴이 뛰었다. 아, 이제 LA 땅에도 코리아타운이 공식적으로 들어서게 됐구나. 지도에도 코리아타운이 표시되겠구나. 그는 며칠 동안 흥분을 가라앉힐 수 없었다고 한다.

로스앤젤레스 시헌장에 나타나 있는 시장의 권한은 약하다. 실력을 크게 행사할 수 있는 사람은 시장이 아니라 시의원들로 되어 있다. 그러나 실질적으로는 시장의 능력에 따라 자신이 얼마든지 능력 행사를 할 수 있는 곳이 로스앤젤레스 시다. 브래들리 시장은 임기마다 선거를 치러 20년간 재직했을 만큼 실력과 신뢰를 쌓아온 시장이었다. 그만큼 막강한 힘을 갖고 있으면서 그 힘으로 그는 한인 커뮤니티를 절대적으로 지지해 주었다. 시청 건물 본관에 들어서면 거북선이 놓여있는 것도 브래들리 시장 재직시 자매도시인 부산에서 보내온 것이다. 이 일이 진행되는 동안 당시 부산 자매도시 위원장이던 짐 비셥, 부위원장 변창환씨 등이 적극적으로 활동을 하고 있었다.

"LA의 자매도시인 부산시에서 기념 선물을 보내주겠다고 해서 그 물건을 어디에 놓을지 여러 의견이 있었습니다. 본관에 들어가서 보이는 곳에는 모두 다른 나라에서 온 것들이 있었거든요. 지금 거북선이 있는 자리가 가장 좋았는데 거기에는 이미 멕시코 시장 부부의 동상이 있었어요."

김준문씨의 설명에 의하면 부산시에서 처음에 보내온 것이 오륙도를 수놓은 병풍이었다. 본관 홀에는 일본의 전통 행사인 마쓰리 장면도 있었다. 김준문씨는 규모로나 상징성으로나 우리 것이 일본 것을 압도해야 하겠다는 생각에서 부산시에다 거북선을 만들어 보내주면 어떻겠냐는 의견을 타진했고 그쪽에서도 좋은 생각이라며 곧 작업을 시작했다.

"거북선이 다 만들어져 이곳에 도착하고나서 놓을 자리를 결정하는 날, 브래들리 시장과 시의원들이 현장에 나와 장소를 둘러보고 있는데 브래들리 시장이 물어요. 어디에 놓으면 좋겠느냐고요. 저는 멕시코 시장 동상이 있는 곳을 가리키며 여기가 제일 좋겠다고 했습니다. 그는 다른 말 하지 않고 그곳에 놓으라고 지시했습니다. 누군가가 지금 있는 것은 어떻게 하느냐고 이의를 제기했지만 시장은 'Put it here'라고만 말하고는 다른 설명 없이 그 자리를 떠나 버렸습니다."

거북선이 너무 커서 안으로 들여올 수가 없어서 북쪽 문을 뜯어 물건을 들여온 후 다시 문을 붙이는 대공사를 하기도 했다.

김준문씨가 LA에 갖고있는 감상은 남다르다. 코리아타운 팻말을 볼 때마다 지금도 그는 '남모르는 감회가 가슴을 가득 채운다'고 말한다. 김준문씨에게 로스앤젤레스는 특별한 애정이 가는 '추억의 고향'이다. 그리고 로스앤젤레스는 코리아타운이란 이름을 영구히 기억할 것이다.

□ 시절 그사람

전세계 향한 봉사로 한평생

와이즈멘클럽 국제총재 지낸 **김 히 영**

○ 1999년, 김히영씨가 최우수 와이즈멘상을 받고 있다.

◐ 미국대표로 국제와이즈멘클럽 총재를 지낸 김히영씨.

◐ 1960년대, 서울에서 열린 종교집회에서 선교사 통역을 하고 있는 김희영씨.

권위와 역사를 갖고 있는 세계적인 봉사단체의 국제총재라면 명예로운 자리다. 명예라는 말이 봉사단체와는 좀 어울리지 않는 단어로 들릴 수도 있지만 순수한 의미의 공을 세우고 존경을 받는다는 뜻으로 풀이한다면 적합하다고 할 수 있다.

국제 와이즈멘 클럽(Y's Men International)은 전세계 65개국에 3만여 명의 회원과 8천여 명의 회원 부인을 회원으로 갖고있는 봉사단체다. 80년의 역사를 갖고 세계를 대상으로 봉사활동을 펴오고 있는 이 단체의 1998년-99년 국제 총재가 LA 동포 김희영(67 · Erick H. Kim)씨였다. 그는 국제 와이즈멘 클럽의 한국대표로서가 아니라 미국 대표로서 총재 후보로 선출되어 총재를 맡았던 '명예로운 사람'이다.

김희영씨는 대전 한밭 Y's Men's Club의 창립 회원으로 1967년 국제 와이즈멘 클럽과 인연을 맺었다. 그후 세계 각국의 회원들과 함께 30여 년간 봉사활동을 해오면서 봉사 정신과 리더십이 인정을 받아 국제총재에까지 오르게 된 것이다.

그는 생애의 절반 이상을 국제 와이즈멘 클럽과 함께 했다. 바꾸어 말하면 생애의 대부분이 봉사를 위한 생활이었다고 할 수 있다. 어떻게 해서 그는 봉사로 일관된 삶을 살아올 수 있었을까.

그가 지나온 날을 돌아보면 그는 봉사의 임무를 갖고 태어났다는 생각이 든다. 그는 어린 나이에 가족 중 유일하게 기독교인이 됐고, 어학에 남다른 재능을 갖고 있어 미국인 선교사들과 함께 생활하면서 봉사생활을 체험할 수 있었고, 남편의 봉사활동을 경제적으로, 정신적으로 뒷바라지 해줄 수 있는 좋은 아내를 만난 것 등 세가지가 두루 갖추어져 봉사의 생애가 가능했다.

대전 한밭 와이즈멘에서 시작된 김희영씨의 국제 와이즈멘 활동은 그가 미국으로 옮겨온 후 윌셔 와이즈 멘 클럽 창립멤버로 계속되었다. 1987년에는 전체 8개 지구 중 하나인 태평양 서남지구 총재로 피선됐고 1995년에는 미주 지역 총재가 됐다. 한국인이면서 미주 전역을 대표하는 와이즈멘이 된 것이다. 그리고 1998년 7월에 핀란드 헬싱키 제63차 국제 대회에서 제 73대 국제 총재로 취임했다. 미국 와이즈멘 역사상 최초의 한국계 지구 총재, 미주지역 총재에 이어 국제 총재가 된 것이다. 그는 총재로 있는 1년 동안 32개국 와이즈멘즈 클럽을 돌며 봉사대원들을 만나 사랑을 나누고 문화교류를 하며 '한국을 알리는 일도 열심히 했다'고 말했다. 그는 와이즈멘 회원으로 활약한 지난 30여년 동안 회원국 67개국을 전부 돌아보며 인류화합의 터를 닦는데 노력했다.

"제가 국제회장까지 될 수 있었던 건 와이즈멘 클럽의 설립 목적에 부응하는 봉사생활을 했고 회원들과의 인간관계 형성, 리더십 등이 인정을 받아서라고 생각합니다. 국제 금식 기금, 형제 우애 기금 등 와이즈멘 클럽의 각종 봉사활동 프로그램에 적극적으로 동참하면서 와이즈멘 클럽의 회원으로서 지역사회 봉사활동도 한 거지요. 국제와이즈멘 클럽의 연회비는 60달러에서 70달러 정도지만 그외에 봉사를 위해 내는 돈이 많이 있습니다. 봉사활동은 사실 내가 무얼 했다고 드러내놓는 건 아닌데 이렇게 얘기하게 돼서 쑥스럽습니다."

김희영씨는 1934년 만주에서 출생했다. 열두살 때 전재민으로 한국으로 와서 전재민 수용소에서 살 동안 주말이면 수용소에서 젊은이들로부터 한글을 배웠다. 교회에 발을 들여놓게 된 것은 한글을 가르치던 학생이 김희영씨를 염리동 교회로 인도해서였다. 그는 초등학생의 몸으로 기독교인이 됐고, 나이가 들어감에 따라 기독교에 깊이 들어가 신앙심이 돈독해졌다. 부산 피난 시절, 그는 부산시 기독학생 연합회 부회장을 지내고 경남 기독 학생 연합회 초대 회장을 지내며 이미 사람들과의 관계를

◐ 미국의 와이즈멘 지역대표들과 함께 한 김히영씨.

성공적으로 이루어갔다.

그가 미국인 선교사들과 가깝게 된 것은 부산에 있던 미군부대의 영어 찬송 합창단원으로 뽑히면서였다. 중학생인 김히영씨는 영어도 뛰어나게 잘했고 노래도 잘했다. 영어 찬송 합창대원의 지휘자인 감리교 선교사는 그를 미국에서 갓 들어온 선교사의 통역을 맡도록 알선해 주었다.

"아무리 제가 영어를 잘한다고 해도 중학교 학생이 무슨 통역까지 하겠습니까. 말이 통역이지 단어 몇마디 알아듣고 그 단어를 통해 무슨 뜻인가보다 어림짐작이나 할 정도였지요. 그런데도 간단한 테스트를 거쳐 통역자가 된 거에요. 그러다 보니 통역을 한다기보다는 영어를 배우는 게 훨씬 더 많았지요. 영어를 배우면서 선교사들과 같이 생활한 것이 제 인생의 갈길을 이끄는 기초가 됐다고 볼 수 있어요."

그는 1963년 서라벌 예대 성악과를 졸업한 후 미국인들이 운영하는 크리스찬 방송 선교회에서 음악 프로그램을 담당하면서 영어 번역과 통역을 했고, 한국 성서 신학교에서 음악과 영어를 가르치고 강의를 통역하기도 하다가 1971년 미주리주 조플린에 있는 오작(Ozark)신학교로 유학을

<국제 와이즈멘 클럽>

　국제 와이즈멘 클럽은 오하이오주 톨레도시에 거주하는 폴 윌리엄 앨릭잰더 박사가 톨레도 YMCA를 돕기 위해 그의 나이 32세때 16명의 회원으로 시작했다. 처음에는 TOLYMCA Club이라고 명명했다가 2년후 Y's Men's Club이라고 이름을 바꾸고 캐나다로까지 확장하면서 국제 클럽으로 만들었다.

　와이즈멘 클럽 국제 연맹은 '예수 그리스도의 가르침'에 따른 모든 신앙인들이 서로 존경하고 사랑하면서 함께 일하는 범세계적인 단체로 YMCA를 성심껏 도우며, 적극적인 봉사활동을 통해 지도력을 계발하고 육성해 모든 인류를 위해 보다 나은 세계를 건설하는데 힘을 다한다는 것이 목적이다. 본부는 제네바에 있고 미주, 캐나다, 남미, 아시아, 호주, 아프리카, 구라파, 인도 등 모두 8개 지역(Area)으로 나뉘어 있고 그 아래에 41개 지구(Region), 수백개의 지방(District), 1천5백개의 클럽으로 되어 있다.

　사업을 위한 프로그램으로는 국제 금식 기금, 형제 우애 기금, 앨릭잰더 장학기금, 국제 형제 클럽, 청소년 교환 프로그램 등이 있다.

　국제 금식 기금은 와이즈멘 클럽이 가장 중점을 두고 있는 프로그램으로 전 세계 3만여 회원들이 1년중 한끼를 금식하고 그 돈을 봉사기금으로 사용하는 것이며 형제 우애기금은 사용한 우표를 모아 기금을 만드는 것으로 연 20만달러 정도, 앨릭잰더 장학기금은 창시자 앨릭잰더를 기념하는 장학기금으로 연 10만달러 정도가 모금되고 있다. 국제 형제 클럽은 세계 각국에 있는 클럽들끼리 형제 클럽을 맺어 회보, 서신, 사진, 비디오, 방문 등을 통해 상호이해, 문화교류를 한다. 청소년 교환 프로그램은 와이즈멘의 자녀 중 16세에서 18세까지의 자녀들을 다른 나라에 보내 그곳 와이즈멘의 집에 거하면서 1년간 학업을 계속하는 프로그램이다.

　이 모든 프로그램을 통해 회원들과 그 자녀들은 세계를 이해하고, 다른 사람을 배려하고 도와주게 되며 훌륭한 지도자가 되게 한다.

왔다. 그후 오하이오주 신시내티 신학 대학원에서 공부를 하고 로스앤젤레스로 온 것은 1974년이었다.
  그의 부인 그레이스 김(66·강혜옥)씨는 디자이너면서 봉제사다. 한국에서는 구포양재전문학원을 운영하기도 했었다. 미주리에서 김히영씨가 신학 공부를 하고 있을 때에는 그레이스김씨가 옷수선을 해서 생활비를 벌었는데 바느질 솜씨가 좋다고 소문이 나서 수입이 좋았다고 한다.
  "로스앤젤레스로 온 후에 아내가 글렌데일에 있는 미국인 운영 봉제공장에 매니저로 들어갔습니다. 직원 1백50여 명으로 드레스를 전문으로 하는 곳이었습니다. 그곳에서 2년여 일을 하다가 아내가 유태인 사장에게 독립하고 싶다는 뜻을 전했더니 사장이 직접 나서서 일거리를 대줄 회사를 소개해 아내가 봉제공장을 차렸지요. 아내의 솜씨 때문인지 사업이 굉장히 성공적으로 되어 큰돈을 벌었어요."
  그레이스 김씨가 봉제업을 하는 동안 김히영씨는 와이즈멘 클럽 활동에 적극적으로 참여하면서 부인의 봉제업도 함께 하고 2대 봉제협회 회장을 지내기도 했다.
  1980년, 김히영씨는 '국제 음악선교회'를 만들었다. 음악을 통한 선교가 주 목적이었다. 한국의 가난한 교회에 풍금을 보내는 사업도 했다. 5년간 1백여 대의 풍금을 한국에 보냈다. "제 꿈은 평생을 음악선교사로 살면서 기독교 음악대학을 만드는 것이었습니다. 그대로 이룬 것은 아니지만 개인적으로 음악선교회를 만들어 조국의 어려운 교회를 도우면서 국제 와이즈멘 클럽을 통해 30년 이상 봉사활동을 해 온 것에 감사해 하고 있습니다. 건강하게 살면서 봉사하고, 또 봉사를 통해 보람을 느낄 수 있었던 일들이 정말 기쁩니다."
  그는 지금은 거의 은퇴한 상태로 Hollywood Wilshire YMCA의 이사로 있으면서 지역사회에 봉사하고 있다. 슬하의 3남 1녀가 모두 결혼해 8명의 손주가 있다.

□ 시절 그사람

미국이 존중한 한국인 과학자

NASA의 연구관 **노준희**

○ 1960년대, 70년대에 NASA의 화성과 달 연구에 주도 연구관으로 참가해 공을 세운 노준희 박사.

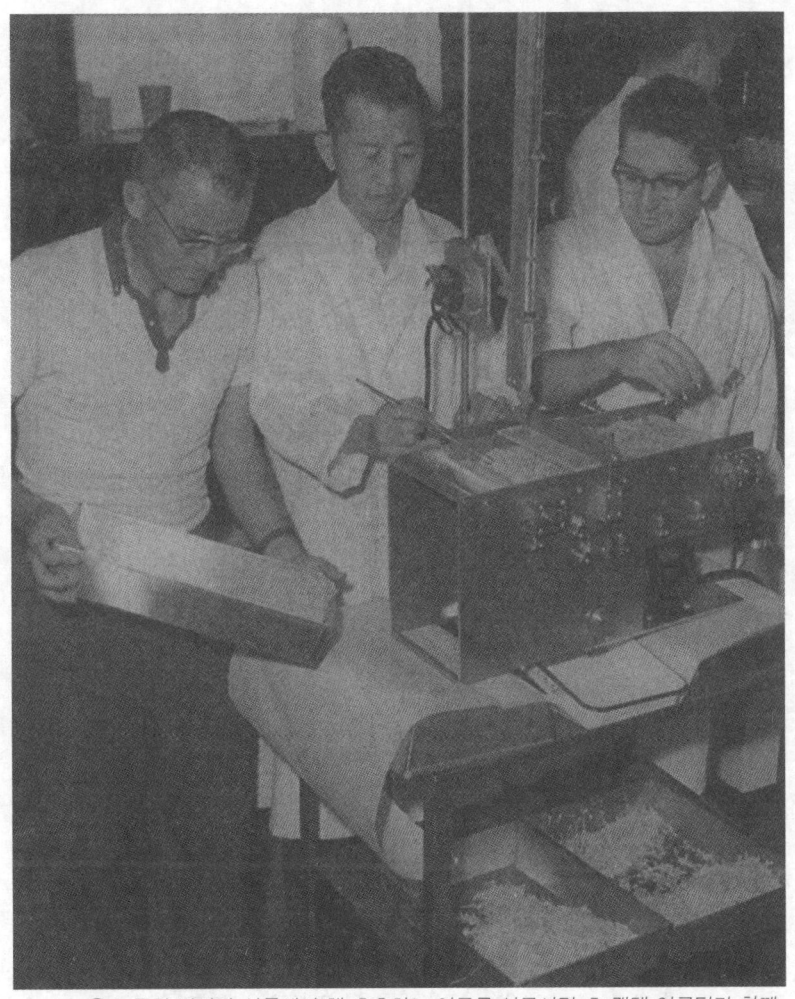
❍ 노준희 박사가 식물에서 핵 추출하는 연구를 성공시킨 후 캘텍 연구팀과 함께.

노준희(80)박사는 미국에서 의학계와 우주과학계에 뚜렷한 공헌을 남긴 과학자다. 이달 중순에 그는 80세 생일을 보냈다. 다섯 자녀들이 리츠 칼튼 호텔에 마련한 팔순 기념 디너에는 그의 미국생활 반세기 오랜 세월을 함께 해온 60명의 지인들이 자리를 함께 했다.

1960년대와 70년대, 미국의 연방 항공우주국(NASA)이 화성과 달의 연구에 박차를 가하고 있던 시기에 노준희박사는 NASA 연구팀의 주요 멤버로 동참했다. 이 연구를 마친 후 1975년부터는 의대 강단에 서며 암, 고혈압 연구에 공을 세웠다.

〈화성에 생물이 살고 있을까〉 지금으로부터 35년 전인 1967년, 'National Geographic' 12월호에는 '화성-새 세계 탐구' 라는 제목의 특집기사가 실렸다. 화성에 생명체가 있는지 아닌지에 대한 연구 상황을 22페이지에 걸쳐 상세하게 소개하고 있는 밀착 취재 기사다. 이 기사에서는 화성 연구의 대표적인 과학자들을 소개하면서 패사디나에 소재한 JPL 연구실에 근무하는 노준희교수의 사진과 함께 화성에 생물체가 존재하는지를 연구하고 있는 그의 의견을 실었다. '내셔널 지오그래픽'에는 노준희박사가 연구실에 있는 사진과 함께 다음과 같은 긴 사진설명이 들어있다.

〈붉은 빛이 나타남으로써 실마리가 보인다. —용액이 자외선 빛에서 형광을 발하고 있다. 이런 반응은 튜브에는 엽록소(chlorophyll)가 들어있다는 것을 말해주는 것이다. 캘텍의 JPL 실험실에서 생물학자 노준희박사는 광선 아래서 흙의 자극을 측정해 화성에서 프로틴과 당, 엽록소와 같은 합성물들을 분석해낼 수 있는 소형 도구를 만들어내기를 희망하고 있다.〉

NASA의 화성 연구팀은 세계 최고의 권위를 자랑하는 캐나다와 유럽 등 각국 과학자들의 연구를 압도하는 성과를 끌어냈다.

"연구 결과에 대한 주장은 과학자에 따라 달라 화성에 생물체가 있다고 보는 과학자들도 있었지요. 하지만 화성에는 생명체가 없다는게 저의 자신 있는 결론입니다. 화성에는 생명체가 있을 수 있는 조건이 갖추어져 있질 않습니다. 가장 큰 원인이 바로 화성에는 질소가 없다는 거지요. 사람을 포함해 모든 생명체에는 질소가 매우 중요합니다. 우리가 사는 지구의 공기 중에는 질소가 5분의 4를 차지하고 있어요. 질소가 없는 화성에는 생명체가 있을 수가 없지요."

3년여에 걸쳐 화성 연구를 하고 있을 때 NASA에서는 그를 다시 '원숭이 실험'에 참여해달라고 요청했다. NASA에서는 달에 사람을 보내기에 앞서 원숭이를 보내 실험을 하고 있었다. 노준희박사를 포함해 세사람의 주도 연구자는 달에서 원숭이의 두뇌 기능이 제대로 되는지, 혈관의 피가 한곳에 몰리지 않고 제대로 도는지, 뼈의 칼슘이 어떻게 빠져나가며 근육은 제대로 움직이는지를 연구했다.

원숭이 연구를 마친 후 그는 곧바로 아폴로 연구팀에 합류했다. 독일과 영국, 일본 등 세계의 권위 있는 과학자 1백 43명이 주도연구관으로 임명되는데 거기에 노준희박사가 낀 것이다. 이들은 아폴로 11, 12, 14, 15, 16, 17에서 갖고온 달의 샘플을 분석하고 조사한 결과 달에는 생명 물질이 없다는 결론을 내렸다. 캐나다와 미국, 유럽의 유명 과학자들이 달에는 생명물질이 있다고 주장한 것에 대해 노준희박사는 학회에서 이론으로 이를 반박해 자신의 연구 결과를 정립시켰다.

노준희박사는 평안북도에서 태어나 평양사범을 졸업하고 평양사범에서 영어와 생물을 가르치다가 서울대학에서 생물학을 공부했다.

그는 일찍부터 독학으로 영어 공부를 열심히 했다. 사범학교 교과목에는 영어 과목이 많지 않았기 때문에 일반 대학생들과 실력을 겨루려면 혼자서라도 영어 실력을 키워야한다는 판단이 섰기 때문이다. 그는 한국에 있을 때 이미 사전이 없어도 영어 신문을 읽을만큼 영어실력을 쌓았다.

성균관대학에서 가르치던 노준희박사가 듀크대학에 교환교수로 온 것이 1955년이다. 그는 듀크대학으로 온지 9개월만에 식물학(Botany) 석사학위를 받은 후 다시 1년 동안에 식물 생화학(Plant Biochemistry) 박사학위를 받아 한국과 미국에서 가장 주목받는 과학자 반열에 올라섰다. 영어가 모국어인 학자라 하더라도 1년 동안에 박사학위를 위한 8개 과목 시험을 패스하고 자격시험, 면접시험까지 통과해 박사학위를 받는다는 것은 예를 찾아보기 힘들만큼 극히 드문 경우다.

박사학위를 받은 후 그는 1957년 일단 귀국했다. 교환교수로 미국에 올 때의 약속은 일정 기간이 지나면 반드시 귀국을 한다는 것이기 때문이었다. 러시아에서 인공위성 스푸트닉을 달에 쏘아올린 바로 그 해에 노준희박사는 아쉬워하는 미국의 과학계를 뒤로 두고 귀국한 것이다.

"내가 한국에 나가 있는 동안 아이젠하워 대통령이 우주과학 연구와 개발을 위해 세계의 과학자들을 초빙했었습니다. 영국과 독일, 불란서, 한국에서 과학자 두사람씩을 초청했는데 한국 학술원에서는 나를 포함해 박사학위를 소지하고 있는 4명을 모두 추천했었습니다. 온가족이 함께 미국으로 와야한다는 단서를 부친 초청이었는데 내 경우는 외무부도 통과하고 이승만박사의 허가까지 나왔지만 가족과 같이 미국으로 와야한다는 조건때문에 외무부 차관이 이의를 제기해 어려움이 있었습니다. 그때만해도 한국을 움직이는 3인으로 박찬익 비서실장, 유태하 일본대사, 김동조 외무차관의 세력이 대단할 때였으니 대통령의 허가가 내리긴 했어도 해당 부처인 외무부 차관이 막으니까 어려웠지요. 우여곡절 끝에 아내와 함께 네 아이 중 두아이만 데리고 미국으로 들어올 수 있었습니다."

미국 학술원 펠로우로서 캘텍에 와서 일을 하게 된 것이 그가 미국에 눌러앉게 된 시작이었다. 약속된 3년간의 캘텍 근무가 끝날 즈음에 한국의 정치, 사회상태가 너무 어지러웠고 어수선해서 갈 엄두를 못내고 머뭇거리고 있다가 이승만 정부가 무너지고 군사정권이 들어선 후 모친과 나머지 아이들을 모두 미국으로 불러들여오게 됐다.

"우리 가족이 모두 미국에 계속 머무르기 위해서는 영주권을 받아야 하는데 나와 같은 입장에서는 미국시민권자와 결혼을 하든지 아니면 국방성에서 요구하는 중요한 일을 할 수 있어야 영주권을 받을 수 있었습니다. 마침 NASA에서 화성에 생명이 있는지를 측정할 사람을 찾고 있던 중이라 내가 하겠다고 나섰지요. 위성이 지나가면서 화성에 특정 기구를 떨어뜨리고 그 기구 안에서 생명을 탐지해 지구상 전신으로 대답해 주면 그것을 갖고 연구를 하는 것인데 내가 그 연구를 맡겠다고 나선 거지요."

이미 노준희박사에 대해 익히 알고 있던 NASA에서는 대환영이었다. 노박사라면 당대 최대의 목표인 화성 연구를 맡겨볼만하다는 데에 관계자들의 의견이 모아진 것이다.

그렇게 해서 노준희박사는 화성연구에서 시작해서 달 연구, 아폴로 연구의 주요 멤버로 활약을 하게 된 것이다.

NASA의 연구를 마치고 그는 1975년부터는 USC 약대와 의대 교수로 강단에 섰다. 1992년에 은퇴할 때까지 USC에서 가르치면서 그는 '화학성 발암 물질' 과 '신경에서 발생하는 고혈압' 에 대한 연구를 했다.

한인 커뮤니티가 형성되던 초기, 미주내 한인사회의 미래를 위해 노준희박사가 시작한 것이 한인 청소년 캠프였다. 이곳에서 자라나는 한인 청소년들에게 한국인의 자긍심을 키워주고 한국을 가르치는 것이 무엇보다 중요하다고 생각했기 때문이다. 1970년에 한인 청소년 후원회를 만들고 곧 이어 시작한 첫번째 한인 청소년 캠프에는 청소년 80명이 모였다. 한국 문화와 역사, 한국말을 가르치며 한인 청소년들끼리 서로 돕고 뭉쳐야 한다는 정신을 심어줬다. 한인 청소년 캠프는 1973년에 러닝스프링스에 있는 캠프장을 구입해 이용하다가 25년이 지나 땅 사용에 대한 계약을 갱신하는 과정에서 '연중 3개월 이상을 사용해야만 한다'는 조건이 추가됐는데 이를 이행할 수 없어 포기했다.

식사를 잘 하는 게 가장 좋은 건강 관리법이라는 노박사는 80세 생일을 맞은 감회가 어떠냐는 질문에 자신이 평생 애송해왔다는 중국시인 주이의 한시 하나로 대답을 대신했다.

'소년은 늙기 쉽고 학문은 이룩하기 힘들지만
호숫가 나무는 아직도 봄을 꿈꾸는데
마당앞 오동나무 잎은 벌써 가을이라 알린다'

재미 한인 과학자 협회 초대 부회장이면서 나성지부 회장을 지내기도 한 노준희박사는 부인 노기옥(75)씨와의 사이에 재숙(54·컴퓨터 시큐리티 프로그램 책임자), 재현(49·신경과 전문의), 재필(46·USC 약대 교수), 재호(43·변호사), 재상(41·마취과 의사) 등 4남 1녀와 다섯명의 손주를 두고 있다.

□ 시절 그사람

한인 교사들의 대모

한미교육가협회 초대회장 **매리 손**

○ 1935년에
USC 첫
한인 학생으로
입학한
매리 리 손씨.

○ 소셜워커로 근무하던 1948년 직장 동료들과 함께. 앞줄 왼쪽에서 두번째

한국 학생들이 많이 재학하고 있는 타운 내 월튼 플레이스 초등학교에는 'Mary Lee Shon Education Center'가 있다. 로스앤젤레스 교육계 발전에 큰 공헌을 한 매리 리 손(85, 한국이름 이은혜)여사를 기리기 위해 만든 것으로 2001년 9월에 명명식을 가졌다.

매리 손씨는 로스앤젤레스 통합교육구에서 교사로, 어드바이저로, 카운슬러로 40년 가까이 일해왔다. 그 오랜 세월 동안 가주내 한국계 초등학교 교사들의 대모 역할을 적극적으로 해온 것으로 누구나 인정하고 있다. LA 교육구에서 일을 시작한 초기에는 한국 학생들을 위한 이중언어 교재를 매리 손씨가 직접 만들기도 했고, 교사가 되고자 하는 한국인들을 위해 많은 힘을 써왔기 때문이다. LA 통합교육구 소속 한국계 교사들은 "한국인 교사들을 위한 일이라면 손여사는 물불 가리지 않고 적극적으로 돕고 나섰다"고 입을 모았다. 지금은 은퇴했지만 월튼 플레이스 초등학교에서 어린이들에게 책을 읽어주기도 하고 한국 학생들을 위해 통역도 하면서 돕고 있다.

"매주 두번 오전중에 3시간씩 나가서 책을 읽어주고 있습니다. 어린이들과 만나 아이들이 원하는 것이 무엇이며 흥미를 느끼는 게 무엇인지를

○ 2001년 9월, 월튼플레이스 초등학교에 매리 손 교육센터 명명식에서 그레이스 윤 교장과 함께.

배우려고 노력합니다. 아이들과 친해지고 아이들을 알려고 하는 거지요. 어린 남학생 하나가 나무 심는 것을 몹시 좋아하길래 엊그제는 꽃나무 구근과 흙을 학교에 가져가서 그 남학생과 함께 심었습니다. 모든 어린이들은 누구나 나름대로의 어려움을 안고 있습니다. 그러나 우리는 학생들에게 어려움을 극복할 수 있다는 것을 알려줘야 합니다. 잘 할 수 있는 챈스는 누구에게나 있다는 것을 가르쳐주어야지요."

매리 손씨는 특히 이땅에서 소수계 어린이들이 겪는 인종차별의 어려움을 본인이 잘 알고 있기 때문에 소수계 학생들을 도울 수 있다고 했다. 매리 손씨가 성장하던 1920년대, 1930년대 미국에서는 소수계에 대한 차별과 억압이 지금은 상상할 수 조차 없는 극한 상황이었다.

매리 손여사는 하와이 이민 2세다. 부친 이순기씨는 1901년 하와이로 왔다가 1906년 캘리포니아로 이주해 왔다. '사탕수수 농장에서 동물 취급을 받는 하와이 생활이 싫어서' 이주했다고 한다. 한국에서 하와이로 온 첫 이민선이 1903년에 도착했는데 이순기씨는 이보다 앞서 사탕수수 농장과의 협약을 위한 통역을 위해 왔다.

매리 손씨는 1916년 샌호제에서 출생했다. 한국 이름이 '은혜'인 것에 대해 매리 손여사는 다음과 같이 설명했다.
"우리 어머니도 나처럼 몸집이 작은 여성이었는데 내가 태어났을 때 몸무게가 11파운드였답니다. 내가 태어나던 날은 비가 억수같이 퍼부어서 동네 일대에 홍수가 졌고 의사들은 급류에 막혀 꼼짝할 수 없는 상황이라 모두 아기가 제대로 태어날 수 없다고 생각하고 있었대요. 그런데 그 큰 아기가 무사하게 태어났으니 모두 하나님의 특별한 은혜를 입었다고 말했답니다. 그래서 아버지께서 내 이름을 은혜라고 지으셨대요."

매리 손씨는 웬만한 일상대화는 한국말로 할 수 있다. 미국에서 태어나 한국인이 거의 없던 시절에 성장한 배경으로 보아 쉽지 않은 일이었을텐데 애정과 노력으로 가능하게 했다. 모국어에 대한 본인의 애정이 컸으리라는 것은 어렵지 않게 알 수 있지만 또 한가지, 매리 손씨는 '놀라울만한 기억력'을 갖고 있다는 것도 한국말을 잘 하는데 도움이 되었을 것으로 보인다. 매리 손씨는 10대 소녀시절 한국의 삼촌댁에 명절때마다 우편으로 선물을 보냈다며 그때의 주소가 '23636 신당동' 이라고 정확하게 기억했다. USC 졸업 직후, 그러니까 지금부터 60여년 전 첫 직장생활을 할때 함께 일했던 동료들의 이름을 포함해 일생을 살아오며 작은 인연이나마 맺었던 사람들의 이름을 술술 기억해냈다. 일반적으로 나이가 들면서 사람 이름을 기억하는 일이 가장 어려운 것으로 나타나는데 80대 중반에 있는 매리 손여사의 경우는 여기에 관한 한 10대 여학생의 기억력을 뛰어넘는다.

매리 손여사는 USC가 자랑하는 대표적인 소수계 졸업생에 속한다. 1935년 전액 장학금을 받고 입학함으로써 USC 첫번째 한인 여학생이 됐다. 학업 성적이 뛰어나고 봉사 정신이 강했던 손여사는 대학을 졸업하기까지 4년 동안 도서관 카드비와 실험실 비용만을 내고 학교를 다녔다. 그외의 모든 것은 장학금으로 지불됐다.

"내가 USC에 입학한 게 지금부터 거의 70년 전이에요. 당시 러퍼스 본 클라인스미드 총장께서 고등학교 졸업반에 있던 나를 총장실로 불러 전액 장학금을 줄테니 트로잰(Trojan) 가족에 합류하라고 강력하게 종용하셨어요. 내가 프랭클린 고등학교의 스트레잇 A 학생이었거든요. 나는 총장선생님의 설득에 따라 USC 학생이 되었습니다."

학생 시절부터 매리 손여사는 활발하게 사회 봉사 활동을 했다. 대학 재학중에는 교회 선데이 스쿨에서 한국계, 중국계 어린이들을 가르쳤고 청소년 클럽을 지도했다. 또 한국 노인들을 위해 이민국이나 사회복지국에서 통역을 하기도 했다.

1939년 매리 손씨는 사회학, 종교학, 사회사업학 복수전공으로 학사학위를 받으면서 교사 자격도 함께 받았고 대학을 졸업한 직후에 사회복지국에서 소셜워커로 일을 시작함으로써 캘리포니아주 첫 한인 소셜워커가 됐다.

"내가 어렸을 때는 정말 인종차별이 심했습니다. 우리는 원한다고 해서 아무데서나 살 수 없었고 가고 싶어도 갈 수 없는 곳도 많았습니다. 훌륭한 전문인이 되고 싶다고 해서 마음대로 되는 것도 아니었구요. 요즈음 우리의 권리를 주장하는 목소리를 들으면서 한인들의 미국 이민이 참으로 오랜 세월을 지나왔다는 것을 느끼곤 합니다. 나는 한국 어린이들에게 이야기를 해주면서 내가 너희들을 위해 오랫동안 길을 닦아왔다고 이야기하곤 합니다. 이민 초기 선조들이 있었기에 오늘의 우리가 있는거 아닙니까."

1950년 매리 손 여사는 쿠바에서 출생해 하와이에서 성장한 한국계 허버트 손씨와 결혼했다. 그는 미시간주 페리스 주립대학(Ferris State University)에서 약학과 화학을 공부한 사람이었다. 그러나 결혼한 지 11년 되던 해 남편은 3세, 7세, 9세, 11세 되는 어린 네 아이를 남겨두고 암으로 세상을 떠났다.

매리 손씨는 혼자 손으로 이들 4남매를 모두 훌륭하게 키웠다. 큰아들 마이클(51)은 병원 어드미니스트레이터이고 큰딸 데비(47 복순)는 변호사, 셋째 캐시(45 화순)는 의사, 막내 허버트 (43)는 사회복지학 박사로 현재 소셜워커로 일하고 있다.

1966년에 로스앤젤레스 교육구에서 일을 시작한 매리 손씨는 교육구내 한국계 교사들의 대모 역할을 했다. 한국계 교사들이 '좋은 자리에서 좋은 교육'을 시킬 수 있도록 하기 위해 그는 항상 발벗고 나섰다. 교육구 내에는 한국을 포함해서 중국, 필리핀, 월남 등 아시아의 나라와 문화를 소개하는 'KEYS Binder'가 있는데 이 중에서 한국문화 섹션을 매리 손여사가 만들기도 했다.
 "우리 교육구에는 한국 학생들도 많고 한국인 교사들도 점점 늘어가기 시작했습니다. 교육구 사람들에게 한국에 대해 소개해놓으면 학생들이나 교사들에게 도움이 될 것 같아 기회가 있을 때마다 한국문화를 알렸지요. 한국말을 잘 하는 한국인 교사가 흑인 밀집 지역에 배치되면 나는 강력하게 주장했습니다. 그 사람은 한인 타운에 배치되어 자신의 이중언어를 유용하게 사용할 수 있다고요. 계속 시끄럽게 주장하면 교육구 측에서도 들어주더라구요. 한국문화를 소개하기 위해 처음에는 작은 유리병에 김치와 고추장을 담아 교육구 직원들에게 나누어주기도 했어요."
 밴나이스 고등학교 카운슬러 김순진선생은 LA 교육구에서 한국인들을 많이 고용하고 한국에 대해 많이 이해를 하게 된 데에는 매리 손씨의 역할이 컸다고 말한다. 특히 학교에서 한국 학생이 문제가 됐을 때 손여사는 중재 역할을 능숙하게 해냈다고 한다.
 1970년대에 매리 손여사는 한미교육가협회를 결성해 초대 회장을 지냈다. 이로써 한인 교사들의 권익을 지키는 한편 한인 교사들의 질적 향상을 도모할 수 있는 발판을 마련해 놓았다.
 손여사는 막내 아들 허버트씨의 가족들과 패사디나의 넓은 집에 살고 있다. 온 식구들이 집을 나가고 나면 그는 빨래도 하고 다리미질을 하며 집안살림을 돕는다. 매일 아침이면 가까이에 사는 오래된 친구와 가로수가 아름다운 거리를 걸으며 많은 이야기를 나눈다고 했다. 오후 한가한 시간에는 자서전 집필을 위한 자료 정리를 한다. 손여사는 '남기고 싶은 이야기가 너무 많아 자서전을 집필하겠다' 고 했다.
 1948년과 52년에 미국에 올림픽 수영 금메달을 안겨준 새미 리씨가 그의 동생이다. 1901년 미주 한인 첫 이민 조상인 부친 이순기씨, 그리고 매리와 새미 이민 2세 남매가 이땅에 새겨놓은 흔적은 뚜렷하다. 미주내 한인 이민사의 주요 가족이다.

☐ 시절 그사람

약자편에서 인간을 보호한 법조인

남가주 한인 변호사 2호 **민 병 수**

● 1975년에
한인으로는
두번째로
변호사가 된
민병수씨.

◐ 민희식 총영사 부부가 대만 총영사부부와 환담하고 있다. 1949년.

◑ 1949년 8월 15일, 로스앤젤레스 시청 앞에 태극기가 처음으로 올라가고 있다. 태극기 앞에 오른쪽으로 선 사람이 민희식 총영사 부부. 그 옆에 선 어린이가 민병수 변호사의 동생 조지 민씨.

현재 남가주 지역에서 활동하고 있는 한인 변호사 2천여 명 중에 제일 먼저 변호사가 된 사람은 민병수(68·William Min)씨다. 1975년, 장병조변호사(작고)에 이어 그는 한국인으로는 두번째로 변호사가 됐다.

민병수씨는 지난 26년 동안 선배 변호사로서 모범적인 활동을 해온 것으로 평가받고 있다. 특히 그가 어려운 한인들을 위해 많은 봉사를 해온 것은 잘 알려져 있는 사실이다.

민병수 변호사는 민희식(1895-1980) 로스앤젤레스 초대 총영사의 세째 자녀다. 15세 때에 경기중학 3년을 마치고 부친을 따라 로스앤젤레스로 건너와 이제 반백의 머리에 지난 세월을 돌이키며 감회가 깊다.

"10대 어린 나이에 외국에 나가 산다는 것이 한편으로 흥분이 되긴 하면서도 또 한편으론 살던 집과 친구들을 두고 떠난다는게 서러운 생각이 많이 들더라구요. 인천에서 배를 타고 떠나는데 배에 올라타면서 부둣가 흙 한줌을 집어 주머니에 넣었어요. 그렇게라도 조국의 것과 가까이 있지 않는다면 허전하고 외로워 못견딜 것 같았어요. 이곳에 도착해서는 그 흙을 봉투에 넣어 보관했었는데 대학에 가고 하면서 흐지부지 없어지고 말았지요. 조국의 흙이 이 나라 어딘가에 떨어져 있으리라는 믿음이 그래도 조국에 대한 그리움을 많이 달래줬습니다."
 로스앤젤레스 초대 한국총영사 민희식씨는 1980년에 85세로 로스앤젤레스에서 작고해 로스앤젤레스 인근 묘지에 잠들어 있다. 그는 대한민국 정부 수립 후 초대 교통부 장관을 지내다 1948년 12월에 샌프란시스코를 거쳐 로스앤젤레스에 도착했다. 총영사관이 문을 연 것은 그로부터 2개월 후인 1949년 1월, 지금부터 52년 전이다. 그동안에 로스앤젤레스 한인들은 땀에 젖는 노동과 핍박, 인종 갈등과 문화 충격을 이겨내고 당당한 커뮤니티를 형성해냈다.
 총영사로 부임한 민희식씨를 따라 로스앤젤레스로 온 3남 2녀는 이제 60대, 70대가 되어 미국내 한인 커뮤니티의 이민 선배로서 튼튼하게 자리를 지키고 있다. 첫째 민병화씨는 의사, 둘째 병순씨는 교직에 있다 은퇴, 셋째 민병수씨는 변호사, 넷째 병연씨는 엔지니어링 회사 근무, 막내 병유씨는 LAPD에 근무하다 1997년 은퇴한 조지 민씨다.
 부친의 직장때문에 이곳 한인들과 가까이 살았다고 할 수 있는 민병수씨는 고등학생의 눈으로 보았던 당시의 상황을 다음과 같이 전해주었다.
 초대 LA총영사의 주업무는 한인들 인구조사를 하는 것과 25명 가량 있던 유학생들을 돕는 것, 둘로 갈라져있는 동지회와 국민회를 화해시키는 것, Korea라는 이름을 외국인들에게 알리는 것 등이었다.
 남가주 지역의 한인은 1, 2, 3세를 모두 합해 1천명이 채 안됐다. 유학생들은 언어 문제 뿐만 아니라 심한 인종 차별때문에 직장을 구하기가 어려워 극심한 어려움을 겪고 있었다. 총영사관은 다운타운 브로드웨이와 5가가 만나는 곳에 있었고 직원은 총영사 외에 주사 한명, 사무원 한명이 있었다. LA 다운타운은 깨끗하고 아름다운 상업중심지로서 외곽지역의 주민들도 모두가 다운타운에서 샤핑을 하곤 했다.
 "유학생들 고생이 심하다는 이야기를 흔히 하지만 제가 처음 이곳에 왔을 때는 정말 유학생들이 고생을 많이 했습니다. 한국에서 달러를 가져온다는 것은 꿈도 꿀 수 없었고, 직장을 구할 수 없으니까 하급노동 밖에 할 수 없었어요. 또 동양인이라면 무조건 무시를 당하고 있었습니다. 한가지 예로 수영선수 샘 리씨가 미국 선수로 올림픽에 출전해 두번이나 연거퍼 금메달을 차지했는데도 오렌지카운티 쪽에 집을 사려는데 주민들이 팔지

○ 1948년 로스앤젤레스에 도착한 직후 온 가족이 한 식당에서 식사를 하고 찍은 사진. 앞줄 오른쪽에서 두번째가 민병수변호사, 바로 건너편에 앉은 어린이가 LAPD에서 은퇴한 조지 민씨. 뒷줄에 선 사람과 그 옆이 민희식 초대 총영사 부부.

않는 거에요. 아이젠하워 대통령 시절이었죠. 당시 부통령이던 닉슨이 우연한 기회에 이 사실을 알고 그 지역 주민들을 상대로 하나하나 설득에 나서 1950년대 중반에 샘 리씨가 겨우 집을 살 수 있었습니다. 닉슨 자신이 오렌지카운티 지역 출신이니까 가능했지요. 금메달을 두번씩이나 미국에 안겨준 샘 리씨가 이랬으니 일반 사람들은 어땠겠는지 알 수 있지 않습니까?"

로스앤젤레스 총영사관이 문을 열고 1년 6개월만에 한국전이 터졌다. 민희식총영사는 1950년 7월 미 국방부의 요청에 따라 한국전쟁에 대비한 고문으로 국방부로 자리를 옮겼다. 그후 국무부에서 1년간 근무했고 1953년 귀국해 미대사관에 근무하다가 1961년 은퇴, 로스앤젤레스로 돌아와 여생을 보냈다.

민병수씨는 한국에서 중학교를 다니고 있을 때의 꿈이 변호사였다. 그러나 미국에 와보니 영어가 딸릴 뿐만 아니라 그 때만 해도 동양인이 변호사가 되고 싶다고 하면 '웃긴다'는 비웃음 밖에 당할 수 없었기 때문에 그는 일단 변호사의 꿈을 접었었다고 한다.

라번대학을 졸업한 후 그는 웨스트 코비나 통합교육국 교사로 재직하면서 글렌데일 유니버시티(직장인을 위한 법대)에서 법률 공부를 해 1975

년 변호사가 됐다.
"이곳의 재판은 변호사가 말을 해서 배심원들의 마음을 움직이고 설득시켜야 하는데 제가 15년 동안 교직에 있었던게 큰 도움이 됐습니다. 일반적으로 배심원들을 대상으로 이야기할 때 7, 8학년 정도 수준으로 두고 이야기를 합니다. 중학교 교단에서 가르칠 때 어떻게든 학생들이 이해하고 따라주도록 이야기하는 법을 터득한게 법정에서 큰 도움이 되었지요."

민변호사가 이제까지 맡은 건수는 5천건이 넘는다. 그중 90%가 한인고객이다. 가슴 아픈 사연도 많고 잊을 수 없는 사건도 많다. 자는 남편에게 끓는 기름을 부은 사건, 충격으로 며느리 목숨을 앗은 시아버지 사건(과실치사), 모래시계파 관련 아이칸 살인사건(무죄) 등 헤아릴 수 없이 많다.

변호사로서 가장 기억에 남는 사건은 외국인 케이스로 항소법원 인권보호법 판례로 남은 소송건이다. 남의 아파트에 문을 열어놓은 채 들어가 도둑질을 하고 있는 사람을 지나가던 경찰이 들어가서 체포했다. 경찰은 남의 집에 들어가기 전에 밖에서 '경찰'이라고 알리고 들어갔어야 하는데 그러지 않았다. 민변호사가 변호를 맡았던 항소법원에서 이 사건은 승소했다.

그는 변호사가 되면서 자신과 한 약속이 있었다. 한인이 한인을 고소하는 것은 맡지 않겠다는 것과 돈을 버는 것보다 사람을 도와주는 변호사가 되자는 것이었다.

"한인이 한인을 고소한다거나 그런 경우를 변호한다고해서 나쁘다는 것은 아닙니다. 단지 제 성격상 그런 일은 피하겠다는 것과 억울한 입장인데 돈이 없는 사람이라면 돈에 관계 없이 변호를 하겠다는 것을 혼자 약속한 거지요."

변호사 생활 26년 동안 그는 이 약속을 지켜왔다고 한다. 억울한 일을 당한 사람일수록 돈이 없는 경우가 많다. 그래서 그는 자신을 가리켜 '돈 없는 변호사'라고 했다.

그는 한미변호사협회 제3대 회장을 지냈고 센트럴 라이온스 클럽의 도움을 받아 처음으로 한인 커뮤니티에서 무료 법률상담을 시작했다.

10대 소년의 몸으로 조국을 떠나 50년 이상 미국생활을 하고 7순을 바라보고 있는 특이한 인생길을 돌아보는 그의 시선은 따스하다.
"젊었을 때는 조국에 남아있는 친구들한테 미안한 생각이 많았어요. 친구들이 한국전에 나가 목숨을 잃거나 고생을 많이 했거든요. 조금 지나서는 어린 나이에 미국에 와서 남 안하는 고생을 너무 많이 했다는 생각이 들더라구요. 그러나 지금 생각은 다릅니다. 제가 이땅에서 한인들을 도울 수 있는 기회가 있는 것을 보면 미국생활은 하나님께서 제게 주신 사명이라고 생각합니다."

그는 카터 대통령때 민주당 대통령 자문위원이었고 1981년 제임스 한(현 LA시장)의 재무관 선거 때도 앞장서서 도와주는 등 주류사회에도 적극 참여했다. 한국정부의 포상과 미연방의회, 가주 주의회 등으로부터 받은 표창장과 감사장, 봉사상이 40개가 넘는다.

"우리도 이민 30년이 되니까 전반적으로 기반이 많이 잡혔고 자녀들도 우수한 사회인으로 많이 나타나고 있습니다. 앞으로 10년, 20년을 바라볼 때 오늘과 전혀 다르게 좋은 의미의 큰 변화가 있을 겁니다. 우리 교포분들이 법을 잘 지켜서 쓸데없는 어려움을 당하지 않도록 했으면 좋겠습니다. 저는 1.5세, 2세들을 보면 큰 희망을 갖게 됩니다."

로스앤젤레스 지역 한인 반세기를 지켜본 변호사 민병수씨의 말이다.

그는 클래식 음악과 독서를 좋아한다. 특히 바이올린 콘체르토를 좋아한다. 주말에는 일거리를 싸갖고 집에 들어가 일도 하고 부인 캐롤과 함께 외식도 하며 조깅도 한다. 슬하에 크리스토퍼(29·덕기)와 티모시(24·선기) 두 아들이 있다.

시절 그사람

오렌지카운티 한인회 기틀 마련

O.C. 초대 한인회장 **박진방**

● 1979년에
오렌지카운티
초대한인회장을
지낸 박진방씨.

○ 오렌지카운티 한인회 창립이사들. 1979년.

로스앤젤레스에 한인 커뮤니티가 형성되기 시작하던 초기에 일찌감치 오렌지카운티에 자리잡은 사람이 오렌지카운티 한인회 초대회장을 지낸 박진방(66)씨다. 1972년에 오렌지카운티 생활을 시작하면서 그는 이 지역 한인 커뮤니티 형성에 큰몫을 했다. 그가 문을 연 첫 한국 식품점과 한국 이름을 간판으로 내건 첫 유도장은 한인들이 한 곳에 모여 정을 나눌 수 있는 근거가 됐다. 그는 오렌지카운티에 30년 가까이 살아오고 있다. 한인 인구 1백명도 안되던 것이 지금은 15만에서 20만을 헤아린다.

그가 오렌지카운티에 삶의 터를 마련하게 된 것은 영주권 때문이었다. 영주권을 얻기 위해 작은 사업체라도 운영하려고 찾고 있었는데 마침 산타아나에 작은 그로서리가 나서 그쪽에 자리잡게 된 것이다.

멕시칸 식료품점이던 작은 마킷 덕에 그는 4개월만에 영주권을 얻었다. 요즈음 영주권을 받는 것과 비교해보면 격세지감이 있다. 영주권을 얻고

난 후에 그는 여기에 '오렌지 종합식품점'이라는 한국말 간판을 달고 17년간을 운영했다.
"당시에는 오렌지카운티 쪽에 사는 한인이 적었기 때문에 전적으로 한국식품점을 할 수는 없었습니다. 멕시코 식품점이면서 한쪽에 한국 식품을 놓고 팔았지요. 그런데도 오렌지카운티 유일한 한국 식품점이다보니 그쪽 지역에 사는 모든 한국인들과 만날 수 있었고 정보 교환의 중심지가 되다시피 했어요. 조국을 떠나 살고 있으면서도 동족들과 만날 수 있다는 게 제게는 참으로 기뻤습니다."
박진방씨는 10대 때부터 고향을 떠나 산 사람이다. 젊은 시절의 타향살이가 외롭고 고생스러웠다. 그러다가 너무 넓어 가슴 속까지 황량하게 하는 이 땅에서 동포를 만나는게 좋았고, 어떻게든 우리끼리 합쳐 서로 도움이 되어야 한다는 염원을 갖게 됐다.
그는 1935년 10월 함경도 북청에서 태어났다. 1.4후퇴 때 단신 남하해 거제도 99수용소에서 교육을 받다가 휴전이 됐고, 거제도에서 부산으로 건너가 부두 노동자가 됐다.
"부산에서는 안식교에서 운영하는 불량배 수용소 '십자가 갱생원'이란 데에 들어가 숙식을 해결하면서 탄환 나르는 노동을 했습니다. 그러다가 무작정 서울로 올라갔어요. 물론 혈혈단신, 아는 사람 하나 없고 갈 곳도 없으니까 서울역에서 잠을 잤지요. 그리고는 경향신문 새벽 배달원으로 취직을 했습니다."
춥고 배고프고 외로왔던 시절이었지만 그에게는 '자신을 단련시켜준 귀중한 시기'였다고 회상하고 있다.
거리에서 잠을 자고 신문 배달원으로 뛰다가 그는 우연히 원산 삼중 다닐 때 체육을 가르쳤던 신태식 선생을 만났다. 사고무친의 허허로운 거리에서 옛 스승을 만난 것이 그의 오늘이 있기 까지의 길잡이가 되는 기점이 됐다. 신태식선생은 그때 수도여고에서 체육선생을 하고 있었는데 박진방씨에게 "너는 어려서부터 체육에 특별한 재능이 있었으니 어떻게 해서든 대학에 진학해 체육을 해보도록 하라"고 간곡하게 타일렀던 것이다.
당시 체육으로 유명한 대학으로는 경희대학의 전신인 신흥대학이 있었다. 박진방씨는 신흥대학 국문과에 편입해 들어갔다. 거처할 곳이 없으니

🔵 박진방씨가 후원회장을 맡았던 한미노인회 회관 오픈하우스에서 테입을 커팅하고 있다.
가운데 넥타이를 맨 사람이 박진방씨.

까 교지와 학회지 등을 만들며 학교에서 잠을 잤다. 그는 1년 후배인 유도 선수 성보석씨와 함께 유도팀에 들어가 유도 선수가 됐다.
　그의 해외생활은 '유도'로 시작됐다. 1971년, 유도 6단의 그는 유도 사범 자격으로 브라질로 가게 된 것이다. 1년을 그쪽에서 살았지만 그곳 생활이 자신이 추구하던 것이 아니라는 것을 알고 다시 미국으로 왔다.
　오렌지카운티 종합식품점도 자리가 잡히고 돈도 웬만큼 수중에 모였을 때 그는 오렌지카운티에 '박스 유도장'을 열었다. 간판에 붙은 '박'이라는 한국 이름을 보고 지나다가 들르는 한국인들이 있었다. 집에 있기가 무료한 노인들은 아예 아침부터 도장에 나와 앉아서 하루 종일 구경을 하기도 했다.
　"매일 도장에 앉아계시는 노인들 중에 국제결혼한 딸을 따라 미국으로 들어오신 노인이 계셨어요. 딸이 죽고나자 혼자 되어 외롭게 사셨는데 어느날부턴가 이삼일 안보이더라구요. 궁금하기도 하고 또 무슨 좋지 않은 일이 생긴게 아닐까 걱정이 되어 수소문해 찾아갔었지요. 걱정했던대로 역시 혼자 돌아가셨더라구요."
　아무도 없는 방에서 혼자 마지막 숨을 거둔 노인을 보면서 그는 충격을

미국 땅에 심은 한국　121

받았다. 노인문제가 심각하다는 생각이 들었다. 젊은 사람들은 어떻게 해서라도 살길을 찾게 되지만 노인의 경우는 그렇지 못하다. 1976년, 그는 오렌지카운티 한미노인회를 조직했다. 40여 명의 노인들이 모였고 박진방씨는 노인회 후원회장이 됐다.

"노인들이 한데 모일 수 있으니까 무척 좋아하시고 서로 친구가 되어 외롭지 않게 지내시니까 저로서는 정말 보람을 느꼈습니다. 저는 노인들이 이곳에서 받을 수 있는 혜택을 신청하기 위해 카운티 정부 노인 복지국엘 많이 드나들었습니다."

노인회가 결성되고 나서부터 곧 시작한 것이 노인회관 마련을 위한 기금모금이었다. 후원회장을 비롯해서 관계되는 사람들이 적은 돈이라도 모아가고 있었는데 허 억(78·당시 식물농장 경영)씨가 1만달러를 내놓아 산타아나에 3만 5천달러짜리 조그만 집을 살 수 있었다. 여기에 오렌지카운티 한미노인회관이란 간판을 달았다. 작은 집이었지만 여러 사람이 힘을 합해 꿈을 한가지 이루었다는 생각에 모두가 흐뭇한 순간이었다. 후에 이 집을 12만 6천달러에 팔아 지금의 가든그로브에 있는 노인회관을 마련하게 됐다.

"카운티 노인복지국에 자주 드나들면서 보니까 맨파워에서 하는 주된 일이 사람들의 직장문제를 해결해주는 것이더라구요. 그런데 저희는 노인회만 있으니까 노인 복지국에 드나들었어도 직장문제에 대해서는 요구를 할 수가 없는 거에요. 그래서 1979년 몇사람이 모여 한인회를 만들게 됐고 제가 초대 회장에 선출됐습니다."

한인회의 가장 주된 업무는 '한인들을 위한 봉사' 여야 한다고 믿고있는 그는 한인회 안에 봉사센터를 두고 정부에 지원을 요청했다. 우선 정부에서 한국인 직원을 뽑아 한인회 봉사센터로 파견해 달라고 했다. 정부측에서는 이를 받아들여 카운티 정부에서 2명, 가든그로브시에서 1명, 산타아나시에서 1명 등 모두 4사람의 직원을 한인회 봉사센터에서 근무하게 했다. 한인회가 한인들의 미국생활 정착을 위해 본격적으로 봉사업무를 할 수있게 마련된 것이다. 한인 커뮤니티와의 이런 인연으로 해서 그는 후에 오렌지한국학교 초대 이사장을 했고 체육회 회장을 지내기도 했다.

박진방씨는 한때 카나리아 농장을 해서 큰돈을 벌었다.

"카나리아를 4쌍 사서 키운 적이 있는데 소리가 어찌나 예쁜지 마치 다른 세상의 소리를 듣는 것 같은 착각이 들 정도였어요. 그렇게 아름다운 소리를 들으면서 살 수 있다면 우리들의 생활이 훨씬 즐거울 수 있겠다는 생각이 들었습니다. 그래서 1978년에 3백쌍이 크고 있는 리버사이드 노코의 카나리아 농장을 산 거지요."

3백쌍이던 카나리아가 얼마 지나지 않아 6천쌍으로 불어났다. 카나리아 한마리에 25달러, 한쌍에 50달러씩 팔려나가던 때였다. 이곳 사람들은 좋아하는 사람에게 꽃을 사주기도 하지만 이에 못지 않게 카나리아를 사주는 경우도 많았다. 어머니날이나 발렌타인스 데이 등 특별한 날이면 카나리아가 정신을 못차릴 정도로 팔려나갔다. 농장을 구입할 때 예상했던 것보다 훨씬 수입이 좋아 적지 않은 돈을 모을 수 있었다.

1981년에는 은행에도 손을 댔다. 몇사람이 돈을 모아 웨스트 올림피아 은행을 인수했으나 기존의 부실 융자에다가 자본 증자가 제대로 되지 않아 2년만에 운영권이 윌셔스테이트 뱅크로 넘어가면서 돈을 잃기도 했다.

"어려운 시절을 많이 보냈지만 전반적으로 보자면 사는 건 역시 긍정적인 쪽이라는 생각이 듭니다. 제가 오렌지카운티에 일찍 들어와 여러분들과 힘을 합해 한인 커뮤니티 형성에 동참했던 것도 자랑스럽습니다. 바라는 것이 있다면 우리의 2세들이 이곳에서 많이 배워 힘을 키우는 것입니다. 역시 배우는 것이 힘입니다. 학교에서 지식을 얻고 사회에서 미국사람들의 좋은 점도 배워야 합니다."

1984년부터 그는 보험업에 종사하고 있고, 중간에 문을 닫았던 한인회의 봉사센터를 지난해 5월 다시 열었다. 사정이 어렵지만 이민선배로서 사명감을 갖고 운영하고 있다.

그는 슬하에 4남매를 두었고 한국의 국가 대표 농구선수였던 부인 박기영(49)씨와 미션 비에호에 살고 있다.

시절 그사람

한인 봉제업계의 주춧돌

가주 봉제협회 초대회장 **변 창 환**

◐ 1979년에 첫 한인 공식 로비단체를 등록한 변창환 씨.

○1984년, 84레이건 부시 재선 한인 전국 공화당위원회 위원들이 워싱턴 의사당 앞에서 기념촬영을 했다. 앞쪽에서 두번째가 할 도브의원, 그 옆이 변창환 공동의장과 신자 도브 공동의장.

남가주 한인 이민이 본격화되기 시작하던 시절, 한인 커뮤니티가 경제적으로 자리를 잡는데는 봉제업계의 역할이 컸다. 봉제업계는 대형 백화점이나 의류상에 제품을 납품하면서 주류사회의 '큰 돈'을 한인 커뮤니티로 끌어들였다. 분야마다 종사자들의 피땀 흘린 노력과 단체 차원의 협

○ 백악관 뜰에서 레이건 대통령과 만나고 있는 변창환 의장과 신자 도브의장.

조가 한인 커뮤니티의 경제 성장에 영향을 미쳤지만 당시 봉제업계의 역할은 실로 대단한 것이었다.

모든 것이 낯설고 어렵기만 하던 때에 봉제업계가 자리를 잡고 주류사회에서 부당한 대우를 받지 않게 되기 까지에는 봉제협회 초대 회장이었던 변창환씨의 역할이 컸다.

그의 미국생활이 10년 가까이 접어들던 1977년 봄 어느날, 보험업에 종사하고 있던 변창환씨는 다운타운의 봉제 공장에 갔다가 놀라운 장면을 목격했다. 노동청에서 일제 단속을 나왔다며 공장 안이 온통 아수라장이 되어 있었다. 단속반원들이 회사 장부를 내던지고 책상을 치면서 '갓 댐 코리언' 소리가 계속 터져 나왔다. 봉제공장 사람들을 죄인 다루듯 하고 있는데 당하는 사람들은 일도 못하고 겁에 질린 표정들이었다. 한인 봉제업자들의 인권이 여지없이 짓밟히고 있는 현장을 보면서 변창환씨는 어이가 없었다. 최저 임금법이 책정된 것은 1975년이지만 2년이 지난 그때까지도 사실상 전혀 시행이 안되고 있을 때였다. 그런 상황에서 일정 기간을 주거나 경고를 하지도 않고 노동청 직원들이 갑자기 들이닥쳐 법을 어겼다고 난리를 치기 시작한 지가 벌써 일주일째라고 했다.

이대로 있어서는 안되겠다 싶었다. 그길로 변창환씨는 봉제회사를 운영하고 있는 사람들을 모았다. 본인은 봉제업에 몸담고 있지 않았지만 이기명, 이원준, 박창훈, 김히영, 한삼권씨 등과 자리를 같이 해서 의견을 나누었다. 이렇게 당할 수만은 없다는 토론 끝에 협회를 만들어 힘을 모으자고 합의했다.

그해 5월 12일, 한인 봉제협회 창립 총회에는 50여 명의 봉제업자들이 모였다. 그리고 봉제회사들을 대상으로 보험을 하던 변창환씨가 초대 회장이 됐다. 한인 커뮤니티에서 한인회, 상공회의소, 간호협회에 이어 네번째 생긴 조직체다. 변창환씨는 회장 취임 후 봉제협회보를 발행하기 시작해 한인 커뮤니티 단체 중 제일 먼저 협회보를 만들어내기 시작했다. 그리고 2대, 3대까지 3년간 봉제협회를 이끌면서 한인 봉제업계 내부의 체계를 잡고 봉제업자들의 권리도 찾아놓았다.

"협회보를 격주간으로 만들어 회원들에게 각종 정보도 제공하면서 업자간에 경쟁을 하느라 반목하던 분위기를 쇄신하는데 주력했지요. 회원들에게는 단속을 나온 직원의 명함을 반드시 받아두라는 것과 부당하게 행동한 게 있으면 그대로 기록했다가 협회로 적어서 보내라고 했습니다. 또 같은 건물에서 봉제회사를 하는 한인들끼리 엘리베이터를 같이 타도 서로 인사도 안하고 지내던 풍토를 우리끼리 서로 도와야 권익을 찾을 수 있다고 협조를 호소했습니다. 곧 변화가 오기 시작했어요. 옆집 미싱이 고장나면 달려가서 고쳐주기도 하고 일손이 딸린다고 하면 일하는 사람을 보내주기도 했어요. 이런 것들이 힘이 되어 센추리 호텔에서 열린 제2회 봉제협회 총회에는 1백 30명이 모였어요."

정보에 어둡던 시절이라 단체와 단체 협회보의 힘은 상상을 초월할 정도로 막강한 것이었다. 의류업계와 봉제업계에 관한 각종 정보에서부터 봉제회사 운영에 대한 교육에 이르기까지 봉제협회보의 역할은 컸다. 협회측에서는 연방 노동청과 연방 상하원, 주의회에 거의 매일이다시피 항의 편지를 보내기 시작했다. 회원들이 보내오는 내용을 변창환씨와 박학도씨가 영어로 정리해 보낸 것이다. 고발장이 얼마나 많이 쏟아져 들어오는지 어느 날은 밤을 새워가며 번역하는 날도 있었다. 비슷한 내용의 불만이 반복해서 접수되니까 당국으로서도 움직일 수밖에 없었다. 특히 아시아계인 샘 하야가와 연방상원에게는 단속반원이 내뱉었던 '갓 댐 코리언' 대신 '갓 댐 에이시안'이라고 했다고 단어를 바꾸어 보냄으로써 그의 자존심을 자극했다. 하야가와 의원의 제안에 따라 열린 노동청 청문회에서 당시의 단속반원 두명은 스스로 자리에서 물러났다.

재미있는 것은 그러다보니 회원들이 단체의 결정이나 협회보의 주장을 무조건 믿고 따라주었다는 것이다. 예를 들면 어느 집에서 누구와 계약을 맺고 일하는데 다른 집에서 계약을 빼앗아 갔으니 이건 나쁜 일이다. 일거리를 돌려주라고 기사를 쓰면 그대로 했다는 사실이다. 자연히 볼썽 사나운 이웃간의 일들은 사라지고 사업 질서도 깨끗하게 잡혀졌다. 이렇게 해서 봉제업계 한인 종사자들의 실력과 함께 정신이나 정서가 든든하고 아름다운 옷감처럼 짜여갔다. 변창환씨는 '강력한 리더'로서 봉제협회를 이끌어 가면서 탄탄한 단체로 만들어 놓은 것이다.

"지금도 그렇지만 당시는 한인 커뮤니티 경제력의 원천이 봉제업이었어요. 백화점이나 대형 의류점에 물건을 납품해서 전적으로 주류사회의 돈을 한인 커뮤니티로 끌어들였지요. 당시 봉제업계에서 한인 커뮤니티로 들어온 주류사회의 돈은 엄청난 규모였습니다."

이러한 봉제업계의 성장은 한인들의 취업에도 큰 공헌을 했다. 수입이 늘자 한인들의 소비가 늘어나면서 한인 커뮤니티의 경제가 전체적으로 활성화될 수 있었다.

봉제업계 뿐만 아니라 한인 커뮤니티 전체를 위해 힘을 키워야 한다는 생각에서 1979년 변창환씨는 공식 로비단체인 KPAC(Korean American Political Action Committee 한인 정치 활동 위원회)를 만들어 등록했다. 회원이 1백명이 넘는 로비단체에서는 정치인 1인에게 5천달러까지 줄 수 있기 때문에 변회장은 한인 커뮤니티를 도와줄만한 정치가에게 정치헌금을 하면서 '한인들의 힘'을 보여줬다.

"공식적인 절차를 밟아 정치헌금을 하고 지지 의사를 밝히니까 이사람들이 한인 커뮤니티에 관심을 보이기 시작했지요. 그리고 정치가들 사이에서는 KPAC에 대한 소문이 퍼져서 그쪽에서 먼저 손을 뻗쳐오는 거에요. 도와달라고 요청을 해오는 정치인들이 많았습니다."

KPAC의 힘은 컸다. 정치헌금이나 도움을 받은 정치인들에게 이쪽에서는 한국계를 채용해달라고 요청했는데 대부분 그대로 받아들여졌다. KPAC의 조직력과 인원 동원 능력을 정치인들도 인정하게 됐기 때문이다. 그 힘으로 1984년 로스앤젤레스 올림픽 때는 베니스와 코리아타운 내 5구간 성화 봉송을 우리가 하게 됐고 동아마라톤을 할 수 있도록 허가를 받아냈다. 여세를 몰아 변창환씨는 CHP와 LAPD의 후원회를 조직했다. 한인들의 안보를 위해 가장 중요한 곳이었기 때문이다.

그의 성공적인 로비활동을 인지한 주류 정계에서 변창환씨에게 한인들만의 '84 레이건 부시 재선 전국 공화당 위원회'를 조직해 달라는 요청이 왔다. 소수계로는 전국위원회 조직이 처음이었다. 변창환씨는 전국에 24개 지부를 조직하고 신자 도브(전 네브라스카주 연방하원 할 도브의원의 전 아내)씨와 공동의장이 되어 레이건 부시 캠페인에 뛰어들었다. 그리고 그해 10월 5일에는 전국 위원 34명과 함께 백악관에 들어가 레이건 대통령 부부를 만나기도 했다. 11월 총선에서 공화당이 승리하자 '84 레이건 부시 재선 전국 위원회'는 '한인 공화당 전국위원회'로 이름을 바꾸고 의장단이 그대로 유임됐고, 변창환씨는 공화당 가주 대의원으로 선출되기도 했다.

변창환씨는 경북 청도 출생으로 명지대학을 졸업했고 1967년에 한국을 떠나 캐나다와 뉴욕을 거쳐 1969년부터 로스앤젤레스 교민으로 살아오고 있다. 외국 생활 2년을 거친 후라 그는 로스앤젤레스에서 안정된 생활로 정착하는데 비교적 짧은 시간이 걸렸다.

이민 생활 30여 년에 고희를 바라보는 그는 이민 1세의 성공을 '자녀들이 미국의 법을 지키면서 한국의 문화권 안에서 다른 사람을 존경하고 돕도록 2중 문화를 이해하게 키우는 것'이라고 했다. 그는 LA 노인 후원회와 재미 노인 모국 방문단, 정화위원회를 만들었고 한인회 이사장, 한인회 선관위원장, LA-부산 자매 도시 공동 위원장 등을 지냈다. 현재 LA 시 컨벤션 위원회 커미셔너, 에어포트 위원회 커미셔너이고 부인 다나(60)씨와 함께 녹음 테입 수출입 회사인 은성 인터내셔널을 운영하고 있다. 외아들 윌리엄은 녹음 스튜디오 Electra 2001을 운영하고 있다.

□ 시절 그사람

반세기전 미국의 한인 영웅

미국대표로 올림픽 금메달 수상한 **새 미 리**

● 1948년과 52년에 연거퍼 올림픽 금메달을 차지한 새미 리씨.

○ 1940년 옥시덴탈 칼리지재학 시절 다이빙을 하던 모습.

Dr Sammy Lee
Olympic Champion
Platform Diving
1948 And 1952

지금부터 반세기 전에 올림픽 게임에서 아시아계 선수가 미국에 금메달을 안겨줬다면 '기적 같은 일'이라고 표현할 수밖에 없다. 미국에서는 아시아계를 사람답게 제대로 대접하지 않던 시절이다. 아시아계라면 재능이 있어도 재능이라고 믿어주지 않았고 운동을 가르치지도 않았으며 연습할 장소도 없었다. 뿐만아니라 올림픽 심사위원들은 미국을 대표하는 유색인 선수가 가장 우수하다 해도 금메달을 주지 않았다.

미국에 사는 한국인들에게 자긍심과 자신감을 갖도록 해준 이민선배들이 많다. 새미 리(81)씨는 우리 이민 선배 중 첫손에 꼽히는 사람이다. 그가 지금 로스앤젤레스 인근에 우리와 함께 살고 있다.

그는 1948년 런던 올림픽에서 금메달(10미터 플랫폼)과 동메달(3미터 스프링보드)을 따냈고 1952년 헬싱키 올림픽에서 금메달(플랫폼)을 차지했다. 그는 아시아계로서는 사상 처음 올림픽 금메달을 미국에 안겨준 사람이고, 첫번째 유색인종 다이빙 금메달리스트이며, 남자 다이버로서는 세계 최초로 두번 연거퍼 금메달을 획득한 선수로 기록되어 있다. 특히 52년 금메달은 32세의 나이에 받은 것으로 사상(당시) 가장 나이 많은 금메달 다이버가 됐다.

1901년 하와이로 왔다가 1907년 캘리포니아로 이주해온 이순기씨의 1남 2녀 중 새미 리씨는 막내다. 1920년 프레즈노에서 출생해 LA 지역에서 성장했다. 아시아계의 인권이 짓밟히기만 하던 시기에 그는 학교에서는 최우수 학생으로, 스포츠계에서는 최고의 다이버로, 사회에서는 존경받는 의사로 살면서 미국내 아시아인의 위치를 높이는데 가장 큰 역할을 한 사람으로 꼽힌다.

"어린 시절 아버지와 아파트를 얻으러 다니다보면 주인이 문을 열고 나왔다가는 욕을 하며 문을 쾅 닫고 들어가버리는게 다반사였어요. 아버지는 저를 보고 네가 의사가 되어야 하는 이유가 바로 이거라고 말씀하시곤 했었지요. 저는 아버지의 소망에 따라 의사가 됐고 저 자신의 꿈을 따라 다이빙 선수가 됐습니다. 의사가 되기 위해서는 밤잠을 안자고 공부를 해야 하고 올림픽 챔피언이 되기 위해서도 피나는 노력을 해야 하는데 제가 이 두가지를 다 할 수 있었던 것은 행운이었다고 생각합니다."

날씨가 무덥던 지난 주 초 오후, 헌팅턴 하버에 있는 새미 리씨의 자택을 방문했다. 그의 집은 태평양 연안의 항구에 물에 얹힌 듯 서 있다. 태평양을 바라보고 앉은 거실은 벽이 유리로 되어 있어 거실과 바닷물은 하나로 연결되어 있다. 거실문을 열고 나서면 베란다. 베란다 아래 손이 닿을 듯 가까이에 태평양 물이 있다. 물가를 따라 늘어선 수십채의 집 베란다 끝에는 요트들이 정박해 있다. 서쪽을 향해 있는 거실에서 바라보는 석양빛은 눈부시게 아름답다. 새미 리씨의 부인 로자린드씨는 '나는 매일 당신처럼 감탄을 하며 하루를 보낸다' 고 말했다.

새미 리씨가 태어나던 1920년 8월 1일은 아침부터 1백도가 넘는 무더운 날씨로 온 마을이 끓고 있었다. 태어난 아기는 머리만 유별나게 크고 몸이 너무 작아 그가 과연 살 수 있을지 가족들을 걱정시켰다. 무더운 날씨, 머리가 유별나게 컸다는 이 두가지는 그가 세계적인 다이버가 되겠다는 운명을 타고난 것이 아닌가 싶기도 하다.

그가 네살 때 가족은 하일랜드팍으로 이사를 했다. 요크데일 초등학교,

버뱅크 주니어 하이스쿨, 벤자민 프랭클린 하이스쿨을 거쳐 그는 옥시덴탈 칼리지로 진학했다. 고등학교 상급반이 되면서 그는 이미 꽤 많이 유명해져 있었다. 다이빙 선수로, 학생회장으로, 그리고 학교성적 올 A로, 모든 선생과 학생들로부터 사랑과 존경을 받고 있었다. 옥시덴탈 칼리지에서는 학비 전액 뿐만 아니라 책값, 실험비, 도서관비 외에 다이빙 선수로서 필요한 경비까지도 모두 학교에서 댄다는 조건을 제시하고 그를 데려갔다.

그가 올림픽 챔피언이 되겠다고 결심을 한 것은 12세 되던 해 여름, 로스앤젤레스에서 올림픽이 열리고 있을 때였다.

"그로서리를 운영하고 있던 부친을 따라 야채시장에 가면서 보니까 거리에 아름다운 깃발들이 나란히 바람에 날리고 있었어요. 얼마나 아름다운지 가슴이 막 뛰는 거에요. 아버지께서 올림픽게임이 열리고 있다고 설명해 주셨지요. 매 4년마다 세계에서 최고의 운동선수들에게 메달을 주는 게임이라고 하시더군요. 저는 아버지에게 언젠가는 저도 올림픽 챔피언이 되겠다고 말씀을 드렸습니다. 아버지는 웃으시면서 무슨 운동을 해서 올림픽 챔피언이 되겠느냐 물으셨어요. 저는 아직은 모르지만 반드시 하고야 말겠다고 다짐을 드렸습니다."

바로 그 여름에 새미 리씨는 올림픽 챔피언이 될 분야를 결정했다. 여름 내내 공공 풀장에서 수영과 다이빙을 하다가 교내 운동선수의 눈에 띄어 다이빙에 뛰어난 재능이 있다는 것을 확인하게 된 것이다.

그러나 새미 리씨는 올림픽 챔피언이 되기 위해 각고의 노력을 하는 것 말고 과외로 더 많은 노력이 필요하다는 것을 깨닫게 됐다. 사회가 갖고 있는 차별과 편견에 대항해 끊임없이 싸우며 상대방을 월등하게 뛰어넘어야만 한다는 것을 체험으로 알게 된 것이다.

"내가 어렸을 때는 아시아계가 마음놓고 연습할 장소가 없었어요. 유색인들은 LA Swim Stadium이 문을 여는 동안만 연습을 할 수 있었지요. 우리 집에서 가까운 곳에 있는 브룩사이드 파크 수영장은 유색인은 수요일에만 사용할 수 있었어요. 엿새동안 백인들이 사용하고 수요일만 유색인들이 사용한 후 곧바로 물을 갈아 목요일부터는 다시 새 물로 채우는 거지요."

아버지와의 약속을 이룬 것이 약속을 한 해부터 16년 후인 1948년이다. 아시아계 미국인으로서 금메달과 동메달을 차지해 올림픽 다이빙계에 돌풍을 몰고왔다. 사실 8년만에 이룰 수도 있었는데 세계 제2차 전쟁으로 1940년과 44년 올림픽이 취소되어 늦어진 것이다.

그는 올림픽 다이빙 코치로도 대단한 명성을 날렸다. 1960년 로마 올림픽에서 제자 밥 웹스터가 금메달을 차지했고 1964년에 다시 토쿄 올림픽에서 금메달을 차지하게 함으로써 새미 리씨 자신에 이어 올림픽사상 두번째로 연거퍼 금메달을 차지한 남자 다이버를 육성했다. 웹스터 외에 그렉 루개니스 등의 코치로서 모두 6개의 금메달을 미국에 안겨줬다.

새미 리씨는 USC에서 의학 공부를 한 의사(이비인후과 전문의)이기도 하다. 1953년부터 2년여 동안 군 의료단으로 한국에 나갔다가 온 후 55년부터 오렌지카운티에서 개업했다. 그가 오렌지카운티에 주택을 구입하고 개업을 하기까지에는 백인들의 거센 반발이 있었지만 당시 부통령이던 닉슨이 직접 나서서 도와주었다. 그는 중국계 의사 잔 정에 이어 오렌지카운티 두번째 아시아계 의사로 활약하다가 지난 91년에 은퇴했다.

올림픽 금메달리스트도 많고 운동선수들도 많지만 그가 세기적인 인물이라는 것은 아이젠하워, 닉슨, 포드, 카터, 부시 등 다섯명의 대통령 자문위원(Physical Fitness and Sports)을 지냈다는 것을 보면 알 수 있다. 56년, 72년, 88년에는 아이젠하워, 닉슨, 레이건 대통령의 개인특사로 올림픽에 파견되기도 했다. 레이건대통령 시절에는 백악관 펠로우 커미셔너를 지내기도 했다. 1953년에는 운동선수 최고의 영예인 설리번상을 받았고 1990년에는 미국 올림픽 명예의 전당에 올랐다.

1980년대, 그는 TV 영화에 출연하는 기회가 있었다. 올림픽 메달의 꿈을 안고 다이빙을 하던 농아소년 키티 오닐의 이야기를 다룬 영화 'Kitty O'neal Story—Silent Victory'에서 새미 리씨는 키티 오닐의 코치였던 자기자신의 역을 맡아 출연한 것이다. 영화가 방영된 후 그는 대단한 호응을 받아 초청과 강연이 끊이질 않았다. 그는 "내가 키만 컸더라면 동양의 캐리 그랜트가 될 뻔했다"며 웃었다. 그의 키는 5피트다. 농아였던 키티 오닐은 새미 리씨 밑에서 훈련을 받았으나 올림픽 출전의 기회를 갖지 못하고 포기하고 말았다.

현직에서 은퇴한 지 10년째가 되고있는 새미 리씨는 지금도 골프와 수영, 테니스를 즐긴다. 한인 젊은이들을 위해 강연을 하기도 한다. 이제 3주 후면 81세가 되지만 건강하다. 슬하에 1남 1녀가 있고 손자와 손녀가 하나씩 있어서 '행복하다'고 했다.

그는 매일 아침 6시에 일어나 아내와 걷는 것으로 하루를 시작한다. 아침 식사 후에는 e메일을 열어보고 주중 하루는 손자와 시간을 보낸다.

김치와 만두를 유별나게 좋아하고 매일 밥을 먹어야 사는 것 같은데 '물에 밥을 말아서 장조림과 먹는게 제일 맛있다'고 했다. 미국식당에서 식사를 하고 집에 와서는 물밥에 장조림을 한술 먹어야 '식사를 한 것 같다'고 했다.

셀 수 없을 만큼 수많은 상과 메달을 받은 닥터리에게 지난 80년 생애 중에 가장 감격스러웠던 순간은 언제였냐고 물었다. 그는 기다렸다는 듯이 '손자가 태어났을 때'라며 만면에 웃음을 띠었다.

1979년 미국에서 출간된 그의 전기 'Not Without Honor, The Story of Sammy Lee'는 베스트셀러는 되지 못했다. 그러나 한 한국계 젊은이가 얼마만큼의 노력과 의지로 모든 악조건을 이겨내고 정상의 자리에 우뚝 설 수 있었는 지가 상세하게 들어있다. 책의 뒷면에는 CBS 기자 로버트 피어포인트의 코멘트가 들어있다. "이 책에는 한 한국계 미국인의 대단한 이야기가 담겨있다. 그는 가난과 편견을 극복하고 세계 최고의 운동선수가 됐고 의사가 됐다. 그러나 다른 무엇보다도 가장 중요한 것은 그가 진정한 미국의 영웅이라는 것이다."

그는 미국의 영웅 이전에 '자랑스런 한국의 영웅'이다.

시절 그사람

"후세들에게 뿌리를 찾아줘야 해요"

이민 백주년 기념 사업회 실행위원장 **서 동 성**

◐ 1961년
LA 이그재미너
기자로 언론인
생활을 시작한
서동성씨.

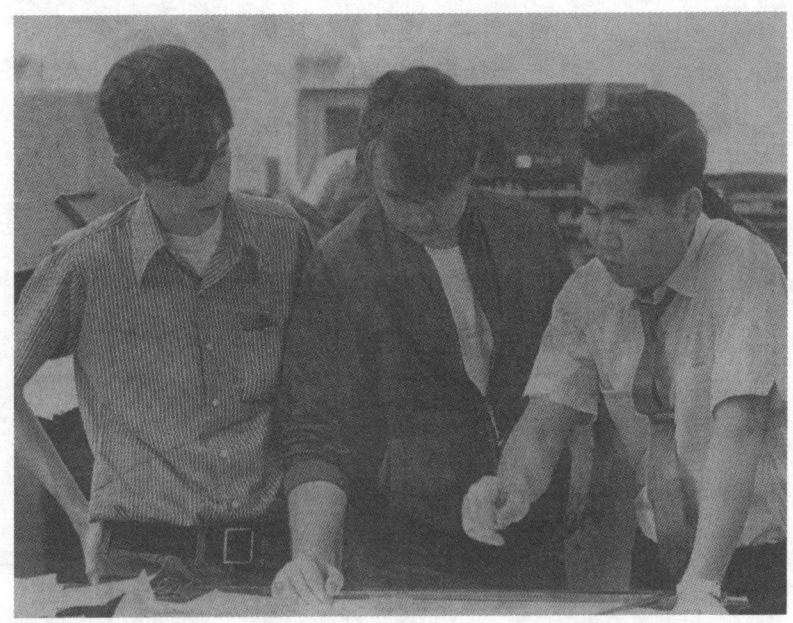
○ LACC 신문학과 학생들에게 신문편집에 대해 가르치고 있는 서동성씨.

LA에서 변호사 개업 23년째를 맞고있는 서동성(66)씨는 미국 생활 40여 년 중 첫 절반은 언론인으로 살았다. 많은 사람들이 그를 변호사로만 알고 있지만 본인은 언론인이 자신의 천직이라고 믿고 있다. 변호사로 살고있는 요즈음도 그는 언론인의 직감과 사명감으로 살고 있다고 말한다.

1961년, 서동성씨가 LA 이그재미너 기자로 근무하고 있을 때는 LA가 티없이 깨끗하고 아름다웠다. 맑은 공기 속에 푸른 하늘을 찌를 듯 서있는 야자수도 남양의 휴양지를 연상시킬 만큼 신선하고 평화로웠다.

그로부터 40년―반세기도 지나지 않은 세월에 LA는 참으로 많이 변했다. 한인 커뮤니티도 놀라울 정도로 발전했다. 마킷에서 아시아계만 보아도 혹시 한국인일까 싶어 달려가 반갑게 인사를 나누던 그 시절, 당시 LA 인근에 살고 있는 한인들은 5백명 정도 될 것으로 한인들끼리 추정했었다.

서동성씨는 LA 지역에서 주류 언론사에 근무하는 유일한 1세 한국인이었다. 당시 미 전국에서 활약하고 있던 한인 언론인은 다섯 손가락에 꼽을 정도였다. 웨스트버지니아에 이경원씨(후에 새크라멘토 유니언), 샌프란시스코에 카니강씨(현재 LA 타임스), 미시간주 앤아버에 변종화씨 등이 있었다.

"언론인이란 커뮤니티의 맥박을 집는 직감을 갖고 있습니다. 제가 주류 언론사에서 일하다보니까 미국에 사는 한국인의 위치나 입장에 대해 많은 것을 알게 된 것 같습니다. 우리가 이 땅에서 자리를 잡으려면 무엇이 필요하고 어떤 일을 어떻게 해야 한다는 것이 눈에 보이는 거지요. 물론 언론인이라는 사명감도 있었고 언론인이기 때문에 보면서 알고 느낀 것도 많았습니다."

서동성씨는 이제까지 한인 커뮤니티에서 자신이 해온 일들도 언론인으로 일하다보니 무엇이 필요하다는 것을 알게 돼서 그 필요한 것을 그때그때 해온 것이라고 했다.

LA에 사는 한인들이 모여 공식적으로 처음 한인단체를 만든 것은 1962년 김호(작고)씨가 주축이 된 한인센터(Korean American Community Center)였다. 서동성씨는 여기에 서기로 참가해 현재 보관되어 있는 당시의 회의록은 서동성씨의 필체다. (한인센터는 1965년에 결성된 한인회와 1968년에 합병했다.)

서동성씨는 배재고등학교를 졸업하고 연대 정외과에 입학했다가 '고학을 하기 위해' 1955년 미국으로 왔다. 부친이 납북된 후 어려운 집안 환경때문에 고학으로 공부를 했는데 한국보다는 미국에서 고학하는 것이 더 쉽다는 이야기를 듣고서였다.

오리건대학 신문학과를 졸업한 후 곧바로 LA로 와서 LA이그재미너 기자로 일했다. 2년간 근무하다가 다시 UCLA 대학원 신문학과에 진학해 석사학위를 받은 후 〈잉글우드 데일리 뉴스〉 기자로 근무했다.

서동성씨가 4번의 관문을 거쳐야 하는 어려운 유학시험을 통과하고 대학 신문학과에서 공부한 후 주류 언론사 기자로 근무할 수 있었던 것은 그의 뛰어난 영어 실력 때문이었다. 그가 어학에 남다른 재능을 갖고 있다는 것은 주위의 웬만한 사람들은 모두 알고 있다. 그는 중고등학교 때

벌써 원서로 고전작품을 읽었고 오리건대학에서 공부할 때도 그의 뛰어난 영어 실력은 교수와 학생들 간에 화제가 되기도 했었다.

그는 신문기자 생활을 하면서 LACC에서 신문학을 강의하기 시작해 1969년부터는 풀타임 언론학 교수로 강단에 서면서도 한인 커뮤니티의 일에 적극 참여했다.

"미국 생활 40여 년에 가장 자긍심을 가질 수 있는 일을 꼽으라면 1966년부터 만든 영자 신문입니다. LA 국민회에서 발행하는 신한민보에서 3년간 혼자 영자 신문을 만들었습니다. 물론 보수는 없었지요. 저 혼자 기사 쓰고 교정 보고 편집을 했을 뿐만 아니라 납을 녹여서 주조(Linotype)를 만드는 일까지 했습니다. 대학에서 공부할 때 대학신문에서 아르바이트를 하면서 배워둔 기술을 총동원한 거지요. 당시 사용하던 주조식자기는 아직도 국민회에 보관되어 있습니다. 낮에는 학교에서 가르치고 밤이면 신문사로 와서 영자 신문을 만들었어요. 이 일로 해서 존슨과 닉슨, 두 대통령의 초청도 받았습니다. 지금 생각해보면 대단한 애정과 정열로 만들었다고 자부합니다."

1970년대 초에는 정동수 변호사, 유의영 교수 등과 함께 Korean American Voters Alliance(KAVA)라는 단체를 조직했다. 미국에서는 표(투표)와 돈이 힘이기 때문에 한인 모두가 투표에 참여하도록 유권자 연합을 만들어 힘을 키워보자는 뜻에서였다.

KAVA는 지금 한인 커뮤니티에서 성실하게 봉사 활동을 펼치고 있는 KAC의 전신이다. 그는 KAVA 창립에 참여했던 것을 지금도 소중한 경험으로 간직하고 있다.

서동성씨가 언론인에서 변호사로 변신하게 된 것은 그가 갖고 있는 언론인의 직감으로 한인 커뮤니티에 변호사가 필요하다는 것을 판단하고서였다.

"1970년대 후반, 제가 신문학 교수로 있을 때 이곳 한인들의 수가 급증하기 시작했어요. 여기에 비례해서 한인들의 법률적인 문제도 급증했지요. 당시 제가 다니던 교회의 최영용목사(작고. 로벗슨 감리교회 담임목사)님이 한인들을 위해 이민국에 가서 통역을 하곤 했는데 저더러 법률 공부를 해서 한인들을 도우라는 거에요. 저라면 그 나이에라도 법률 공부를 할 수 있을 거라는 거지요. 저는 그때까지 언론인 이외의 다른 직업이란 꿈에도 생각해보지 못했었어요. 그러나 한인 변호사가 필요하다는 것은 감지하고 있었지요."

낮에는 학교에서 가르치고 밤이면 사우스웨스턴 법대에서 법률 공부를 시작했다. 그리고 1978년, 나이 43세에 그는 신참 변호사가 되어 사무실을 열었다. LA 인근에 한인 변호사가 2명이 있을 때였다.

1980년에 한인변호사협회가 결성되자 회원이던 서동성씨는 자신이 속해있는 센추럴 라이온스 클럽에 재정적인 도움을 요청해 무료 법률상담을 시작했다. 지금까지 20년 이상 무료 법률상담이 이어져오고 있는 것도 서동성씨로서는 가슴 뿌듯한 일이다.

서동성씨가 타고난 언론인이란 것은 그의 혈통과도 무관하지는 않은 것 같다. 1896년 4월 7일에 우리나라 최초의 현대식 국어판 신문인 〈독립신문〉을 창간한 분이 서재필 박사라는 것은 다 아는 사실이다. 서재필박사는 서동성씨의 종증조부다. 독립신문은 근대 민족주의와 민주주의, 근대화 사상을 강조해 국민을 계몽했고, 과감한 한글전용과 띄어쓰기를 단행해 국어사에도 획기적인 업적을 남긴 우리나라 신문사상 기념비적인 신문이다. 서재필박사는 한말 개화기에 갑신정변에 가담, 서박사 부모와 형제, 그 자손까지 3대가 멸족을 당했다. 그 중에서 서재필박사의 형님인 서재춘씨의 두살짜리 아들을 유모가 숨겨두어 살아남았는데 이 아기가 바로 서동성씨의 할아버지다.

"우리 이민자들은 한국에 있는 나무를 패다가 미국 땅에 심어놓은 것과 같습니다. 물과 땅이 낯선 거지요. 이 나무가 이땅에서 제대로 뿌리를 내려야 살아남습니다. 뿌리가 견고하게 내려지면 폭풍에도 끄떡 없듯이 우리가 뿌리를 제대로 내리면 LA폭동 같은 일이 닥쳐도 끄떡없는 거지요. 그러기 위해서 우리는 지난 날을 알고 현재의 위치를 알아야 합니다. 내 자신의 위치를 알 때 우리는 이땅에서 바른 대접을 받고 살 수 있습니다."

미주 한인 이민 100주년 기념사업이 필요한 것도 모두 우리의 뿌리를 알아야 하기 때문이다. 그는 "우리에게 반드시 필요한 일이고 누군가가 해야 될 일이기에 미주 한인 이민 100주년 기념사업회 실행위원장직을 맡았다"고 말했다.

"앞으로 우리의 뿌리를 바르게 알리고 제대로 보존하기 위해 제 힘 닿는 데까지 노력해 보겠습니다. 초기 이민자로서 후세들을 위해 해야 할 일을 하는 거지요. 누군가가 해야 할 일 아닙니까?" 미국 시민권자 한인 1호, 미국 의학박사 한인 1호인 서재필 박사의 후손다운 자세와 포부다.

서동성씨는 부인 박현덕씨와의 사이에 장성한 2남 1녀가 있다. 부인 박현덕씨는 폰태나 초등학교 교사로 28년간 재직하다 은퇴했다.

가난한 동포환자들 어루만져온 "LA 약손"

한인 1세 개업의 2호 서종원

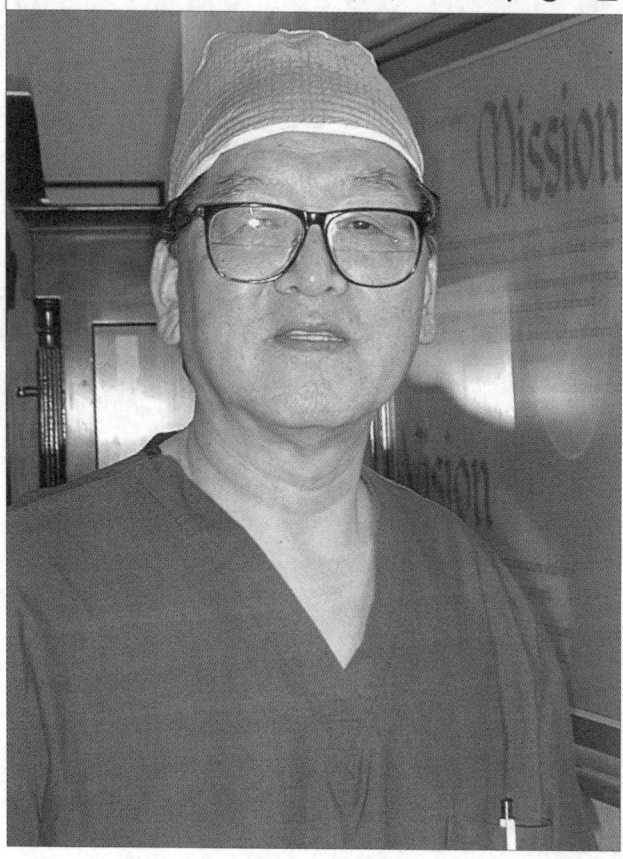

○ 1969년 LA에서 개업한 1세 한인의사 서종원 박사.

◐ 1962년 의과대학 졸업식날 룸메이트 들과 함께.

금년 2월에 은퇴한 외과의사 서종원(70 · Willie Suhr)박사는 타운 인근에서 개업한 두번째 1세 한인 의사다. 30년 이상 한인들에게 봉사하며 한인 커뮤니티의 형성 과정을 지켜봤다.

"1969년에 제가 라브레아와 할리웃에 개업했을 때는 1세 한인의사로 김창하박사와 양순택씨가 있었습니다. 90세가 되셨을 김박사는 근년 들어 바깥 출입을 못하신다고 들었습니다. 양순택씨는 개업 후 얼마 되지 않아 이 곳을 떠나셨다가 벌써 2,30년 전에 타계하셨어요. 당시에는 한국말을 하는 의사가 두명 밖에 없었다는 얘기지요."

내년이면 그는 미국 생활 50년을 맞는다. 은퇴를 하며 돌아본 지난 날에 대해 그는 감회가 깊다. 태평양 가까이 미국땅 한쪽 구석에서 의술로 동포들을 도와온 것에 보람을 느끼고, 절망과 좌절감을 안고 떠난 조국이었는데 이제 그 조국이 국제적 수준에 도달할 만큼 성장한 것이 더 없이 기쁘다고 했다. 한국에서 의사로서 활동을 했어도 보람은 느꼈겠지만 조국을 떠나 일찍부터 세계화의 일원이 되어 어렵게 사는 동포들을 도울 수 있었다는게 또다른 보람이라고 그는 회상한다.

"미국에서, 국제사회에서 우리가 제대로 대접을 받으려면 조국이 잘 돼야 합니다. 한국은 지난 50년 새에 눈부신 발전을 했지요. 앞으로 경제적으로 좀 더 발전한다면 저로서는 더 이상 바랄 것이 없을 것 같아요. 살아 생전에 통일이 되면 더 좋겠지만 그것까지 바라지는 못하겠고 조국이 좀더 경제적으로 안정되기를 간절히 기원합니다. 그래서 빈부의 차가 줄어들고 중간층이 자리를 잡아야 한다고 생각합니다."

미국내 한인의사 1호인 서재필(1864-1951)박사의 동생 서재창씨가 서종원박사의 친할아버지다. 갑신정변의 주모자 중 한사람으로 수구파 처단에 실패해 3대가 멸족된 서재필박사 집안이라는 올가미에 걸려 그는 너무나 어둡고 힘든 어린 시절을 보냈다. 초등학교에도 들어갈 수 없어 시골 벽촌의 먼 친척집에 숨어 지내다가 신분을 감춘 채 검정고시를 치르고 경복중학에 들어갔다. 당시 경복 교장이 한국인이었기 때문에 자세히 따지지 않고 눈감아 주어 입학을 할 수 있었다. 사실 그는 생전에 서재필 박사를 딱 한번 상면했을 뿐이다. 17세 되던 해 인천항에 도착한 큰할아버지를 다른 가족들과 함께 만난 것이다.

그가 경복고 2학년 때 한국전이 터졌다. 함께 공부하던 친구들은 뿔뿔이 흩어졌다. 동급생 중 약 3분의 1은 사망했고 3분의 1은 행방불명이 됐으며, 나머지 3분의 1 정도가 살았을 것으로 그는 보고 있다. 그는 1950년부터 51년 중반까지 군대에 있다가 1952년 9월, 새 나라를 향해 큰 결단을 내렸다. 군수품을 한국으로 실어오고 빈채로 부산을 떠나는 미군 수송선을 타고 미국으로 유학을 온 것이다.

지금부터 49년 전, 그때는 로스앤젤레스 거리에 전차가 다니고 있었다. 전차에는 백인과 유색인종이 앉는 곳이 선으로 구분되어 있었고 백인만이 들어갈 수 있는 입원실이나 식당이 따로 있었다.

"처음에 와보니까 한인 유학생이 45명 정도 있었어요. 한인 유학생회가 있어서 정기적으로 함께 모이곤 했지요. 그때 같이 유학 생활을 한 분들 중 많은 분이 지금은 한국의 정계, 재계의 요직에 있습니다. 그때 유학생들은 정말 많은 고생을 했어요. 혹독한 인종차별 속에 노동 허가도 없이 일을 해서 돈을 벌어가며 공부를 해야 했으니 눈물겨운 경우가 참 많았어요. 그때는 한인 연합 장로교회와 한인 연합 감리교회에서 한달에 한번씩 유학생들을 불러 공부하느라 고생한다며 국수에 김치를 말아 먹여주었어

1955년 유학생 친구들과. 맨 오른쪽이 서종원박사, 왼쪽에서 두번째로 뒷줄에 선 사람이 민병수변호사다.

요. 그걸 얻어먹기 위해 이쪽 교회도 가고 저쪽 교회도 갔지요. 지금 돌이켜보면 가난하고 힘들 때 우리들의 인정은 더 풍성했었다는 생각이 들어요."

서종원박사는 가드너로, 버스보이로, 디시워셔로 많은 고생을 했지만 그 고생을 통해 인생이 얼마나 귀중한 지를 알게 됐다고 했다. '값진 고생'을 고맙게 받아들이며 한순간이라도 헛되게 보내지 않고 봉사하면서 보람있게 보낼 수 있었다고 한다.

그는 페퍼다인 대학에서 3년간 수학한 후 오하이오 주립 대학을 거쳐 튤레인 의대를 졸업하고, 1962년부터 67년 사이에 LA에서 인턴과 레지던트 과정을 마쳤다.

"1962년 인턴을 하고 있을 때 당시 LA 총영사가 저를 찾아왔어요. 한인들이 보험이 없어 치료받으러 갈만한 곳이 없으니 한인들을 좀 도와달라고 하세요. 그때는 영사들도 보험이 없었거든요. 의사로서 보험이 없는 동포를 돕는건 당연하지요. 의사가 왜 됐습니까. 어떤 경우든 어려운 사람들을 위해 봉사하는 거 아닙니까. 목회자 가족과 영사 가족들을 무료로 치료하고 돈 없이 찾아오는 한인 환자들은 여러가지 방법을 찾아가며 도왔습니다."

의사로서 만난 한인 환자들은 가슴 아픈 경우가 너무나 많았다. 사정 애

미국 땅에 심은 한국 145

기를 들으며 진단을 하다가 목이 메는 경우가 적지 않았다. 그가 지금까지도 흐뭇하고 아름답게 기억하고 있는 이야기는 많다. 서박사는 그 중에서 하나를 소개해 주었다.

외국 배를 타고 샌프란시스코에 온 한인이 배에서 도망쳤다. 그는 숨어 살면서 어떻게든 이곳에 살아남을 방법을 찾아보았다. 한국에 두고온 아내와 자녀들을 이곳에 데리고 와서 자녀 교육을 시키고 싶어서였다. 건강을 생각할 겨를이 없었다. 막노동에, 영양부족에, 급기야 그는 위궤양이 심해져 죽어가면서 퀸 오브 에인절스 응급실에 실려왔다. 돈도 없고 영주권도 없으니 수술을 받지 않겠다고 버티는 환자를 타일러 서박사는 수술을 집도했고 수술 결과가 좋아 건강을 회복했다. 그는 '생명을 구해준 은인'에 보답한다며 병원에 월10달러씩을 10년간, 집도의에게 5달러씩을 15년간 보내왔다. 그만두라고 해도 막무가내였다. 그리고 20여년 후, 영주권을 받고 가족들을 미국으로 불러들이고 그는 온 가족을 서박사에게 데리고 와서 인사를 시켰다. 반갑고 기쁜 만남이었다.

"내가 의사니까 돈을 벌었다고 생각하는 사람들이 있어요. 돈을 벌고 싶으면 사업을 해야지요. 의사는 남을 돕는 거지 돈을 버는게 아니에요. 내가 의술을 갖고 있는데 환자에게 돈이 없다고 돌려보낼 수 있습니까. 치료를 해주어야지요."

그는 외과의사로서 암, 갑상선, 담석, 탈장 등 이제까지 환자 1만 2천여명의 수술을 했다. 이 중에서 반 정도가 한국인이고 한국에서 수술을 받기 위해 찾아온 환자들도 적지 않았다.

미국 생활 50년 동안 그는 모두 다섯번 한국을 방문했다. 한국에 친구나 친척이 거의 없기 때문에 자주 가게 되지 않는다고 했다. 그러나 가볼 때마다 발전한 조국의 모습을 보며 많은 자부심을 느낄 수 있었다.

서종원박사는 은퇴했다고 하지만 일에서 완전히 손을 놓은 것은 아니다. 지금도 수술을 하는 후배 의사들이 도움을 요청하면 경험에 따른 조언도 해주고 수술실에 들어가 직접 도와주기도 한다.

지난주, 기자는 셴빈센트 병원에서 오전에 수술을 마친 서박사와 로비에서 이야기를 나누고 있었다. 마침 로비를 지나가는 한 한국 할머니와 서박사는 잠시 허그를 하며 반갑게 인사를 나누었다. 두사람의 이야기로 미루어 서박사가 5년 전 대장암 수술을 해준 환자와 의사 사이였다. 지금 건강상태는 어떤가, 음식 조심은 하고 있는가 등 자상하게 묻는 의사에게 환자는 선생님이 수술을 잘해주어 이렇게 건강하게 잘 살고 있다, 서박사가 은퇴했다고 들었는데 요즈음은 어떻게 지내는가 등 인사가 오갔다. 의사와 환자 사이라기보다는 오래된 정다운 지인 사이 같은 따뜻한 만남이었다. 할머니는 아무개, 아무개 이름을 대면서 비슷한 시기에 서박사로부터 암수술을 받았던 다른 환자들에 대한 안부도 전했다.

30년 이상 한인 커뮤니티를 지켜본 동포로서 그는 한인들에게 다음과 같이 조언했다.

"우리가 이 나라에서 떳떳하게 살기 위해서는 웰페어에서 탈피해야 해요. 한인들이 정부에 의지하지 않고 살아야 항의할 일이 있을 때 항의도 할 수 있어요. 또 그래야 한인들의 이미지도 좋아지지요. 일본인들은 웰페어 받는 것을 수치로 알아요. 미국에서 일본인을 최고의 민족으로 존경하지 않습니까."

돌아보는 지난 세월을 그는 어떻게 느끼고 있을까.

"자녀들이 건강하게 자랐고 저 자신도 큰 문제 없이 의사로서 봉사하며 참으로 단순한 삶을 살아왔습니다. 배운 의술로 선교활동을 하고 싶었는데 어느덧 몸이 전 같지 않은 때가 되어 선교활동을 하지 못한 게 유감이긴 하지만 그런대로 만족하고 감사합니다."

부인 서매영(66)여사는 생화학 박사로 하버드 의대와 UCLA에서 가르쳤고 USC 의대 연구원으로도 있었다. 자녀는 벤자민(33 · 외과의사), 엘리너(31 · 변호사 겸 TV 프로듀서), 넬슨(30 · 변호사) 등 2남 1녀가 있다. 취미는 걷기와 클래식 음악, 무대공연 감상이다. 글렌데일에 살고 있는 그는 집 근처에서 아내와 하루 2마일씩 걷고 음악회나 연극, 발레 등 좋은 공연이 있으면 보러 다닌다.

그는 1990년에서 1991년에는 미국 의대 한인 졸업생 모임(Korean-American Graduate Medical Association)의 초대 회장을, 1991년에서 92년에는 한인 의사회 회장을 지냈다.

시절 그사람

한인사회 교육계의 선두에서

3가 초등학교 교장 수 지 오

● 1974년에 로스앤젤레스 통합교육구 교사로 시작해 3가 초등학교 교장으로 재직하고 있는 수지 오 교장.

○ 도서실에서 학생들과 함께 있는 수지 오 교장.

한인 커뮤니티가 시작되던 1970년대 초에 LA 인근에는 서너명의 한국계 교사가 있었다. 이민 3세인 빌 천, 2세인 매리 손(올림픽 수영 금메달리스트 새미 리 누이), 1세인 수잔 민(민병수 변호사 누이)이 있었고, 여기에 역시 1세인 수지 오씨가 1974년에 합세했다. 빌 천, 매리 손, 수잔 민씨는 지금은 은퇴, 혹은 반 은퇴한 상태이고 수지 오씨가 현역에 남았다. 이중언어 교육이라는 것이 없었고 소수민족이라고 하면 흑인만을 지칭하던 시절이었다. 미국의 교육사상 가장 중요한 법안 중 하나라고 할 이중언어 교육법이 통과된 것도 바로 1974년이다.

대구에서 성장한 수지오 교장은 1968년에 경북대 사대 영문과를 수석으로 마쳤으나 졸업식에는 참석도 하지 않고 미국행 비행기에 올랐다. 앞서 미국에 와 있던 약혼자인 지금의 남편 사무엘 오씨를 만나기 위해서였다. 수지 오 교장은 초등학교 5학년 때부터 미국인 선교사 부인한테서 영어 개인 교습을를 받아 중고등학교 때 이미 영어를 자유롭게 구사하는 '재주 많고 똑똑한 학생'으로 유명한 여학생이었다.

미국 땅에 심은 한국 149

재기에 넘치던 20대 초반의 꿈많은 '김현지양'은 태평양을 건너와 미국 생활을 한 지가 이제 30년이 넘어 '수지 오 교장'으로 한인 커뮤니티를 대표하는 교육자의 자리에 섰다. 지난 30여년 동안 수지 오 교장은 주류사회에서 '모범적인 교육자'로 인정 받아왔고, 한인 커뮤니티 가정의 자녀 교육을 위해 좋은 어드바이저 역할을 해왔다.

"저는 영어를 웬만큼 하고 미국에 왔기 때문에 처음부터 괜찮은 직장에서 일을 할 수 있었습니다. 일을 하면서 USC 대학원에서 교육학을 공부했어요. 제가 미국에 올 때의 꿈은 고등학교 영어 선생을 하겠다는 것이었습니다. 그래서 유치원에서부터 12학년까지 교직과목을 모두 마쳤는데 72년, 73년에 교생을 하면서 보니까 고등학교보다는 초등학교에서 가르치는 게 제게 좋을 것 같아 초등학교 쪽을 택했습니다."

교생은 흑인 지역에서 한학기, 백인 지역에서 한학기를 해야 하는데 베니스 인근에 있는 가난한 지역의 흑인 학교에 간 첫날, 한 학생이 대뜸 '당신은 유도나 태권도를 할 줄 아는가'고 물었다. 가뜩이나 긴장하고 있던 오교장은 엉겁결에 '내가 블랙벨트니까 얌전하게 있으라'고 했다. 교실 안이 삽시간에 물을 끼얹은 것처럼 조용해졌다. 첫날부터 어려운 상황을 잘 피해간 것이 많은 자신감을 안겨주었다. 그날 교생을 마치고 나오는데 어떻게 피곤했던지 운전을 하면서 좌회전을 하는데도 졸았다고 한다.

한인타운을 서쪽으로 막 벗어난 곳에 있는 3가 초등학교 교장으로 수지 오씨가 부임한 지 이제 9년이 됐다. 지난 해에 잠깐 윌튼초등학교 교장으로 갔다가 2개월만에 돌아왔다. 수지 오 교장 후임을 선정하는 3가 초등학교의 교장 선정 위원회가 결정을 하지 못하고 있는 상황에서 시간은 자꾸 가고 개학 시기는 가까워오자 수지 오교장이 다시 오기를 원했던 것이다. 8년간 정든 학교를 떠난 오교장도 3가 학교를 그리워하고 있을 때였다. 윌튼 학교측에는 미안했지만 교육구에서 뒷마무리는 해주겠다고 했기 때문에 다시 3가 학교로 돌아왔다.

3가 초등학교는 학부모들의 참여도가 대단히 높은 학교로 잘 알려져 있다. 교육열이 높은 유대인 학부모들이 교사나 교직원 한명을 채용하는데까지도 직접 참여한다.

3가 초등학교가 로스앤젤레스 통합교육구 4백 50개 초등학교 중 탑 10에 들어가는 학교가 되고 캘리포니아 주 전체 초등학교에서 탑 12%안에 드는 학교가 되도록 만들만큼 오교장은 주류사회에서 인정하는 '정직하고 성실한 교육자' 다. 오교장이 부임하기 전에는 영재 시험을 통과하는 학생이 2~3%밖에 안돼 영재 클래스가 없었으나 지금은 25%의 학생이 영재 그룹에 속하고 있어 영재 클래스가 따로 있다.

미국 생활을 일찍 시작한 사람으로서, 또 주류사회 교육계에 일찍 들어간 사람으로서 오교장은 '한인 커뮤니티의 교육'에 대해 어느 정도 책임감을 느끼고 있다. 그래서 컨퍼런스에서, 아니면 리포트에서 알게된 교육계 사정이나 교육에 대한 지식이 있으면 그는 어떻게 해서든 한인 커뮤니티에 알리려고 노력한다. 언론을 통해서, 학부모들과의 개인적인 면담을 통해서 오교장은 자녀 교육에 관한 한 많은 지도를 해왔다.

"교장은 학교 운영도 잘해야 하지만 교사들이 학생들의 실력을 향상시키도록 독려하는 것도 중요합니다. 저는 교사회의 때 늘 주장하는 것이 학교 운영은 내가 신경을 쓸테니 여러분들은 학생을 잘 가르치는 일에 전념하라고 말합니다. 교사들이 오퍼레이션을 위한 페이퍼를 쓰느라고 시간을 빼앗겨서는 안되지요. 어떻게 지도하면 좋을까에 시간을 더 할애해야지요."

오교장은 수업중인 교실에도 많이 들어간다. 교사들에게 용기도 주고 더 열심히 할 수 있는 동기를 부여하는 것으로 교장이 교실에 들어가는 것 이상은 없다고 보기 때문이다.

현재 3가 학교의 재학생은 8백 50명이다. 80명의 스탭에 교사 40명이다. 이들 교사 중 13명이 한국인이다. 유태인 학부모들이 서로 한국인 교사를 자기네 아이 담임으로 해달라고 요청해오는 것이 오교장으로서는 흐뭇하다. 한인 교사들의 실력과 성실성을 유태인들이 인정하고 있는 것이다.

"교사 채용을 교장 재량으로 하는 학교도 있지만 우리 학교는 교사와 학부모로 교사선정 위원회가 구성되어 있어 일단 교장이 추천하는 신청자들을 위원회에서 인터뷰를 합니다. 물론 교장의 의견이 많이 참고되긴 하지만 이렇게 해야 서로 공평한 거예요. 한인 교사가 30%라고 해서 문제

삼을 학부모도 없어요."
　유태인 학부모들은 자녀가 다니는 학교는 '우리학교'라고 생각한다. '우리학교'의 질을 높이기 위해 가족 모두가 합심한다. 지역 거주자가 교육세를 내니까 자기네들이 학교 주인이라는 의식이 철저하다. 학교 인근에 사는 백인 변호사 부부가 있는데 이들 부부는 자녀들이 3가 초등학교에 있을 때부터 토요일이면 학교앞 화단을 가꾸어왔다. 지금은 아이들이 고등학교에 다니고 있지만 아직도 토요일마다 화단을 가꾼다.
　"다른 인종에게서 좋은 점을 배울 것은 배워야 합니다. 한인 학부모들도 내 아이 성적에만 관심을 기울이기보다는 내 자녀가 다니고 있는 학교에도 많은 관심을 가져야 합니다. 이 학교를 통해 많은 학생들이 배우고 이 사회를 이끌어가는 주인공이 자라나지 않습니까. 내 아이 하나만 똑똑해도 사회가 바로 서지 않으면 아무 소용이 없어요."
　수지오 교장은 1974년에 로스앤젤레스 통합교육구 교사로 시작해서 75년에 호바트 스쿨 5학년 담임, 76년에 윌튼 플레이스 학교 2학년과 1학년 담임, 79년부터 81년까지 윌튼 플레이스 학교 코디네이터, 81년부터 85년까지 교육국 영어교육 장학사, 85년부터 88년까지 교육국 본부 장학관, 88년부터 93년까지 호바트 초등학교 교감, 93년부터 3가학교 교장으로 일해왔다. LA 지역 교육계의 30년을 현장에 들어가 지켜본 사람이다.
　한국인 교육위원이 탄생한 것은 1980년대라고 한다. 1980년대에 한국인 2세인 엘리너 김과 케네스 김 남매가 각각 몬로비아와 하시엔다 라푸엔테 교육구에서 교육위원에 당선되었고 90년대에 한국인 1세인 하워드 권씨와 스티븐 최씨가 남가주 지역에서 교육위원으로 일했다. 스티븐 최씨는 현재 어바인 교육국 교육위원이다. 또 북가주 샌프란시스코 인근 모라가의 엘리스 한씨가 8년간 교육위원으로 일했다.
　오교장은 무엇이든 배우는 것을 좋아한다. 교육에 관한 글이라면 작은 것이라도 놓치지 않고 열심히 읽는다. 읽은 것 중에서 필요하다고 생각되는 것은 교사들에게, 한인 커뮤니티에 전한다. 그리고 한국 언론 뿐만 아니라 미국 언론에도 자주 기고를 해서 더 나은 교육행정의 방향을 제시한다.

지난 해에 오교장은 USC에서 교육학 박사학위를 받았다. 그리고 할리웃 전문가 협회에서 주는 수잔 B. 앤토니상, LA 다저스가 주는 'Education Hero' 상, 서울시가 주는 '우수 해외 동포상' 등을 받았다.

수지 오씨가 가르친 한인 제자는 수를 헤아릴 수 없을 만큼 많다. 그 중에는 제자의 자녀가 또 제자가 된 경우도 있고 한 집안에서 대여섯명의 제자가 나온 경우도 있다. 제자 중에서 월튼 플레이스 교감인 엘렌박씨는 오교장이 첫 담임으로 부임한 1975년의 호바트 5학년 담임일 때 학생이었다. 웰비웨이 매그닛 스쿨의 제니퍼 유, 월튼 플레이스의 유니스 김, 애니 권 교사도 모두 오교장의 제자들이다. 교육계에서 만나는 제자들은 더 반갑고 고맙다고 했다. '교실에 들어온 한국인 선생님을 보고 나도 선생님이 되려고 마음먹어 교사가 됐다'는 얘기가 그녀로서는 너무 고맙다.

사진업에 종사하는 남편 사무엘 오씨와 패사디나에 살고 있는 오교장에게는 의사 부부인 아들 앤디 부부와 손주 브래들리가 있다.

□ 시절 그사람

할리웃 진출한 첫 이민 1세

배우·연출가·극작가 **오 순 택**

○ 영화와 TV 배우로 40여년을 살아오면서 연극 무대도 꾸준히 지켜온 오순택 씨.

◐ 로버트 와그너와 공연중인 오순택씨.

이민 1세 오순택씨는 할리웃에서 극심한 인종 배타주의를 깨뜨린 아시아계다. 이곳 한인들 사이에서 보통 오순택씨를 배우라고 알고 있지만 실은 그는 배우면서 극작가이고 연출가이고 감독이다.

그가 할리웃으로 진출했던 1960년대에 아시아계 연기자로는 이민 후손 몇명과 한국계 배우 필립 안(도산 안창호선생 아들, 작고)씨가 있었다. 한국 문화배경에서 자랐고 한국말을 쓰는 할리웃 배우로는 오순택씨가 처음이었다. 미국인들에게는 아직 한국 이름이 낯설고 듣기에 어색한 시절이었지만 그는 한국 이름을 그대로 갖고 할리웃에 들어갔다.

그가 작품 선정에 까다롭다는 것은 할리웃의 웬만한 사람들은 모두 안다. 그는 "배고픈 시절에도 작품은 골라서 출연했다. 돈의 유혹이 없었던 것은 아니지만 자손들이나 후배들과 한자리에 앉아서 볼 때 선배로서 낯뜨겁지는 않아야 할 것이다. 또 한국인이라는 자존심도 있다. 너무 엉망이다 싶은 배역이라면 거절할 수 밖에 없었다"고 말한다.

지난 40여 년 동안 오순택씨는 영화와 TV, 연극무대에 서왔다. 아시아계 배우로서는 어느 누구도 따르지 못할 만큼 많은 수준 높은 작품에서 주연과 조연을 맡아왔다. 또 연극 무대에서는 배우로서, 극작가로서, 연출가로서 탄탄한 크레딧을 쌓았다.

UCLA와 뉴욕의 네이버훗 플레이하우스에서 견고하게 다진 그의 연기력은 데뷰 초장부터 제작자와 감독들의 눈길을 모으기에 충분했다. 새내기 시절인만큼 처음부터 본인 앞에서 대가들이 찬사를 퍼부은 것은 아니었지만 '시간을 두고 지켜보아야 할 보배'로 여긴 대가들은 여러 명이 있었다.

대표적인 좋은 예가 1980년에 만들어진 ABC-TV 미니시리즈 '에덴의 동쪽(East of Eden)'이다. 오순택씨는 이 작품으로 에미상 최우수 조연남우상 후보에 올랐다. 당시로서는 아시아계 배우로서 '장원급제'를 한만큼 대단한 일이었다.

그는 '에덴의 동쪽'에서 중국인 하인으로 출연했다. 버클리 졸업생인 이 하인은 신분을 감추고 하인으로 들어갔는데 어머니가 도망가고 아버지마저 세상을 떠난 후 아이들을 키우며 집안의 기둥 역할을 하는 중요한 인물이다. 대단히 지적이면서 충실하고 리더십이 있어 영화 전체의 중심이 되다시피 하는 힘있는 사람이다. 1960년대에 엘리아 카잔 감독이 '에덴의 동쪽'을 영화로 만들 때만 해도 이 역을 소화해낼 아시아계 배우가 없었기 때문에 이 역을 없애버렸었다. 그러나 미니시리즈의 제작자 바니 로젠즈와이크는 "2, 3년 전부터 오순택씨를 지켜 본 후 스타인벡의 원작에 충실한 작품을 만들 수 있는 하인역을 찾았기 때문에 TV시리즈로 만들게 됐다"고 말했다.

예상대로 이 TV시리즈는 대단한 성공을 거두었다. 그리고 연기자 오순택씨는 많은 것을 배우면서 연기자로서의 위치도 견고하게 되었다.

오순택씨는 전남 목포에서 출생했고 연대 정외과를 졸업했다. 영화 공부를 위해 미국으로 온 것이 1959년이었다. USC에 입학했다가 UCLA로 옮겨 학부에서 Film을, 대학원에서 Theatre Arts를 공부하고 연기와 극작으로 석사학위를 받았다. 본격적인 연기 수업을 위해 뉴욕의 Neighborhood Playhouse School에서도 공부했다. Neighborhood

◐ 고골리의 연극 '검찰관(Inspector General)'에서 열연중인 오순택씨.

<오순택씨 주요 작품>

- 영화 - The Last Mountain, Beverly Hills Ninja, Missing in Action II, Death Wish 4, Sour Sweet, Steele Justice, White Dragon 등
- T V - Touched by an Angel, Promised Land, Murder She Wrote, Kung Fu, Magnum P.I., Simon & Simon, Dynasty 등
- TV 영화 & 미니시리즈 - East of Eden, Marco Polo, The Red Spider, President's Men, Deadly Game, The Letter, Tailspin 등
- 연극 - The Square, Canned Goods, Pacific Overture, American Mosaic, They Are Dying, Hamlet, Rashomon, Romeo & Juliet 등

Playhouse School은 그레고리 펙, 폴 뉴먼, 스티브 매퀸 등 할리웃 유명 배우를 배출해낸 연기의 명문이다. 유일한 아시아계 학생이었던 오순택씨는 여기에서 혼신의 힘을 다해 연기력을 키웠다. 연기의 묘미도 터득할 수 있었고 연기자로서의 꿈도 키워갔다.

그가 로스앤젤레스로 돌아왔을 때 아시아계 연기자들만 출연하는 연극 '라쇼몽(Rashomon 나생문)'에 출연해 달라는 제안을 받았다. '라쇼몽'은 아꾸다가와의 소설을 구로자와 감독이 스크린 각색을 한 작품이다. 연극 '라쇼몽'은 대단한 성공을 거두어 1년간 공연됐다. '라쇼몽'은 오순택씨에게 할리웃 연기자가 될 앞날을 열어준 초석이 됐다고 할 수 있다. 본인도 '라쇼몽'을 하면서 흔들리지 않는 연기자로서의 자신감을 가질 수 있었다고 한다. '라쇼몽'을 만들었던 연극인들이 중심이 되어 지금의 East-West Players를 만들게 됐다.

할리웃은 곧바로 오순택씨의 재능을 인정했다. 출연 요청도 많아졌다. 무대에서, 스크린에서 오순택씨는 많은 작품에 출연하게 됐다. 또한 예일 레퍼토리 컴퍼니, 마크 테이퍼 포럼 등 최고의 권위를 자랑하는 연극 그룹에서도 오순택씨를 초청해 갔고, 브로드웨이 작품, TV에서도 마찬가지였다.

오순택씨는 1970년대에 이미 브로드웨이 무대인 'Pacific Overture'에 출연하고 '007' 시리즈에 출연하면서 아시아계 최고의 연기자 중 한 사람으로 입지를 굳혔다. 'Pacific Overture'로 그는 드라마로그 평론가상(Drama-Logue Critic Award) 최우수 연기상을 수상했다. 아시아계 배우가 브로드웨이 무대에 선다거나 '007 시리즈'에 출연한다는 것은 꿈도 꾸기 어렵던 시절이었다. 더군다나 영어가 모국어가 아닌 배우로서 감히 상상조차 할 수 있는 일이 아니었다.

할리웃에서 오순택씨는 독서광으로 알려져 있다. 많은 책을 읽고 많은 지식을 갖고 있는 사람으로 알려져 있기 때문에 영화 제작중 감독이나 제작자가 작품에 대해 의견을 나눌 때에는 오순택씨의 의견을 존중해준다.

이제까지 오순택씨가 받은 상은 Harry Kunitz Creative Writing Award, East-West Players Repertory Company 최우수 극본상, 드라마 로그 비평가상, LA 문화국 그랜트:우수 제작상 등이 있다.

"제게 가장 보람있고 자랑스런 일이라면 이제까지 East-West Players 와 Korean American Theater Ensemble과 함께 일해 왔다는 것입니다. 지난 40년간 연극무대는 꾸준히 지켜왔습니다. 저의 예술에 대한 갈증을 풀어준 곳은 연극무대에요. 영화와 TV는 생존수단을 위한 것이지요."

연극무대와 가까이 하며 살았던 오순택씨는 동시에 한국계 젊은 연극인들과도 항상 함께 하며 선배로서 그들을 지도하고 이끄는 일에 많은 노력을 기울여왔다. 1978년에 한국계 연극인들의 무대를 위해 Korean American Theatre Ensemble을 설립했고 1992년에는 LA 폭동이 나면서 인종화합의 필요성을 느끼고 아시아계와 흑인, 히스패닉들도 합해서 Society of Heritage Performance를 만들었다. 그리고 Society of Heritage Performance 산하에 실험 그룹인 Lodeston Theatre Ensemble을 만들었다.

"로드스톤 시어터 컴퍼니에 가서 볼 때마다 저는 많은 재능과 에너지를 봅니다. 거기에 미래가 있다고 생각합니다. 지금 마킷은 대단히 다양화되어 있습니다. 흥미를 끌고 관심을 갖게 하기 위해서는 그들이 서로 다른 색깔을 필요로 할 수밖에 없습니다. 저는 우리의 미래는 대단히 밝다고 생각합니다."

오순택씨는 1980년 봄의 광주 민주화운동을 주제로 한 영화를 구상하고 있다. 그는 "광주 사태 이래 이들 자유와 인간의 존엄성을 위해 희생당한 사람들에게 나는 항상 빚진 느낌을 갖고 있다"고 말했다.

□ 시절 그사람

정통 한국식 중국음식 LA에 보급

중국음식점 용궁 사장 **왕 덕 정**

○ 1974년에 한국식 중국식당을 시작한 왕덕정사장.

● LA '아서원'에서 키친 헬퍼로 근무하던 시절. 앉은 사람이 왕덕정씨. 1971년 7월

중국식당 용궁의 왕덕정(52)사장은 자신을 '핏줄은 중국사람이지만 사람 됨됨이는 한국사람'이라고 표현했다. 그는 웬만한 한국사람보다 더 깊숙히 한인 커뮤니티에 관련되어 있고, 한인들 행사에 더 많이 참여하면서 LA 한인타운의 유명인사가 되어 있다. 한인 커뮤니티의 단체 행사라면 거의 빠짐없이 기부금을 내고 헌신적으로 도와왔다.

LA와 LA 인근에 사는 한국사람이라면 거의 모두가 몇번쯤은 용궁에 발길을 들였을 것이다. 정통 한국식 중국음식을 즐길 수 있기 때문이다. 왕덕정사장은 우리들의 입맛에 맞는 정통 한국식 중국식당을 처음으로 로스앤젤레스에 열었고 이제까지 모두 여섯 군데에 중국식당을 열었다.

1971년 봄, 그가 로스앤젤레스에 왔을 때 한국식 중국 음식에 가까운 음식을 파는 중국식당으로 아서원과 중원루 두군데가 있었다. 한국식이라고는 하나 실상 한국에서 먹던 중국 음식은 아니었고 중국식 중국음식에 더 가까웠다고 할 수 있다. 짜장소스가 없어 미소소스로 짜장면을 만들고 있을 때였으니 짐작이 갈만하다.
 로스앤젤레스에 사는 한인들이 '정통 한국식 중국 음식'을 맛볼 수 있게 된 것은 1974년에 왕덕정씨가 기린원을 열면서부터였다. 중앙일보 구사옥 건너편 올림픽 거리에 넓고 깨끗한 기린원이 문을 열자 로스앤젤레스 한인들은 '한국에서 먹던 중국 음식'을 먹는 호사를 누리기 위해 찾아들었다. 왕덕정씨는 "기린원 음식도 재료는 미국에서 구입해 썼으니까 100% 한국식 중국 음식이라고 할 수는 없었다"고 말한다.
 왕덕정씨의 인생은 '중국 음식점'과 함께 였다. 중국 산동성에서 살다 국공전쟁 때 한국으로 피란와 화교가 된 왕준문씨의 2남 2녀 중 막내로 한국에서 출생한 왕사장은 부친이 북창동에서 경영하던 공익루에서 자라다 시피했다. 그는 서울 화교 고등학교를 나와 한양공대 기계과 3학년까지 다녔다. 반도호텔 안에 있던 차이나 에어라인에 근무하던중 직원에게 배당되는 미국 항공 왕복권이 있어 미국까지 오게 됐다. 우연인지 필연인지 미국으로 와서는 도착한지 사흘 후부터 중국식당 아서원에서 일을 시작했다.
 "한국에서 친하게 지내던 친구가 마침 아서원에서 일하고 있었는데 주방에서 일할 사람이 필요하다고 해요. 온지 며칠 되지도 않아서 취직을 했다는게 얼마나 좋았던지요. 인연이라면 인연이랄지 미국에 와서도 오자마자 일을 시작한게 바로 중국식당이었어요."
 그때 왕덕정씨가 하는 일은 아침 일찍 가스불에 밥을 하는 일, 파다듬기, 쇠고기와 돼지고기, 닭고기 썰기 등이었다. 그때는 전기밥솥이 없었기 때문에 큰솥에 밥을 제대로 하는 일도 중요한 업무였다.
 하루종일 칼질을 하고나면 손이 얼얼하고 팔이 아팠다. 아침에 깨어나면 손가락이 오무려지지 않고 감각이 없는 것 같았다. 그러나 무엇보다도 스물세살에 시작한 미국 생활은 외로움 때문에 힘이 들었다.
 "피곤해서 잠자리에 들어도 곧 잠이 들지 않고 한국 생각이 얼마나 났는지 몰라요. 도마 위에 파를 올려놓고 파를 썰고 있는데 순간순간 거기에 퍼뜩 남대문이 보이고 한양대학 교정도 보이고 그래요. 그때는 로스앤젤레스가 굉장히 깨끗하고 조용한 곳이었어요. 그래서 더 외로움을 느꼈던 것 같애요. 물론 한국사람을 만나기도 힘들 때였지요."

○ 왕덕정씨가 첫번째로 연 한국식 중국식당 '기린원' 앞에서. 1977년.

밥짓는 일과 재료 써는 일을 1년반쯤 하고나서 그는 웨이터로 승진했다. 가족 친지도 없이 낯선 땅에서 직장을 얻은 것만도 고마운데 웨이터로 승진을 했으니 감격스러웠다고 그는 회상한다. 붉은 유니폼도 입고 모자도 쓴 자신의 모습이 대견스러웠다.

그러나 평생 웨이터만 할 수는 없고 무엇이든 사업을 하고 싶었다. "그러자면 영주권이 필요했고, 그걸 위해 흑인촌인 린우드에 파이버 글래스 몰딩공장을 차렸습니다. 3천5백달러를 투자했지요. 파이버글래스를 만들어 납품했지만 제가 뭐 아는게 있어야 제품이 제대로 만들어진건지 아닌지를 알지요. 반품은 계속 들어오고 배상하라는 클레임도 계속 들어와요. 그래도 그냥 붙들고 있었더니 8개월만에 영주권이 나오더군요."

그 영주권을 쥐고 시작한 것이 올림픽 거리의 '기린원'이었다. 1974년 봄, 두려움과 기대감으로 미국에서 첫 사업을 시작한 것이다. 그의 사업은 한인들을 겨냥한 한국식 중국 음식이었다. 개업 초기부터 기린원은 문전성시를 이루었다.

"기린원이 성공한 것은 한국에서의 식당 메뉴를 그대로 갖고 시작했기 때문이었어요. 첫날 제가 차이나타운에 장을 보러 갔다가 식당으로 전화를 거니까 손님들이 몰려 정신을 차릴 수가 없으니 빨리 들어오라고 할 정도였어요. 아래층에 120석이었고 2층은 사용할 생각을 안했기 때문에 카펫도 없고 엉망이었지만 손님들이 요청해 거기에 테이블과 의자를 빌려놓고 돌잔치나 환갑잔치 등 파티도 많이 했습니다."

한인타운 초기 사람들은 어설프게 차려진 기린원 2층에서 친지들이 모여 먹고 마시며 즐거워했던 추억을 아름답게 기억하고 있다.

성황을 이루던 기린원을 그후 미국에 온 형에게 넘기고 왕덕정씨는 로스앤젤레스에 두번째로 한국식 중국식당을 열었다. 8가에 있던 왕궁이었다. 왕궁을 중국인에게 팔고 세번째로 연 것이 7가와 후버에 있는 소왕궁이었고, 이어 바로 옆에 사천요리 전문 식당인 금정식당을 열었다.

한국식 중국 음식으로 맛과 서비스에서 흔들리지 않는 위치를 차지하고 있는 '용궁'을 연 것은 1980년이었다. 14개월에 걸친 대규모 공사를 마친 후였다. 있는 것 다 털어 시작했지만 처음에는 생각만큼 되지가 않았다. 운도 따라주지 않았고 왕사장이 전적으로 매달리지 못한 것도 큰 원인이었다. 금정식당과 함께 경영을 하고 있었던 것이다. 집세가 밀릴만큼 사정이 어려워지자 처음에 동업으로 했던 사람이 손을 떼면서 왕사장 혼자 떠맡게 됐다.

"한 2년 동안 영업도 안되고 고생이 많았습니다. 빚만 산더미처럼 늘어갔어요. 큰일 나겠다 싶어 금정식당에서 손을 떼고 다른 모든 것 제쳐놓고 제가 발벗고 나서서 용궁에만 전념했습니다. 시장 보는 것에서부터 손님 접대, 하다못해 손님들의 자동차 파킹까지 했습니다. 그러는 중에 경기가 좋아지면서 비즈니스가 활기를 띠기 시작하더군요."

용궁이 궤도에 오른 후 올림픽에 소용궁을 열었다가 지금은 다른 사람에게 넘겼다.

식당 운영 30년에 그는 '이제야 식당이 뭔지 알 것 같다'고 한다. 식당은 맛과 친절, 공간 등 세가지가 맞으면 성공할 수 있다고 했다.

용궁을 해오면서 그동안에 졌던 빚도 갚고 용궁 건물도 구입했다. 또 옆자리 땅을 사서 별관도 늘리고 자동차가 버몬길에서 직접 파킹장으로 들어올 수 있게 확장을 하는 등 사업은 만족스러울 만큼 잘되고 있다. 객석 6백에 객실 11개가 순조로울 정도로 메워지고 있다. 고객은 한인이 80%.

왕사장은 용궁이 오늘처럼 큰 것은 전적으로 한인들 덕분이라고 말한다.
 그는 이제까지 한인 커뮤니티 일에 적극적으로 참여해 오면서 한인으로 살아왔다. 올림픽 한인 라이온스 클럽 회원이고 요식업 협회, 한미공화당, 한인 경찰후원회 멤버다. 또 올해에는 한양대 동창회 부회장을 맡았다. 1983년 창립된 한화 연합회 초대 회장을 지낼 때에는 한인사회와 한화 커뮤니티간 친선을 다지기 위해 노력했다.
 미국에 와서 살면서 그는 사업으로 큰돈을 벌어보겠다든지 공부를 많이 해서 훌륭한 사람이 되겠다든지 하는 대단한 계획이 있었던 것은 아니다. 그냥 어쩌다 항공권을 얻어쥐게 됐고 항공권이 있으니 이곳으로 온 것이다. 이곳에 왔으니 무언가 해서 돈을 벌어야겠기에 일을 했고 또 식당을 열게 됐다.
 "이제까지 나쁜짓 안하고 남 해치지 않고 열심히 살아왔습니다. 순리대로 살아온 거지요. 운도 좋았고 복되게 살아왔다고 생각합니다." 중국인이면서 한국인으로 살아온 세월을 그는 만족스러워 한다.
 그는 1975년 가수 캐리 조(조연수)씨와 결혼, 슬하에 조셉(22 · UC 리버사이드)과 소피아(12 · 페이지스쿨 7학년) 남매를 두고 행콕팍에 살고 있다. 캐리 조씨는 탤런트 조경환씨의 여동생으로 한국에서 가수로 활동하다 미국으로 건너와 활동을 하던중 왕덕정씨를 만났다.

□ 시절 그사람

수많은 간호사 길러낸 '대모'

프랜차이즈 식당 '비지비' 대표 **유 분 자**

◐ 1971년에 창설된 남가주 한인간호협회 초대회장 유분자씨.

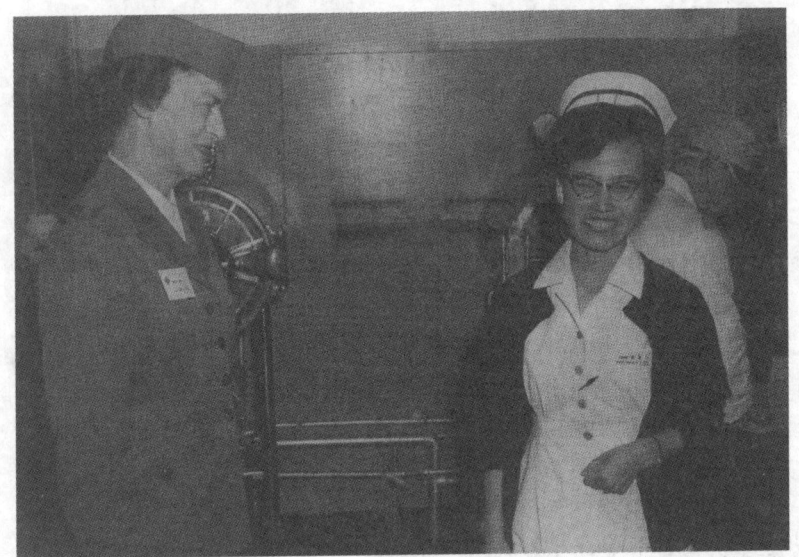

◐ 1965년 미8군 병원 간호과장으로 근무할 때.

한식 프랜차이즈 식당 '비지비(Busy Bee)'의 대표 유분자(66)씨는 LA 지역 한인 커뮤니티 형성 초기의 대표적인 인물이다. 당시를 살았던 사람들은 누구나 유분자씨를 공로자의 한사람으로 내세우는데 주저하지 않는다. 유분자씨는 그만큼 커뮤니티 초창기에 적극적으로 활동을 했고 뚜렷한 족적을 남겼다.

"꿈이 있고 보람이 있어 힘든줄 모르고 일해왔습니다. 미국에 온 사람이라면 누구나 꿈을 가질 수 있지 않습니까? 열심히 꿈을 좇으며 보람을 느껴왔습니다."

60대의 절반 이상을 넘긴 나이에 유분자씨는 활력이 넘치는 모습으로 꿈을 이야기한다. 한인 커뮤니티를 위해, 그리고 떠나온 조국을 위해 해야 할 많은 설계를 갖고 있다.

유분자씨는 한국에서도 미국에서도 항상 개척자적인 자세로 사회생활을 했다. 30대 초반까지 보낸 한국에서 여성으로서는 처음으로 적십자사 국장직에 올랐고, 미국에 와서는 흩어져있는 간호사들을 모아 힘을 결집

시켜 놓았다.
　유분자씨의 개척정신은 밑바탕에 '이웃을 도와 좋은 사회를 이루자'는 한가지 염원이 담겨있다. 이민생활을 하면서는 '좋은 한인 커뮤니티를 만들자', '두고온 조국에 도움이 되자'는 두가지 생각이 개척정신을 새 방향으로 전개시켰다.
　"저는 간호사라는 직업을 참으로 자랑스럽게 생각합니다. 몸이 아픈 사람, 그래서 마음이 약해져 있는 사람을 치료해주고 따뜻하게 감싸주는 사람이 간호사입니다. 간호사는 하는 일 자체가 사람을 부지런하게 만듭니다. 또 난국에 재빠르게 대처할 수 있는 능력을 키워주기도 합니다. 부지런함과 센스, 이 두가지를 갖고 있으면 사회의 일원으로서의 제몫을 충분히 할 수 있다고 믿습니다. 특히 한국의 간호사들은 1960년대 이후 한국의 세계화에 앞장 서 왔습니다. 신천지로 삶의 무대를 뻗어가며 세계에 한국을 알리는데 선구자적인 역할을 해 왔지요. 가는 곳마다 좋은 간호사로 인정받으며 민간외교관으로서도 손색이 없었습니다. 외화 획득에도 큰 몫을 했구요."
　유분자씨는 한인 커뮤니티가 형성되던 초창기, 로스앤젤레스 인근 간호사들의 힘이 커뮤니티가 자리를 잡아가는데 큰 역할을 했다고 말한다. 한인 커뮤니티의 경제적 줄기를 이룬 것이 간호사들이고 뭉쳐서 힘을 모은 것도 간호사들이라는 것이다. 가정에서는 낯선 땅에서 남편이 자리를 잡을 수 있도록 경제적으로, 정신적으로 탄탄하게 뒷바라지해 가정이 건강하게 자리잡는 역할도 해냈다고 했다.
　1935년 충청북도 옥천에서 출생한 유분자씨는 대전간호학교를 졸업하고 세브란스 병원에 근무하면서 숙명여대와 덕성여대에서 공부했다. 미8군 K.S.C. 병원에서 10여 년 근무한 후 대한 적십자 초대 간호사업 국장으로 근무하다가 도미했다.
　처음에는 댈러스의 파클랜드 메모리얼 하스피탈에서 1년여간 간호사로 근무했고 1969년 로스앤젤레스로 왔다. 바로 그해부터 한국에서 받은 간호사 자격증을 이곳에서 인정해주지 않게 됐다. 간호사들이 여기에서 다시 면허 시험을 치러야만 됐기 때문에 그냥은 정식 간호사로 일을 할 수가 없었고 간호보조원이나 아예 간호사와는 관계없는 다른 일을 하는 사

○ 한인 간호협회 1대에서 7대까지의 회장이 한자리에 모였다. 뒷줄 왼쪽에서 세번째가 초대 유분자회장.

○ 1970년대초, 간호사 시험을 위한 강의실에서 강의를 듣고 있는 학생들.

람들이 많았다. 유분자씨는 "그냥 있어서는 안되겠다 싶어 간호사끼리 뭉치자고 했다"고 한다.

1971년 8월, 11명의 간호사들이 모여 남가주 한인 간호협회가 창설됐고, 유분자씨는 초대 간호협회 회장에 취임했다.

간호협회의 우선 사업이 간호사 시험에 대비한 강의였다. 시험은 모두 다섯 과목으로 1년에 두차례 시험이 있었다. 주중 저녁과 토요일에 하루 2시간씩 집중적으로 시험 대비 강의를 했다. 강사는 한인 의사와 간호사들이었다. 닥친 일이니까 너나없이 강의를 열심히 들었고 공부도 열심히 했다. 한 클래스에 평균 1백여명씩 들어가 공부를 하기도 했다. 취업 정보도 없고 영어도 못하면서 이끌어줄 친지도 없는 막막한 상황에서 간호협회의 이런 활동은 수많은 간호사들의 면허증 취득에 지대한 공을 세운 것은 다시 말할 필요도 없다. 꿈도 못꿀 것 같은 간호사 시험에 합격하는 사람들이 생겨났고 시험에 붙은 사람들은 다음 사람을 위해 곧바로 강사가 되어 후배들을 가르치고..... 한인 커뮤니티 초기 간호사들의 힘은 이렇게 해서 커져갔다.

"시험에 붙고나서 제게 고맙다고 인사를 하는 사람에게 저는 그럽니다. 저한테 감사하지 말고 감사한 만큼 후배들을 위해 일을 하라고요. 누구든지 이민 선배로부터 받은 혜택이 있으면 선배에게 되돌려주겠다는 생각은 버리고 나도 이민 후세에게 베풀어주리라 마음먹고 일을 하라는 거지요."

유분자씨가 갖고 있는 일의 추진력은 어느 누구도 따르지 못할만큼 역동력이 크다. 간호사들의 힘을 한 곳에 결집시키고 한 사람이라도 더 간호사 시험에 붙을 수 있도록 하기 위해 유분자씨는 밤낮을 가리지 않고 일을 했다.

1975년에는 미국내 전국을 대상으로 재미 간호협회를 창설하고 초대 회장이 됐다. 그리고 1980년에는 월간 재미 간호신보를 창간, 미국내 각 지역에 흩어져 있는 간호사들이 서로 정보를 교환하고 소식을 전하게 됐다. 간호신보는 처음에는 월간으로 내다가 얼마 후에는 격주간으로 발간했다.

"이 신문 하나로 넓은 지역에 흩어져 있는 모든 간호사들이 한 생활권 안에 묶여졌어요. 서로간 정보를 나누는 극히 중요한 임무를 이 신문 하나가 해낸 셈이에요. 그러다보니 신문을 통해 회원들이 더욱 강하게 뭉치는 계기가 됐지요."

1983년에는 800페이지짜리 해외 한인 간호원 총람을 발간했다. 여기에는 미국 뿐만 아니라 중동과 독일, 캐나다에 거주하는 간호사 5천여 명의 주소가 들어있고 간호사 취업 정보에서부터 시험문제, 주요 병원 주소도 들어있어 간호사들에게 필요한 모든 정보가 들어있었다.

유분자씨는 간호사로 근무하며 한인 간호사들을 위해 활약하는 한편 1973년 'Busy Bee' 라는 한국, 중국, 일본식 패스트푸드가 혼합된 식당을 시작했다. 불고기, 갈비 등 한국식 메뉴가 들어있고 고추장을 이용한 순 한국식 맛을 살린 매운 소스를 비롯해서 여러 소스를 개발해 미국인들의 입맛에 맞도록 했다. '비지비'의 음식은 주류사회에서 대단한 호응을 얻어 현재 미국 내에 9군데가 있고 한국에도 진출했다. 한국 음식의 세계화에 성공한 것이다.

"아침에는 비지비에서 일하고 오후 3시부터 밤 11시까지는 병원에서 근무하며 하루 16시간씩 일하기를 거의 20년간 해왔습니다. 비지비는 1983년에 프랜차이즈로 재탄생했습니다. 사업이 커지다보니까 1987년에는 간호사 일에서 손을 놓을 수 밖에 없었지요."

간호협회를 이끌었던 리더십과 추진력이 사업을 하면서도 그대로 나타났다. 비지비는 사업적으로 성공했을 뿐만 아니라 미국에 한국을 알리는 데도 대단한 성공을 거두었다.

간호사로, 사업가로 열심히 뛰면서 유분자씨는 그 이외의 사회활동에도 헌신적으로 일했다. 한국 가정법률상담소 이태영박사의 권고에 따라 이곳에서도 불우한 여성을 돕기 위해 가정 법률상담소를 만들게 된 것이다. 로스앤젤레스 가정 법률 상담소 창설 준비위원장과 제2대 이사장, 오렌지카운티 가정법률 상담소 창설 준비 위원장과 제2대 이사장을 지냈다. 그리고 1998년에는 나라사랑 어머니회(Global Children Foundation) 서부 회장을 맡아 지금까지 봉사하고 있다. 나라사랑 어머니회는 본국의 IMF 사태 때 경제적 어려움으로 고통 받는 본국 어린이들을 돕자는 취지로 발족했다.

"옛날 사진을 들춰보면 이민 초기에 같이 고생했던 간호사들 중에 세상을 떠난 분들이 많습니다. 또 경제적으로 뒷바라지를 잘해서 남편을 성공시킨 간호사들도 많구요. 이제는 간호사들의 수도 많고 정보도 풍부하고 자리를 잡은 분들이 많습니다. 제 바램이 있다면 아직도 한국의 시골에서 어렵게 지내는 간호사들이 많으니 어떤 형태로든 이분들을 도울 수 있으면 좋겠어요. 혜택받은 사람들이 그렇지 못한 사람들을 도와야 하는건 당연하잖습니까?"

남편 이규철(사업 66)씨와의 사이에 1남 1녀와 다섯 손주가 있는 유분자씨는 요즘도 한인 간호 협회 고문으로, 간호협회 산하 장학위원장으로, 오렌지카운티 가정법률 상담소 고문으로, 또 나라사랑 어머니회 서부회장으로 바쁘게 뛰고 있다.

□ 시절 그사람

한인회 40년 역사의 기록

한인회 초대 총무 **이 경 동**

○ 1965년 한인회 초대 총무로 시작해 지금까지 한인회에서 봉사하고 있는 이경동 씨.

◐ 1970년 한인회 임원들. 왼쪽에서 두번째가 이경동씨. 네번째가 샘 요티 당시 LA 시장.

로스앤젤레스 지역에 한인회가 생긴 지 40년이 가까와 온다. 1962년에 '한인센터'가 발족됐고 65년에는 한인센터를 돕고 모든 한인들을 동참시킨다는 한인회가 생겼다가 68년에 이 두 단체가 하나로 합쳐졌다.

1903년부터 하와이로 왔던 사탕수수밭 노동 이민자들과 1905년 멕시코 유카탄 반도로 어저귀를 따라 왔던 농장 노동 이민자들 중에는 시간이 지나면서 로스앤젤레스로 건너온 한인들이 있었다. 한인들이 모여든 로스앤젤레스는 한국 독립운동의 요람이 되었다. 재미 한인들은 한국의 독립을 위해 뭉쳤고 대한인 국민회(1909), 대한 여자 애국단(1919), 대한 동지회(1929) 등의 단체가 생겼다.

1945년 한국이 일본으로부터 독립된 후 미국으로 건너오는 한인들의 숫자는 늘어나기 시작했다. 특히 한국전쟁 이후 넓은 세계를 바라보며 유학을 위해 로스앤젤레스로 오는 한인들이 많았다.

로스앤젤레스 지역의 한인들이 뭉쳐 낯선 땅에서 서로 협력하며 친목을 다져야 한다는 취지 아래 1962년에 모인 단체가 '한인센터(Korean Community Center)'다. 김브라더스라는 농장을 경영해 큰돈을 모은 김호씨가 초대 위원장이고 정일권 주미대사 등 네명이 고문이었다. 김호씨는 한국 독립 전에는 독립운동 자금을 모아 독립운동을 도운 사람이다. 한인센터가 시작되던 당시 1백 30명의 발기인은 '선언문'을 통해 한인들

O 1970년 8.15 경축행사. 미국으로 초청되어온 첫 연예인 이미자씨를 동양 TV 아나운서 출신의 LA 교포 김영애씨가 소개하고 있다. 김영애씨는 1984년 교통사고로 사망했다.

이 한데 모여 활동할 수 있는 건물을 마련할 기금을 모으겠다고 발표했다.

그로부터 2년여 후 한인센터 관계자들을 중심으로 해서 한인들 모두가 동참할 수 있는 한인회를 만들자는 움직임이 시작됐고 '남가주 한인회 발기인 대회'가 열린 게 1965년 5월이다. 당시 발기인은 이경동씨를 포함해 모두 159명이었다.

한인회가 태동하기 시작하던 초기부터 지금까지 40년간 계속 한인회를 위해 봉사해온 사람이 이경동(72) 씨다. 이경동씨는 주류사회에서 인정받는 병리학자로 활약하면서 꾸준히 한인회의 역사를 이어온 한인회의 산 증인이다. 뿐만 아니라 지난 40년간의 한인회 역사를 빈틈없이 기록해 보관하고 있는 역사기록자다. 2001년, 오늘도 그는 한미동포 재단 이사로 한인회 봉사에 동참하고 있다. 로스앤젤레스 한인회 기록이 초창기부터 보존되어 있다는 것은 우리들에게 참으로 고마운 일이다.

"1975년 10월에 구입한 한인회관 건물은 김호씨가 하던 한인센터 건물이 있었기 때문에 구입이 가능했습니다. 75년 이전의 경과가 있었지요. 1963년 7만여달러에 구입했던 센터 건물(2525 W. Vernon Ave. Los Angeles)을 1967년에 8만달러에 팔았습니다. 현찰로 3만 5천달러를 받고 나머지는 오너캐리로 했어요. 이 돈에 이자까지 붙어서 1975년에는 모두 10만달러가 됐어요. 이걸 시드머니로 해서 박정희 대통령 시절 본국으로부터 보조금도 받고 한인들로부터 도네이션도 받아 현재의 한인회 건물(981 S. Western Ave. Los Angeles)을 약 30만달러에 구입할 수 있었던 겁니다."

한미동포재단(Korean American United Foundation)은 한인회 건물의 관재인이다. 이경동씨는 1976년 동포재단의 초대 이사장이 됐다. 한인회와 한미동포재단은 법적으로는 서로 독립된 기구지만 자매단체로서 한인회 이사가 재단 이사인 경우가 많다. 독자들이 알기 쉽게 풀이하자면 현 웨스턴에 있는 한인회 건물은 한미재단이 소유주고 관리자다. 한인회는 이 건물 안에 있는 사무실을 사용하고 있다.

한인회 건물을 관리하고 있는 재단측에서 사무실 임대와 건물 옥상 광고 등을 통해 이제까지 모은 돈이 50만달러 가량 된다. 이경동씨는 '그동안 한인회관 건물 값도 올라 이 건물을 판다면 그 돈과 다른 돈을 모두 합해 2백만달러 정도의 건물을 구입할 수 있는 상황'이라고 설명했다. 재단측에서는 얼마전부터 새 한인회관 건물을 물색하고 있고 여러 방면으로 조사를 하고 있는중이다.

이경동씨의 지난 세월은 로스앤젤레스 지역의 40년 가까운 한인회 역사와 맥을 같이 한다. 1964년에 한인회 설립을 위한 준비작업이 진행될 때 그는 조직 발기인 총무면서 한인센터 집행부 모금위원으로 일을 했다. 1965년 한인회가 창설되면서 그는 초대 총무를 지냈고 그 다음에는 총무이사로 봉사했다. 1968년 한인센터와 한인회가 합해 재미한인 거류민회가 됐을 때 초대 부회장으로 선출됐다가 후에 조용삼 회장이 사망하면서 3대 회장직에 올랐다. 재미한인 거류민회는 1972년 한인회로 이름을 바꾸었다. 그 후에도 계속 이사로 재직하며 재정위원, 사무국장, 선거관리위원장, 한인회 건립위원회 부위원장 등을 맡았다. 한미동포재단에는 현재 윤병욱 이사장을 포함해 이경동씨 등 모두 19명의 이사가 있다.

초기 한인회의 활동은 지엽적이긴 했어도 활발했다. 이경동씨가 초대 한인회 총무로 있던 1966년에 롱비치에서 열리는 미스 인터내셔널에 참가하고 있는 미스코리아를 돕기 위해 농악무용단 공연을 동원해 주위의 시선을 모았다. 또한 한인회 회원 증가를 위해 적극적으로 운동을 펼쳤고 당시 김영우씨가 운영하고 있던 래디오 코리아를 재정적으로 후원하기도 했다.

"한국에서 이곳으로 제일 처음 연예인을 초청해 온 게 1970년 8.15 독립 기념일이었어요. 동백아가씨로 유명한 가수 이미자씨를 초청해 공연을 했는데 열기가 대단했습니다. 이날 공연에는 라스베가스에서 인기를 모으고 있던 김시스터즈도 오고 이곳에서 활동하고 있는 가수와 악단들이 함께 공연했지요."

이경동씨는 미국에 사는 한인들의 인권을 지키기 위해서는 한인회가 명실공히 한인들의 대표기관이 되어야 하고 한인들의 구심체가 되어야 한다고 강조한다. 그러기 위해서는 동포 한사람 한사람이 한인회에 관심과 애정을 가져야 가능하다. 그가 주류사회에 들어가 전문인으로 인정을 받고 살면서 40년 가까이 한인회에 깊숙이 관여해 온 것은 이곳에 사는 한인들의 권익을 지켜야 한다는 한가지 목표 때문이었다.

"제가 한 단체에서 이렇게 오랜 기간 별다른 잡음 없이 봉사할 수 있었던 것은 직장생활은 주류사회에서 하면서 한인 커뮤니티에 나와 한인회에서 일을 하니까 일과 봉사가 서로 부닥치는 일이 없었기 때문이었다고 생각합니다. 한인회를 좋은 단체로 키워야 한다는 일념으로 뒷 설겆이 일부터 어떤 직책이든 주어지면 마다않고 해왔습니다. 한인사회에 봉사한다는 생각만으로 일을 해왔습니다."

이경동씨는 경상북도 선산에서 출생했다. 대구 경북대학 농학과를 졸업했고 1953년 육사 교관으로 배속되어 조지아주 포트베닝 보병학교에 파견된 것이 미국으로 건너온 첫번째였다. 4개월 코스 훈련을 마친 후 한국으로 돌아가 육사 교관으로 11기생부터 13기생까지 가르쳤다. 전두환, 노태우, 김복동씨 등에게 화학을 가르친 것이다. 1955년 뉴멕시코 포트 블리스 미사일 포병학교에서 교육을 받고 56년 대위로 제대한 후 같은 해에 다시 유학을 위해 미국으로 들어왔다. 텍사스 엘파소의 유니버시티 오브 텍사스 학부에서 화학을 전공했다. 후에 UCLA와 USC에서 전자현미경 검사를 공부하고 칼스테이트 도밍게즈 힐에서 메디칼 테크놀로지로 석사학위를 받았다.

그는 세계적으로 권위를 인정받고 있는 전문 학술지에 20편 이상의 임상 실험 연구논문을 발표했다. 1970년에는 단백질을 1백만분의 1그램까지 자동 분해할 수 있는 기계를 개발했고, 1971년에는 인삼의 항암 효과를 입증해 일본의 학술 전문지에 발표하면서 세계적인 관심을 모았다.

1974년에는 핵산(DNA) 자동 분석기를 한국에 처음으로 소개하기도 했다. 1962년에 세펄베다에 있는 VA 하스피틀에서 일을 시작한 그는 2000년 은퇴할 때까지 한곳에서 근무했다.

반세기 가까운 미국 생활을 거의 온전히 한인 커뮤니티의 단결과 번영을 위해 헌신해온 이경동씨는 한인사회에 대한 바램이 있다. 한인회가 구심체가 되어 하나로 모아지는 것, 한인들이 미국을 더 바르게 알아야겠다는 것이다. 미국사회에서는 크레딧이 가장 중요하다는 것, 세금도 번만큼 내야 한다는 것, 경제적으로 성장하면서 정치적으로 활발해져야 한다는 것을 그는 강조한다.

"젊은 시절에는 한국전쟁에 나가 조국을 위해 싸우다가 부상을 당해 무공훈장을 받았고 더 배우기 위해 미국에 건너와서는 많은 것을 배우고 주류사회에서 성공적인 직장생활을 했습니다. 원만한 가정을 이루어 아이들을 잘 키우면서 한인회에도 봉사할 수 있었으니 지난 세월을 돌아보면 감사할 따름입니다."

지난해에 VA 하스피틀에서 은퇴한 이경동씨는 이제는 한인회를 위한 봉사만이 남았다. 더 좋은 한인회관 구입과 이민사 집필이 그의 과제다.

그는 1967년 노신영 나성 총영사 표창, 72년 김용식 외무부 장관 표창, 1977년 박정희 대통령 표창을 받았고 수차례에 걸쳐 한인회로부터 표창을 받았다. 병리학자로서 받은 상도 20여 개에 달하며 VA 병원 실험실의 경비 절약을 위한 프로그램을 만들어 실시한 후 카터 대통령으로부터 공로상을 받기도 했다.

그는 부인 정순옥(69)씨와 채스워스에 살고 있다. 이들 부부의 큰딸 명희(43)씨는 엑스레이 테크니션이고 남편은 변호사, 둘째딸 에이미(38)씨는 의사이고 남편은 치과의사다.

□ 시절 그사람

사형수 이철수를 살린 인권운동가

원로 언론인 **이 경 원**

➊ 이철수씨를
만나 경위를
듣고있는
이경원씨.
이철수씨의
손에는 수갑이
채워져 있다.

➊ 1956년, 아시아계 이민자 첫 주류사회
언론인이 된 이경원씨.

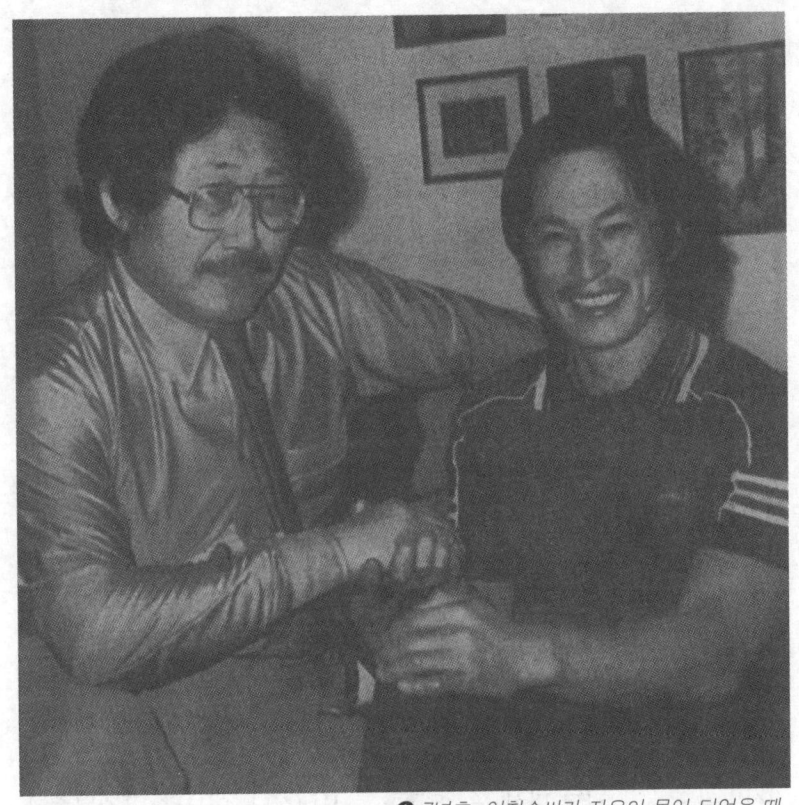
○ 7년후, 이철수씨가 자유의 몸이 되었을 때.

미국에서 취재 전문 기자로 반세기를 살아온 K.W. Lee(73·이경원)씨는 정의감과 민족 사랑, 그리고 불같은 정열, 이 세가지로 대변되는 사람이다. 그는 언론인이면서 사회운동가요 인권운동가다. 73세 원로 언론인은 지금도 조국과 민족을 이야기하면 피가 끓는다.
 언론인 이경원씨가 미국 땅에 만들어놓은 족적은 무수히 많다. 가난과 무지로 그늘에 가리워 살던 사람들을 햇볕 드는 곳으로 끌어냈으며, 불의와 부정이 있는 곳에 악의 힘을 깨뜨리고, 정부 정책을 바른 길로 잡아놓았다.

이경원씨는 지난 50년간 철저한 미국인으로 살면서 동시에 철저한 한국인으로 살았다. 언론인으로 주류사회에 많은 영향력을 행사하면서 이철수 사건의 진상 밝히기, 한인 커뮤니티를 대변하는 영자 신문 발행, 한인언론인협회 창설, 2세 지도자 양성 등 한인 커뮤니티에서 지도력을 발휘했다.

이철수사건은 미국사상 최초로 아시아계가 하나가 되어 범아시아전국운동을 펼친 역사적 사건이다. 언론인 이경원씨가 없었다면 이철수사건은 사건이 되지 않았을 것이고 무고한 한 한국 젊은이는 가스실의 이슬로 사라지고 말았을 것이다.

이경원씨는 이철수 사건을 미국에서 일어난 첫 '민족사건'이라고 표현했다.

미국에 사는 모든 한국인들이 함께 뭉치게 만든 사건의 주인공 이철수(48)씨는 한국동란 중에 태어나 이모 손에서 자라다가 초등학교 4학년이던 열두살 때 국제 결혼한 엄마를 찾아 샌프란시스코로 왔다. 바쁜 엄마와 의붓아버지 밑에서 자라면서 그는 엄마보다 따뜻했던 한국의 이모가 그리웠다. 말도 통하지 않고 친구 하나도 없는 이곳에서 그는 너무나 외로왔다. 뱁새눈이라고 놀려대는 급우들 등쌀에 그는 학교에도 적응하지 못했다. 놀리는 친구와 싸운 날, 학교에서는 '문제아 철수'를 소년원에 보냈다. 말이 통하지 않아 자신의 입장을 설명하지 못하고 그는 거기에서 정신병원으로, 그리고 다시 포스터홈으로 보내진다. 어느날, 포스터홈에서 도망 나온 철수는 길거리에 세워진 남의 자전거를 집어 타고 서쪽으로 서쪽으로 페달을 밟았다. 한국은 로스앤젤레스의 서쪽에 있다고 들었다. 서쪽으로 서쪽으로 한나절을 달리다보니 산타모니카 해변, 태평양 푸른 물이 앞을 가로막았다. 그는 배가 고팠다. 햄버거 하나를 사서 먹고는 돈이 없어 자전거를 맡겼는데 이상하게 여긴 주인이 신고해 그는 경찰에 붙잡히고 말았다. '자전거 도둑' 철수는 소년형무소에 수감되어 1년 6개월을 살았다. 형을 마치고 나온 것이 16세 때였다. 모질게 그를 따라다닌 범죄와 체포와 옥살이는 이렇게 해서 시작됐다.

1973년, 철수가 20세 때 샌프란시스코의 차이나타운에서 중국인 폭력조직 와칭파의 두목이 총을 맞고 살해됐다. 경찰이 채택한 5명의 목격자

주요 수상 경력

이경원씨의 중요한 업적을 다 알리기는 어렵다. 이경원씨가 받은 주요 언론인상의 일부만 보아도 그의 공로가 어떤가를 짐작할 수 있다. AP로부터 4번, 내셔널 헤드라이너스 클럽으로부터 2번을 받았다.

- 1968년 Urban Service Award(U.S. Office of Economic Opportunity, Washington, D.C.)
- 1971, 72, 79, 83년 AP News Executive Council's Writing Contest
- 1974년과 83년 National Headliners Award(National Headliners Club)
- 1982년 Paul Tobenkin Memorial Award(콜럼비아 대학 신문 대학원)
- 1987년 AAJA 평생공로상(아시아계 언론인 협회)
- 1992년 John Anson Ford Award for Print Media(LA 카운티 인간관계 위원회)
- 1994년 내시빌소재 프리덤포럼이 주는 Free Spirit Award(내시빌 소재 프리덤 포럼)
- 1996년 서재필 기념 언론상 수상(서재필 기념 재단)
- 1997년 언론박물관 '뉴지엄' 언론인 5백명에 등재

중에서 3명이 사진 대조에서 이철수씨와 범인의 인상착의가 비슷하다고 증언함으로써 아무런 증거도 없이 이철수씨는 살인죄의 누명을 쓰고 종신형을 받았다. 그리고 샌퀸틴 연방형무소에서 복역중 형무소 안에서 일어난 또다른 살인사건에 연루되어 그는 사형수 대열에 들어서게 된 것이다.

1975년 여름, 샌프란시스코에 살고있는 이철수씨의 친구 야마다 랭코(당시 UC 산타크루즈 학생, 현재 변호사)씨가 새크라멘토 유니언에 근무하는 이경원씨를 찾아왔다. 랭코씨는 이철수씨가 살인범이 아니라며 그동안의 재판이 편견과 억지로 일관됐다고 주장했다.

"처음에는 별로 관여하고 싶은 생각이 없었어요. 우선 사건이 발생한지 2년이나 지났으니 너무 늦었다는 생각도 들었고요. 한번 알아보기나 하려고 주말에 샌프란시스코 차이나타운을 찾아갔어요. 살인사건이 일어난 현장을 중심으로 사람들을 붙잡고 물어보았지요. 현장에 있었다는 사람

들 얘기가 살인을 저지른 사람은 키가 5피트 6인치에서 5피트 10인치 정도로 큰 사람이라는 거에요. 철수는 5피트 2인치의 작은 키거든요. 철수가 범인이 아니라는 확신이 서자 분노가 치솟았습니다."

주말이면 그는 샌프란시스코 차이나타운으로 달려갔다. 경찰, 검찰 기록과 재판 기록도 상세하게 들추어봤다. 잘못된 점이 여러 군데 눈에 띄었다. 6개월간 조사가 계속된 후 이경원씨는 1978년 1월 29일, 새크라멘토 유니언지에 '철수사건의 내막'이라는 시리즈 기사의 첫 기사를 내보냈다. 이 기사는 곧바로 주류사회 여론의 대상이 됐다. 40만을 헤아리던 전국의 한인들과 아시아계에서도 적극적인 반응을 보였다. 이철수 구명 후원회가 만들어지고 기금이 조성되어 갔다. 권위있는 변호사도 합류했다. 재판이 재개되고, 엎어지고 뒤쳐지며 길고 지루하게 이어진 7년간의 재판. 1983년 3월, 이철수씨는 마침내 자유의 몸이 됐다. 그러는 동안 한국인들이, 아시아계가, 그리고 인권운동가들이 함께 뭉쳤다. 같은 시대에 미국에서 살았던 한인들은 지금도 '이철수사건'이라는 말만 들으면 가슴이 저려온다.

이경원씨는 1928년 6월 1일 개성에서 태어났다. 고려대학 재학중이던 1950년, 신문학을 공부하고 싶어 그는 배를 타고 미국으로 건너왔다. 1953년 웨스트 버지니아 대학을 졸업하고 2년 후 일리노이대학에서 신문학 석사학위를 받았다.

1956년, 테네시주 킹스포트에 있는 킹스포트 타임스(Kingsport Times and News)에서 이경원씨는 첫 언론인 생활을 시작했다. 그는 '아시아계 이민자 첫 주류사회 언론인'으로 기록되어 있다. 2년 후에는 웨스트 버지니아주 찰스톤에 있는 찰스톤 가제트로 옮겨가 12년간 근무했다.

그동안 그는 인권 전문기자로 눈부신 활약을 했다. 아팔라치안 탄광의 광부들에게 발생하는 탄진폐병(Black Lung Disease)을 고발하고, 밍고 카운티에서의 부정 선거를 폭로해 취재기자로서의 두각을 나타냈다.

새크라멘토 유니언으로 옮겨 간 것은 1970년이다. 여기에서도 그는 새크라멘토 주택국 부정 사건, 주의회 의원들의 부당 연금 정책 등을 파헤쳐 개가를 올렸다.

"긴 세월 취재전문기자(Investigative Reporter)로 살아왔지만 제 생애에서 가장 보람있게 생각하는 것은 1979년에 발간한 한인들을 대변하는 영자 신문입니다. 이철수 사건의 재판이 진행되면서 보니까 우리의 목소리를 영어로 낼 수 있는 신문이 절대적으로 필요한 거에요. 1977년 새크라멘토 유니온에 사표를 내고 주간 영어 신문 'Koreatown'을 발간하기 시작했지요. 이철수씨가 자유의 몸이 된 후에 저는 다시 새크라멘토 유니언으로 돌아가 일을 했습니다." 그는 1990년에도 LA에서 영자 신문을 만들다가 92년 건강 관계로 손을 놓았다.

1984년에 주류 언론사에 근무하고 있던 한인기자들을 모아 한미기자협회를 창설한 것도 그에게는 가슴 뿌듯한 일이다. 이 협회를 통해 한인 언론인들이 힘을 모았고 2세들의 주류 언론 진출을 도왔다. 그는 KAC(한미연합회) 자문으로 일하면서 2세 지도자 양성에 헌신적으로 노력했다.

이경원씨가 이제까지 언론인으로 받은 상은 29개다. 그 중에서도 가장 영광스런 일은 언론 박물관 뉴지엄(Newseum)의 언론사 갤러리에 기록된 '언론인 500명'에 등재된 일이다. 뉴지엄은 1997년 4월 18일 버지니아주 알링턴에 문을 열었다. 여기에는 언론 역사상 가장 많은 영향을 끼친 5백명의 언론인과 5백년 언론 역사가 전시되어 있다. 전세계에서 명성을 얻은 5백명의 언론인 중에 제임스 레스턴, 월터 리프만, 테드 터너 등과 함께 이경원씨가 포함된 것이다.

그는 요즈음 UC 계열 대학들인 데이비스, LA, Riverside 등에서 학기 단위로 캠퍼스를 돌아가며 강의를 하고 있다. 부정기적으로 칼럼을 집필하기도 하고 한인 젊은이들을 위한 강연도 많이 한다.

새크라멘토 유니온 기자시절 취재원으로 만난 미국인 간호사 페기씨와의 사이에 2남 1녀가 있고 4명의 손주가 있다.

미국에 사는 한국인들의 자랑이요, 한인들의 지위와 존엄성을 탄탄하게 지켜주는 방패막이인 이경원씨는 미국 언론사에, 그리고 한인 이민사에 가장 중요한 인물 중 한사람이다.

┌ 시절 그사람

한인사회 가꾸기 현장의 손길

남가주 한인상의 발기인 **이 교 숙**

○ 1971년에
LA 한인상공회
의소를 탄생시킨
주역 중 한사람
인 이교숙씨.

○ 일본식 이름인 남가주 한인 거류민회를 1972년 남가주 한인회로 이름을 바꾸어 간판을 달기 전 기념촬영을 한 한인회 임원들.

로스앤젤레스에 한인 커뮤니티가 시작되던 초기, 돈과 시간을 투자하고 열정을 바쳐서 타운 형성의 기초를 다지던 사람들은 30여 년이 지난 지금 '그 시절은 정말 눈물 많고 정 많던 좋은 시절이었다'고 회상한다. 이제 커뮤니티가 커지고보니 초기의 소박했던 인정을 찾아보기는 힘들다고 말하는 사람들이 많다. 그러나 잃은 것이 있는 반면에 얻은 것도 많다. 한인 커뮤니티가 그만큼 힘이 있고 든든한 그룹으로 성장한 것이다.

그시절, 한인 커뮤니티의 기초를 다지고 쌓던 사람 중에 이교숙(65)씨가 있다. 1966년 31세의 나이에 '박사학위를 위해' 미국으로 건너온 사람이다. 그는 이 지역 한인 커뮤니티 설립 당시부터 지금까지 커뮤니티의 일원으로 발전에 동참하며 커뮤니티를 지켜온 사람이다. 경제적, 정치적으로 성장해 한인들의 입지가 강화되고 살기 좋은 지역이 된 오늘의 한인 커뮤니티가 있기까지 이교숙씨의 공을 빼놓을 수 없다.

1968년에 가발업을 시작해 지금까지 30년 이상 가발업을 계속하고 있는 그는 가발이 한인 커뮤니티 형성에 얼마나 큰 힘을 미쳤는가를 이렇게 설명하고 있다.

"가발은 한인 커뮤니티가 경제적 기반을 쌓을 수 있게 해준 이민 초기로서는 유일무이한 사업이었습니다. 가발이 없었다면 한인들이 경제적 기반을 쌓기에 훨씬 오랜 기간이 걸렸을 것이고 고생도 훨씬 많이 했을 겁니다. 가발업은 자본금이 없어도 쉽게 시작할 수 있었고 마진이 높아 수익률이 좋았습니다. 이민을 왔든 유학을 왔든 많은 사람들이 가발에 손을 대 이땅에서 경제적으로 자리를 잡을 수 있는 지름길이 되었지요. 당시 한인 커뮤니티로 돈이 흘러들어오게 된 것은 가발업 때문이었습니다."

가발사업을 하면서 한인들은 미국에서 사업을 어떻게 해야 하는지를 배웠고 주류사회와 어떻게 연계를 가져야 하는지도 배웠다.

이교숙씨는 한인 커뮤니티 초창기를 생각하면 가슴이 뛰는 사람이다. 한인들에게는 황량하기 짝이 없던 막막한 땅에서 동포들끼리 깊은 애정을 갖고 얼마나 열심히 뛰었던가. 한인들이 잘 살고 한인끼리 뭉치기 위해 밤잠을 설치면서까지 뛰어다녔다.

이교숙씨는 '1972년은 이민사적으로 볼 때 우리들에게 매우 중요한 해'라고 했다. 한인 커뮤니티 설립에 박차를 가하고 기초를 다진 중요한 해가 바로 1972년이라는 것이다. 1971년에 시작된 한인상공회의소가 72년에 본격적으로 활동을 시작했고, 첫 남가주 한인 미스코리아도 선발했으며 한인회관 건립 위원회가 발족되어 범교포적으로 모금이 시작된 해다. 이 해에는 재미 체육대회에서 선발된 LA지역 선수 31명을 이끌고 이교숙씨가 처음으로 본국의 전국체전(53회)에 참가하기도 했다. 남가주 일원에 거주하는 한인들의 주소록이 모양새를 갖추어 만들어졌고 남가주 한인 거류민회라는 이름을 지금의 한인회로 바꾸기도 했다.

금년에 25대 회장을 맞고있는 LA 한인상공회의소는 이교숙씨의 아이디어로 시작된 것이다.

"쉽게 손댈 수 있는 좋은 사업이 가발업이다보니 가발을 하는 사람들이 많아졌고 그러면서 한인끼리 경쟁이 심해졌지요. 같은 가발을 이쪽 집에서 1백달러에 팔면 옆집에서는 90달러에, 바로 옆집에서는 80달러에 파는거에요. 동족끼리 피흘리는 손해를 입히게 되는 거지요. 저는 가발 수입을 하면서 잉글우드 지역에 서너개의 가발가게를 갖고 있었는데 그대로 있다가는 그런 경쟁은 날이 갈수록 심화될 거라는 생각이 들었습니다. 우리끼리 단체를 만들어서 가격 경쟁을 없애야겠다는 생각이 들었어요."

◐ 1972년에 한인회 주최로 열린 첫 남가주 미스코리아 경연대회에서 당선된 미녀들. 가운데가 진 김성실양이다.

그는 마침 사업상 한국에 나가는 길에 대한 상공회의소와 경제인 연합회의 회칙을 얻었다. 로스앤젤레스로 돌아오는 비행기 안에서 회칙들을 정리하고 명칭까지 만들었다. 그리고는 사업을 하고 있는 주변 사람들을 모아 취지 설명을 하고 이들의 동조를 얻어냈다.

가칭 '남가주 한인상공회의소' 발기대회가 다운타운 힐튼호텔 대원각에서 열린 것이 1971년 3월 28일이다. 발기추진위원은 김중정, 김종식, 김경진, 김시면, 김영권, 남궁봉, 박규현, 배기생, 소니아 석, 이교숙, 이용, 정화섭, 조지 최씨 등이었고, 이교숙씨는 발기위원이면서 임시 사무관장을 했다.

1972년이 남가주 한인 커뮤니티 이민사에 중요한 해가 되는 것은 사회여건상으로도 들어맞는다. 1965년 케네디 이민법이 시작되고 2년 후인 67년경부터 이 법에 의한 영주권이 발급되기 시작하면서 그로부터 5년후인 72년에 한인들이 시민권을 신청하기 시작한 것이다. 시민권을 신청하면서 미국에 우리의 타운을 형성할 수 있다는 자신감이 생기게 됐다. 한인 커뮤니티 형성에 법적인 뒷받침까지 따랐다고 할 수 있다.

이교숙씨는 서울 사대부고와 동국대학, 대학원을 마치고 한국 생산성본부에서 6년여 근무한 후 1966년 유학차 미국으로 왔다. 원래의 목적지였던 뉴욕 대신에 첫 기착지인 로스앤젤레스에서 UCLA 익스텐션 코스에 들어갔다. 1년여 공부를 하다가 시작한 것이 가발사업이다.

한인들이 가발사업으로 돈을 버니까 커뮤니티가 탄탄해지게 됐고 이에 따라 여행사도, 부동산업도, 식당업도, 보험도 눈에 뜨이기 시작했다. 한편으로는 경쟁이 심해 가발도 사양길에 접어들었기 때문에 한인들이 다른 사업에 눈을 돌리게 된 것이다.

한인회 주최로 초대 남가주 미스 코리아 선발대회가 열린 것이 1972년이다. 한인회 부회장이던 이교숙씨는 미스 코리아 선발대회 집행위원장으로 일을 했고 심사위원장이던 필립 안씨와 함께 본국 대회에 출전했다.

"그때만 해도 미스 코리아에 나오겠다는 사람이 없었어요. 할 수 없이 어디에 예쁜 젊은 여성이 있더라 하면 그곳을 찾아다니며 미스 코리아에 출전해달라고 간청을 해서 모두 9명의 후보를 냈습니다. 돌아가신 필립 안선생댁에서 심사를 했습니다. 지금은 중년이 됐을 김성실양이 남가주 미스 코리아 진으로 선발되어 한국의 미스 코리아 본선에 진출했는데 미국에서 왔다고 해서 주최측에서 특별히 배려해 김성실양이 미스 코리아 양으로 뽑혔습니다. 미스 코리아 양은 그해에만 있었고 그전에도, 그후에도 없는 겁니다."

그해에는 8.15 경축을 위한 연예인 대거 초청 공연도 있었다. 연예인 한 사람이 따로 온 적은 있었지만 많은 연예인이 한꺼번에 온 것은 그때가 처음이었다. 곽규석, 구봉서, 조미미, 한명숙, 신성일씨 등의 공연이 있었는데 공연장인 LA 컨벤션 센터에는 4천여 명이 모여들었다. 고국에서 온 연예인들이 흘러간 노래를 부르자 객석은 눈물바다가 됐다. 흥분한 관객들은 공연이 끝나도 자리를 뜰줄 몰랐고 며칠 동안 타운의 화제는 온통 그 얘기 뿐이었다.

그해에 탄생한 또하나 귀중한 것으로 한인주소록이 있다. 우리가 하나로 되기 위해서는 한인주소록이 절대적으로 필요하다는 것이 이교숙씨의 판단이었다. 그러나 한인들이 모두 너무 먼 거리에 흩어져 살고 있었기 때문에 한인들의 명단을 만들기란 불가능했다. 생각한 끝에 옐로페이지 사무실에서 LA 인근 78개 도시의 주소록을 한데 모았다. 같은 도시의 것이라도 여러권을 얻어 트럭 가득히 싣고와 한국인 성을 가진 부분만 오려냈다. 김광제씨가 제작 책임을 맡고 만든 한인주소록에는 6천여 명의 이름이 들어갔다.

"그때는 참으로 활기에 넘쳐서 한인 커뮤니티를 만드는데 모두가 즐겁게 동참했습니다. 이 넓은 기회의 땅에 우리들이 새로운 지도를 그린다는데 마음이 합쳐진 거지요. 회관건립위원회가 만들어져 한인회관 건물 구입을 위한 준비가 시작됐고 남가주 한인 거류민회라는 이름이 일본식이라고 해서 한인회로 바꾼 것도 그때에요. 저는 교포분들이 웨스턴에 있는 한인회관을 지나다닐 때 바닥에 떨어져있는 종이 조각이라도 줍는 애정을 가졌으면 합니다. 우리 빌딩이니까 우리 손으로 깨끗이 관리해야 하지 않습니까. 35년 타국생활이 저를 민족주의자로, 아이디어맨으로 만들어 준 것 같습니다. 어떻게 하면 우리가 이곳에서 더 잘 살 수 있을까를 생각하다보면 아이디어가 계속 떠오르더라고요. 30세가 지난 나이에 박사학위를 바라보고 조국을 떠났던 그 열정이 한인 커뮤니티를 발전시키자는 쪽으로 쏠렸다고 생각합니다. 이런 일은 혼자서는 못합니다. 주위 사람들과 힘을 합해 이룬 거지요. 미국에 온 목적이었던 학위는 제가 이루지 못했지만 제 딸이 대신 이루어주어 그것으로 위안을 삼고 지냅니다. 미력하지만 교포사회 발전에 한 초석이 됐다고 믿고 보람도 느낍니다."

이교숙씨는 부인 이영자(58)씨와 팔로스버디스에 살고 있다. 외동딸 해진(캐서린 34·심리학박사)씨는 출가해 샌프란시스코 인근 카이저병원 카운슬러로 근무하고 있다. 부인 이영자씨가 델라모몰에 있는 가발가게를 관리하고 있다.

이교숙씨는 얼마 전부터 사진에 취미를 붙여 사진작가협회에 들어가 촬영 여행을 많이 다닌다. 사진을 찍다보니 '자연의 오묘함을 보게 되고 자연의 섭리에 경외감을 갖게 됐다'고 했다. 자연과의 깊은 교감은 이제 그에게 대단히 소중한 일이 됐다.

시절 그사람

자동차 열쇠로 일군 성공

한국자동차 회장 **이 대 룡**

◎ 1973년에 자동차 세일즈를 시작해 6개의 매장과 3개의 정비소를 갖춘 대기업으로 성장시킨 이대룡씨.

◐ 1991년 이대룡 회장이 청소년 선도를 위해 사용하도록 램파트 경찰서에
익스플로러를 기증하고 있다.

남의 나라에서 빈손으로 사업을 시작해 30년이 채 되기 전에 연 매상 1억 5천만달러의 규모로 이루어놓은 사람이라면 입지전적 인물이라고 할 수 있겠다. 더군다나 그가 낯선 땅에 와서 사업을 시작한 나이가 27세였다면 더더욱 그렇다. 세상물정을 이해할 입장으로 보나 그가 겪었을 경험으로 보나 너무 젊은 때에 시작한 사업이었다.

1960년대 후반 로스앤젤레스에서 돈을 벌어가며 공부를 했던 이대룡씨 (55)는 어디를 가나 한없이 멀기만한 넓은 길을 거의 1년간 자동차 없이 걸어다녔다. 우리 생활에 자동차가 필수품이라는 것을 그는 시간시간 뼈저리게 느끼며 살았다. 비가 내리고 바람이 부는 날 먼길을 걸어 목적지를 찾아가는 날이면 그는 참담한 마음이었다고 한다. 아주 가난해 보이는 빈민가의 아주머니도 녹슬고 망가지긴 했지만 커다란 구형 자동차를 끌고 다니는데 본인은 먼길을 돌아 걸어가서는 하염없이 기다렸다가 버스를 타거나 웬만한 거리라면 걸어다녀야 했으니 말이다.

이대룡씨는 평양에서 출생했고 1.4후퇴 때 월남했다. 미동초등학교와 중앙고등학교를 졸업하고 고려대에 재학중이던 1968년에 도미해 시애틀과 시카고, 뉴욕을 거쳐 남미까지 갔다가 1년이 지난 1969년에 로스앤젤레스에 정착했다.

"USC에서 공부하면서 돈을 벌기 위해 에어컨디셔너 제작회사에서 일을 했는데 부품조립, 용접, 설계도 작성 등 웬만한 일은 다 해 봤어요. 그렇게 하다보니 공부는 공부대로 안되고 몸은 고되고 너무 힘이 들어요. 그래서 우선 영주권이라도 해결하기 위해 그동안 모은 돈으로 3가와 앨릭산드리아에 있는 햄버거 스탠드를 샀어요. 지금도 그 이름을 기억합니다. Twin Castle이에요. 하루 매상이 1백달러라고 해서 샀는데 60달러 밖에 안되는거에요. 속아서 산겁니다. 가게값은 하루 매상의 1백배를 받기 때문에 6천달러짜리 가게를 1만달러에 산 거지요. 그런데 1년 동안 영업을 하고 제가 다시 팔 때에는 하루 매상을 4백달러로 올려놓아 4만달러에 팔았습니다."

가게로 번 돈으로 친구와 함께 메인트넌스 사업을 하다가 돈만 없애고 뛰어든 게 자동차 세일즈였다. 미국생활 초기 자동차가 없어서 힘들었던 경험이 그에게는 지울 수 없는 기억으로 남아있었던 것이다. 비 오는 날도, 햇빛에 이마가 따가운 날도 자동차가 없이 이 황량한 로스앤젤레스 거리를 1년 동안 걸어다닌 것이 그가 자동차 세일즈를 시작한 동기였다.

1973년, 그는 한인타운에 있던 '동양 자동차'에서 자동차 세일즈를 시작했다. 이곳에 사는 모든 사람들에게 필수불가결한 물건이 자동차라는 확신이 있었기 때문이다. 그는 특유의 성실성과 끈기로 시작부터 놀라운 세일즈맨십을 발휘했다. 어떤 때는 이틀에 한대씩을 몇달 동안 계속해서 팔아댄 적도 있었다.

그렇게 자동차 세일즈를 하다가 8개월만에 자신의 사업체인 '한국자동차'를 설립했다. 한사람의 세일즈맨을 데리고 아내와 함께 셋이서 '트레일러에 사무실을 차려놓고 거창한 이름으로 한국 자동차를 시작' 한 것이다.

"당시 자동차 세일즈업계에 계시던 분들 거의 대부분이 열심히 성실하게 하셨듯이 저희도 정말 열심히 하면서 고객 서비스에 최선을 다했습니다. 아내는 사무실에서 전화를 받고 저는 현장에서 세일즈를 했지요. 한인들 사이에 신뢰가 쌓이니까 사업이 궤도에 오르고 한 2년 정도 지나니까 한단계 오를 수 있게 됐어요. 1975년에 올림픽 사무실 건물을 샀습니다. 처음에는 1만 스퀘어피트짜리 건물을 8만달러에 사면서 1만달러를 다운했지요. 시간이 지나고 사업도 자꾸 커지면서 건물을 증축하고, 파킹장도 짓고, 옆의 땅을 사들여 또 증축을 하게 됐습니다. 1981년에는 가든 그로브의 부지도 샀고 1986년에는 올림픽에 있는 지금의 한국자동차 빌딩을 지었습니다."

그는 세일즈란 '근본적으로는 상품을 팔기보다는 나 자신을 파는 일이라고 생각해야 한다'고 말했다. 그만큼 내 자신의 인격과 신용을 모두 걸고 세일즈를 해야 한다는 것이다. 자동차 세일즈를 하는데에는 자동차를 판다기 보다는 서비스를 판다는 생각으로 고객 서비스를 최우선으로 꼽아왔다고 한다.

"제가 초기에 했던 햄버거샵이 손바닥만한 볼품없는 거였지만 그런 곳이기 때문에 오히려 거기에서 고객관리를 배울 수 있었습니다. 그런 곳일수록 고객관리가 철저해야 승부가 나는 것 아니겠습니까. 주위에서 매일 오는 사람들이 정해져 있는데, 예를 들면 12시가 막 지나면 건너편 빌딩에서 나와 길을 건너 바쁘게 뛰어오는 사람이 있었습니다. 저는 그 사람이 보이면 그 사람이 좋아하는 햄버거와 음료수를 준비해서는 도착하자마자 내어줍니다. 그 손님은 자신을 기억해주는 가게 주인한테 고마워하고 또 기다리지 않아도 되니까 정말 좋아했습니다. 주문을 하고 음식이

나온 후에 지갑에 돈이 없다는 것을 안 고객이 낭패해하는 경우도 가끔 있습니다. 그런 때라도 저는 한번도 싫은 내색을 안했습니다. 돈은 다음 번에 갚도록 하고 그냥 갖고 가라고 내주면 그 손님은 반드시 그 다음 번에는 친구들이나 동료들을 데리고 옵니다. 데리고 와서 함께 먹으면서 제가 고맙게 했다는 이야기를 합니다. 고객 관리가 얼마나 중요한가를 배울 수 있는 기회들이었지요."

한국자동차에서 1980년대 초부터 이미 컴퓨터 파일에 고객 명단과 정보를 집어넣은 것도 일찍부터 고객 관리의 중요성을 간파했기 때문이다. 1982년에는 오렌지카운티에 지점을, 다시 웨스턴에 중고차 전문 딜러를 열었고 90년에는 버몬 시보레를 인수했다.

지역사회와의 관계도 중요하고 사회봉사도 중요하기 때문에 그는 한국자동차 인근에 있는 초등학교에 기금을 주고 학교측에서 학생들에게 장학금을 주도록 하고 있고 로터리 장학금도 운영하고 있다. 내년에는 북한 어린이들을 돕겠다는 계획을 갖고 있다. 이대룡사장은 여동생이 북한에 살고 있어 이제까지 6차례 북한에 다녀왔다.

그는 현재 기아 2, 현대 2, 셰비 1, 뷰익 1 등 모두 6개의 딜러십을 갖고 있다. LA 인근에 매장이 여섯군 데 있고 정비장이 세군 데 있다. 이제까지 한국자동차를 거쳐간 세일즈맨이 1천명이 넘는다. 이들은 모두 한국자동차에서 일정 기간 철저한 세일즈 교육을 받고 확실한 전문인 개념을 가진 사람들이다. 한국자동차에서는 기본적으로 사람이 됐다고 판단되면 세일즈 경험이 전혀 없는 사람이라도 봉급을 주면서 세일즈 교육을 시켰다. 이제까지 한국자동차가 판매한 자동차 수는 10만대가 넘는다. 연매상은 이제 1억 5천만달러에 달한다. 그는 자동차 판매는 매장의 크기와 비례한다고 보고 있다. 매장이 크면 세일즈가 그만큼 많고 매장이 작으면 여기에 비례해 세일즈가 적을 수 밖에 없다는 것이다.

"일반적으로 볼 때 한국인들은 다른 나라 사람들에 비해 자동차를 더 중요하게 생각합니다. 그런만큼 한인 고객들을 대할 때 더 어렵다고 할 수 있습니다. 자동차는 미국경제의 중추산업이에요. 자동차 사업은 곧 은행과 부동산 쪽과 연결이 되는 거지요. 우리가 신용을 쌓아가며 성실하게 일하면 얼마든지 성장할 수 있는 분야가 이쪽입니다."

자신의 지난 날을 돌아보며 그는 '가진 것 없이 뒤늦게 미국으로 들어와 자수성가하려는 사람들이 좌절하지 말고 내 체험에 힘입어 희망과 용기를 가질 수 있게 된다면 좋겠다'고 했다.

그는 부인 이규순(54)씨와 외동딸 로잘린(24)과 엔시노에 살고 있다. 운동을 좋아해 매일 걷기와 수영을 하고 겨울이면 스키를 탄다.

그시절 그사람

가위질의 예술, 분재에 바친 삶

정원수 재배업 개척 이병균

○ 1975년, 일본인들이 장악하고 있는 분재업계에 뛰어든 이병균씨.

한인타운에서 동쪽으로 10여마일 지나면서 있는 샌개브리얼 밸리에는 정원수를 가꾸는 너서리(Nursery)들이 모여있다. 너서리는 풀어서 번역하자면 '식물재배원'이라고 할 수 있다.

샌개브리얼 밸리 일대의 너서리 지역 땅은 에디슨 전기회사 소유지다. 전력선이 사방으로 지나가는 곳이기 때문에 건물을 지을 수 없어 에디슨 측에서 정원수 재배업자들에게 반영구적으로 땅을 임대해주고 있다.

◐ 너서리를 인수했던 초기인 1970년대에 정원수에 물을 주고 있는 이병균씨.

이 지역 너서리들은 각 너서리마다 특정 정원수를 전문적으로 취급한다. 땅 위를 덮는 지피식물(ground cover)에서부터 싹만을 취급하는 곳, 나무만을 취급하는 곳으로 분류되고 그 안에서도 또 식물 종류에 따라 구별된다.

이병균(71)씨는 샌개브리얼 밸리의 로즈미드시에서 향나무과(Juniper)를 전문으로 키우고 있다. 그는 1975년에 미국으로 건너와서 바로 그해부터 지금까지 Ben K. Bonsai Nursery를 운영해오고 있다. 일본인들이 독점하다시피 한 이 지역 정원수 재배원을 한인으로는 처음으로 시작한 사람이다. 정원수 너서리의 고객은 가드너와 정원사들로, 정원수들을 이들에게 도매로 넘기게 된다.

이병균씨는 일본 와세다대학 법대에서 공부하고 있을 때 학비 마련을 위해 파트타임으로 일하면서 정원수 관리를 배워 전문가가 됐다. 일본 조경의 대가인 오지마에게서 정원수와 분재의 하나에서 열까지를 철저하게 배웠다.

보통 정원에 심는 나무를 정원수라고 알고 있지만 원래 정원수란 정원에 심는 나무 중에서도 자르고, 꼬고, 틀어가면서 손으로 다듬어 키운 나무를 말한다. 그런데 미국인들은 손으로 다듬어 키운 나무를 통틀어 '본사이('분재'의 일본음)'라고 부른다. 본사이는 원래는 1인치에서 3피트 크기의 나무로 '분'에다 심은 것이다. 정원수나 분재나 모두 손으로 다듬은 나무라는 점에서는 같지만 정확하게 구분하자면 정원수는 마당에, 본사이는 분에 심는 것이다.

정원수를 기르고 있는 벤 케이 너서리를 찾아 샌개브리엘 밸리의 켈번 거리에 들어서자 언덕으로 올라오는 초가을 바람에 향나무의 옅은 향기가 낯선 객을 반겨주었다. 낮은 정원수들이 정연하게 늘어선 흙길을 따라 안으로 들어가니 큰 나무가 만들어주는 그늘을 끼고 천막집이 서 있었다. 이 천막안이 벤 케이 너서리의 사무실이다. 조용한 시골 농가의 낭만적인 분위기가 가득한 아름다운 농장이다.

이병균씨가 이곳에서 너서리를 시작한 것은 '꽃과 채소와 나무를 키우며 자연과 더불어 살고싶다'는 평생의 꿈을 좇아서였다. 40대 중반에 미국으로 건너와 로스앤젤레스 동쪽 외곽지역에 아메리칸 드림의 터전을 일군 이병균씨는 지금은 평화롭게 살고 있지만 이곳에 정착하기 전 그는 목숨을 촌각에 걸고 남달리 숨가쁘게 살아온 사람이다.
　이병균씨는 1931년 황해도 연안에서 출생했다. 배재고등학교, 육군종합학교를 졸업하고 백마고지 전투에도 참가했었다.
　이병균씨의 험한 인생은 자유당 시절의 최고실력자 장경근과의 인연으로 시작됐다. 1960년 4.19 학생혁명이 일어나고 이승만박사가 하야하고 내무장관을 지낸 장경근은 3.15 부정선거의 원흉으로 체포됐다. 이병균씨는 육군 중위로 근무하던 1952년 이종찬 육군 총참모장의 차석부관을 하면서 이기붕 국방장관 밑의 차관이었던 장경근을 만나게 됐다. 이종찬 참모장의 심부름으로 국방 장관실에 드나들면서 장경근과 가까이 지내게 된 것이다. 이병균씨의 군인정신과 투지력, 리더십을 높게 산 장경근은 이병균씨의 정계 입문을 돕겠다고 약속했던 사람이다.
　서대문 구치소에 있다가 병보석으로 서울대학 병원에 가 있는 장경근을 위문간 이병균(당시 헌병대위)씨는 당뇨와 고혈압으로 초췌해진 장경근이 어떻게 해서든 자신을 일본으로 밀항시켜주기만 하면 목숨을 유지할 수 있다고 간청하는 것을 뿌리치지 못했다. 그냥 두면 장경근은 한국에서 사형장의 이슬로 사라질 것은 뻔한 일이다. 이병균씨는 곧바로 예편을 하고는 '의리' 때문에, 그리고 '젊은 혈기에 가질 수 있는 모험심'으로 장경근을 위장시켜 병원에서 끌어내 일본으로 뛰쳤다. 1960년 11월 12일, 이병균씨는 역사의 범죄자를 앞세워 일본으로 밀항하면서 참으로 고되고 험난한 가시밭길을 걷기 시작했다. 일본에서 공부도 시켜주고 생활도 시켜주겠다던 장경근의 약속도, 2,3년 후면 귀국하리라던 희망도, 인간의 배신 앞에서는 허망한 메아리로 사라지고 그는 연고자 없는 낯선 땅에 홀로 버려진 고아처럼 '배고프고, 서럽고 힘겨운 세월'을 보냈다.
　이병균씨는 밀입국의 죄목으로 일본에서 혹독한 형무소 생활을 마치고 나온 후 많은 실망을 경험했다. 밀항의 주인공인 장경근은 오히려 병보석으로 먼저 나와 좋은 집에서 잘 살고 있으면서 '옛 상관을 위해 모든 것을 버리고 밀입국자가 된 이병균씨'와의 과거 약속 같은 것은 까맣게 잊고 있었다. 이병균씨로서는 가족과 일생을 모두 걸고 의리를 좇아온 결과가 참으로 허망했다.

이병균씨는 혼자 서기로 결심했다. 공부를 하기 위해 와세다 법대에 들어갔고 정원수 키우는 일을 배우며 고학을 했다. 그리고 15년이 지났을 때 그는 부동산 개발업으로 엄청난 부를 축적해 있었다.
 1975년, 일본생활을 청산하며 그는 조국보다는 미국을 택했다. 일본에서 나고 성장한 네 자녀가 한국생활에 적응하기가 쉽지 않으리라는 판단에서였다. 미국으로 들어온 그날부터 오늘까지 26년을 그는 정원수 가꾸는 일에 일생을 걸었다. 애정과 정성을 주면 절대로 배신하지 않는 정원수를 상대하며 그는 자연의 아름다움에 도취해 살아왔다. 격동과 고난의 전반부 인생을 접고 조용하고 평화로운 후반부 인생을 가꾸어온 것이다.
 "분재란 자연을 축소시켜 바로 가까이 면전에서 자연을 감상하기 위해 만드는 것입니다. 기본적으로 보기에 좋아야 하지만 너무 인위적으로 만든 아름다움보다는 자연이 살아있으면서 보기에 좋게 만들어야 합니다. 무슨 일이든 기초를 탄탄하게 배우고 사업에 뛰어들면 큰 낭패는 없습니다. 가드닝이나 랜드스케이핑은 우리들 일상생활에 아주 중요한 전문분야입니다. 아직까지 이쪽 분야는 일본인들이 잡고 있고 자기네끼리 협회를 만들어 단단하게 뭉쳐있습니다. 서로 기술과 정보를 교환하며 정원수 전문가로서 자긍심도 대단합니다. 앞으로 한인들이 이 분야에 전문적으로 많이 참여하게 되면 좋겠습니다."
 1980년대에 이병균씨는 한인 정원사나 한인 랜드스케이퍼들을 위해 세미나를 여러 차례 가졌다. 전문인으로 일하려면 나무를 심는 일이나 바위 하나를 놓는 일이라도 바르게 알아야 하고, 또 고객에게 설명을 해서 이해를 시킬 수 있어야 하기 때문이다. 본인이 갖고 있는 일본인들의 기술을 한인들에게 가르쳐 한인들도 전문인으로 자리잡게 하기 위해서였다.
 처음에는 세미나에 참석하는 사람들이 꽤 많았는데 시간이 가면서 많이 줄어들었다. 그대신 직접 너서리로 찾아와 알고 싶은 분야나 문제가 있는 부분에 대해 배우고 가는 사람들이 많다.
 Ben K. Bonsai Nursery에서는 현재 향나무과 정원수가 10만그루 이상 자라고 있다.
 "향나무과만 해도 280 종류가 있어요. 향나무는 너무 빨리 크지 않고 잘 죽지도 않으면서 4계절을 안타는 데다가 미관상으로도 참으로 보기 좋습니다. 거기에 은은한 향도 있어서 정원수로는 최상이에요. 저는 아침 7시면 이곳에 나와 나무들을 돌보고 손질도 하며 오후 4시까지 나무들을 붙잡고 일을 합니다. 가지를 자리 잡아주고 손질을 해서 아름다운 모습으로 자랐을 때 그 기쁨은 말로 표현할 수 없어요."

평생의 꿈을 좇아 향나무를 키우며 향나무 향기 속에 살고 있는 이병균 씨는 나무를 정성껏 다듬고 형체를 만들어 박스에 갈아넣으면서 하루해를 보낸다. 나무 하나를 키워 상품을 만드는데 8년에서 10년이 걸린다. 나무 가지나 잎의 자리를 잡아주기 위해 그는 하루에 '1만 번 이상 가위질을 한다'고 했다. 향나무의 가격은 1~2백달러에서 1천 5백달러까지 다양하다.

"이곳 생활은 고독한 생활이에요. 하루 종일 나무만을 상대해서 생활하니까요. 저는 기독교인이지만 정원수를 다듬으며 불교에서 말하는 참선을 많이 합니다. 눈에 보이지 않게 자라나는 나무를 가꾸며 상품이 될 멀고 먼 날을 기다리는 거지요. 대단한 끈기를 체득하는 거지요. 먼 기다림 속에서 정원수를 키우며 지난날 삶에 대해 긍정적으로 받아들일 수 있는 여유도 배웠습니다."

정치가로 입문해 조국 발전에 기여하고 싶었던 한 젊은이의 꿈은 현해탄을 건너면서 산산이 부서졌다. 그는 이제 태평양 건너 머나먼 이국땅 외딴 곳에서 나이 70을 넘기고 있다. 격랑과 고난의 일본생활도 과거사로 묻어두고 그는 재미동포로 우리 이웃에서 함께 살아오고 있다.

일본에서 낳아 데리고 온 1남 3녀는 이제 모두 전문인으로 훌륭하게 자라서 자기 몫을 하고 있다. 건강하게 성장한 자녀들이 그에게는 매우 자랑스럽다. 그는 너서리 가까이에 있는 집에서 부인 이봉자(61)씨와 살면서 시간이 날 때마다 골프를 즐긴다.

□ 시절 그사람

한국 얼을 노래하는 예술인생

벨칸토 음악 연구소장 **이 우 근**

◐ 1965년에 로스앤젤레스에서 오페라 '춘향전'을 무대에 올린 테너 이우근씨.

○ UCLA에서 열린 '한국의 밤'에서 이우근씨가 한국음악을 소개하고 있다.

로스앤젤레스 지역 한인 수가 2천명에서 3천명 사이를 헤아리던 시절에 로스앤젤레스에서는 오페라 '춘향전'이 공연됐다. 케네디 이민법이 적용되기 전이라 이곳에 거주하는 한인들은 하와이에서 건너온 이민 후손과 유학생, 영사관 직원들, 한국전쟁 후 미국인들과 결혼해 온 애국부인회 소속 한인들이 거의 다였다. 1965년 9월 11일, 버논에 있던 코리아센터 무대 위의 춘향전은 그 어느 춘향전보다 감동적이었다.

한국 음악사상 처음으로 한국인의 손으로 오페라가 만들어져 공연된 것은 1948년 '라트라비아타'였다. 1년 후인 1949년에 다시 '칼멘'이 공연되었고 한국 오페라가 무대에 올려진 것은 1953년 '춘향전'이었다. 현제명 작곡으로 시공관에서 초연됐는데 몽룡역은 이우근씨와 홍진표씨가, 춘향역은 이경숙씨와 장혜경씨가 맡았었다. 한국에서 오페라 '춘향전'이 공연된 지 꼭 12년만에 로스앤젤레스의 무대에 올려져 이민 음악사에 한 장을 차지하게 된 것이다.

미국 땅에 심은 한국 203

오페라 춘향전의 LA 공연에는 8백여 명의 관객이 몰려들었다. 특히 1.5세와 2세 젊은이들이 몰려와 한국적인 이야기, 한국의 음악, 한국의 의상 등 한국문화에 대한 새로운 경험을 접하면서 많이 흥분했었다. 예상을 훨씬 넘어선 반응에 어렵사리 무대를 마련한 주최측의 기쁨은 말할 것도 없었다.

"이곳에 한국문화를 소개하고 우리의 젊은이들에게 한국문화를 접하게 하기 위한 방법을 모색하다가 오페라 춘향전을 공연해야겠다는 생각을 했었습니다. 한국에서 오페라 춘향전에 출연해 이도령역을 하면서 연출이나 무대장치, 의상 등 전반적으로 자신이 있었던 데다가 춘향전이 갖고 있는 정서야말로 우리 세대 모든 한국인들이 이해하고 있는게 아닙니까."

이우근씨는 연출과 이도령역, 무대의상에서부터 총감독까지를 맡았고 춘향역은 다이앤 장씨가 맡았다. 다이앤 장씨는 서울 음대를 졸업한 후 USC에서 성악을 공부하고 있었다. 후에 산타모니카 오페라에 소속되어 마리오 란자 밑에서 오페라 공부를 하기도 했던 재원이었다. 이우근씨는 다이앤 장씨의 근황을 전혀 모르고 있어 몹시 아쉬워한다.

당시 오페라 '춘향전'의 입장료는 무료였지만 그해에 한국에 홍수피해가 컸기 때문에 조국 이재민을 돕기 위한 도네이션을 받았는데, 모두 1천 9백 80달러가 모여 한국 경향신문사를 통해 전달하기도 했다.

1950년대와 1960년대에 한국에서 살았던 사람은 당시 성악계의 정상에 있던 테너 이우근(71)씨를 기억한다. 당시 한국의 오페라는 '테너 이우근이 없으면 안된다'고 할만큼 그의 위치는 중요했다. 한국에서 오페라가 공연되기 시작하던 시기에 '라트라비아타'의 '알프레도' 역에서부터 춘향전, 오셀로, 왕자호동, 피델리오, 돈조바니, 루치아 등에서 주역을 하면서 그는 눈부신 성악가의 길을 걸었다.

테너 이우근씨의 특징은 고음(하이 C)을 낸다는 것과, 고음에서 피로를 느끼지 않아 언제라도 원하면 고음을 낼 수 있다는 것, 호흡이 매우 길다는 것, 그리고 섬세한 해석과 이해 등이다. 한국에서 그의 공연을 봤던 사람들은 자유롭게, 아름답게 터져나오는 젊은 날의 그의 노래를 지금도 기억하고 있다. 오페라 '춘향전'에 나오는 '이리봐도 내사랑, 저리봐도 내사랑'은 지금까지도 폭넓게 애창되는 인기 명곡으로 자리잡았다.

◐ 1965년 버논의 코리아센터에서 공연된 춘향전의 한 장면. 이도령역은 이우근씨가, 춘향역은 다이앤 장씨가 맡았다.

이우근씨는 강원도 춘천에서 태어났다. 내과의사였던 부친이 철원도립병원에 근무하면서 그도 철원에서 중학교를 다녔다. 그가 중학교에 다니고 있을 때 소프라노 김천애씨가 독창회를 하러 철원에 왔다가 이우근씨의 노래를 듣고 성악을 공부하도록 권고했지만 본인은 부친을 이어 의사가 되겠다는 생각 밖에 없었다.

해방 후 이우근씨는 리어카에 할머니와 아버지, 어머니, 누나, 동생을 싣고 피난길에 나서 구사일생으로 3.8선을 넘었다. 3.8선을 넘자마자 따발총이 발사되는 통에 리어커와 함께 개골창 속으로 빠져 그야말로 1,2초 사이에 목숨을 건진 극적인 체험을 하기도 했었다.

서울로 와서는 장학금을 받으며 경동중학교에 다녔다. 4학년 재학중에 국내 최초로 서울 음대 주최 중학생(당시는 고등학교가 따로 없었다) 음악 콩쿨대회에 출전해 성악부 1등을 하면서 그의 삶은 바뀌기 시작했다. 각 학교의 음악회에는 게스트 솔로 싱어로 초대되어 갔고 경동학교 음악회가 있는 날에는 남녀학생들이 몰려들어 학교가 난리를 치러야 했다.

"성악가 현제명박사가 부친을 찾아와 제가 성악 공부를 해야 한다고 간곡하게 설득을 하셨지만 부친은 일언지하에 거절을 하시더군요. 사내가 풍각쟁이가 되어 무얼 하겠느냐, 어림도 없다는 것이었지요. 그런데 현제명박사는 포기하지 않고 계속 부친을 찾아오셨어요. 서울 음대에서 전액 장학금을 주겠다며 설득을 해서 아버지도 손을 들고 말았어요."

1950년 5월에 서울 음대를 졸업하고 한달 있다가 한국전이 터졌다. 전쟁통에 도망을 다니다가 수복후 미 5공군 정훈목사실에 근무하며 미군 교회에서 합창을 하기도 했었다.

"환도 후에 처음으로 취직한 곳이 선린상고 음악선생 자리였어요. 2년여 가르치다가 이화여고로 옮겨 이화여고와 예고에서 가르쳤지요. 당시 예고에는 임원식, 오현명씨 등이 가르치고 있었습니다. 후에 한양대학에서도 강의를 했지요."

그는 서울오페라단과 국립오페라단에 들어가 오페라 가수로 활약하면서 교단에서 후학들을 가르쳤다.

1964년, 이우근씨는 미국에 올 기회가 있었다. 콜로라도 덴버에서 국제 와이즈멘 컨퍼런스가 열리는데 와이즈멘 회원이었던 이우근씨는 컨퍼런스에서 한국 애국가와 미국국가를 부르게 된 것이다. 여권 받기가 정말 힘들던 때였지만 비자를 발급해주는 부영사가 이우근씨의 목소리에 반해 있던 사람이라 이우근씨는 수속을 시작한 당일로 비자를 받아 비행기를 탈 수 있었다. 당일에 떠나느라 주위 친지들에게 미국에 간다는 인사를 하지 못하고 떠났다고 한다.

와이즈멘 국제 회의를 마친 후 세계 각국으로부터 온 회원들이 한자리에 모인 것을 축하하기 위해 마리오 오페라 컴퍼니의 공연이 있었다. 이들의 공연이 끝나자 한국인 회원들은 이우근씨의 등을 밀어 무대에 오르게 했다. 독창을 하나 해서 한국인의 노래실력을 보여주라는 것이었다. 그는 '라보엠'의 '그대의 찬손' 등 유명한 아리아를 불렀는데 관중들은 박수를 그치지 않았다. 그 자리에 있던 시카고 오페라의 지휘자면서 로스앤젤레스 콘서버토리 오페라 주임교수인 밴 그로번박사는 이우근씨에게 함께 LA로 가자고 요청했다.

"친구들에게 떠난다는 말도 못하고 조국을 떠났는데 돌아가는 대신 로스앤젤레스로 오게 된 거에요. 그리고는 40년 가까이 이곳 사람이 되어 살아왔습니다. 제가 와보니까 권길상선생이 활발하게 활동하고 계시더군요. 권선생의 형님 권희상 목사님이 시무하시는 제일 연합 장로교회에서 권선생이 반주를 하고 저는 지휘를 하며 10년 동안 함께 신앙의 길을 걸어왔습니다. 태어나서 35년을 산 조국인데 참으로 어이없게 작별인사도 없이 떠나와서는 이렇게 오래 외국 생활을 했습니다."

로스앤젤레스로 온 후 그는 잔 포파박사와 함께 UCLA에서 오페라 워크샵을 주관했고 캘스테이트 LA에서 석사학위를 받았다.

"이제까지 어디서든지 저를 부르기만 하면 한복을 싸들고 달려갔습니다. 동부 7개 도시 순회공연등 미국 전국을 돌며 한국의 문화를 알릴 수 있다면 전심을 다해 노래를 불렀습니다. 미전국에서 독창회나 초청 음악회, 한국가곡의 밤, 각종 기념음악회, 기금 모금 음악회 등 음악회 무대에만 50회 이상 서왔습니다. 모두가 제게는 뜻깊고 귀중한 무대였지요. 1975년 LA 뮤직센터에서 라저 와그너 합창단과 베토벤 제9교향곡 연주에서 독창을 한 것, 1981년에 베이스바리톤 오현명, 앨토 이영애, 소프라노 이귀임씨 등과 윌셔 이벨극장에서 가졌던 4인 음악회, 1990년 북한에서 있었던 남북 가곡의 밤, 지난해에 있었던 고희 음악회 등은 더욱 그렇습니다."

그는 부인 이용애(71)씨와 패사디나에 살고 있다. 3남 1녀에 손주가 다섯이다. 한국에서 살았더라면 더 많은 후배를 양성했을텐데 그렇지 못한 것이 좀 아쉽긴 하지만 해외에서 우리 문화를 소개하며 살아온 것도 보람이 있었다고 믿고 있다.

그는 1980년대 초에 시작한 벨칸토 음악 연구소를 운영하며 성악을 전공하는 후배들을 개인지도 한다. 또 미주총신대학교 기독예술대학에서 학생들을 가르친다. 그러나 가르치는게 전부가 아니다. 전문가들과 많은 음악 애호가들은 이교수를 여전히 현역 성악가로 숭상하고 있다.

□ 시절 그사람

한인사회와 미국정계 이은 다리

LA시 첫 한인 커미셔너 **이 천 용**

◐1973년에
LA커미셔너로
임명된
이천용씨.

◐ 클린턴 대통령의 초청을 받고 부인 준 리씨와 백악관을 방문했을 때. 이들 부부는 이날 한나절 내내 백악관에 머물며 즐거운 시간을 가졌다고 한다.

로스앤젤레스시 커미셔너로 한인이 처음 탄생한 것은 1973년이다. 그해에 LA 시장으로 당선된 탐 브래들리 시장이 시 조닝 위원회에 이천용(64·당시 37세)씨를 지명해 시의회의 인준을 받았다. 코리아타운이 형성되기 시작하고 있던 때에 한인 조닝 커미셔너가 탄생했다는 것은 한인 커뮤니티로서는 의미 있고 든든한 버팀목이었다.

이천용씨는 한인 커뮤니티가 형성되기 시작하던 초기에 이미 주류사회에 깊숙히 들어가 실력 있는 정계 인사들과 친분을 갖고 탄탄한 신용을 쌓고 있었다. 친분과 신용을 밑바탕으로 그는 한인 커뮤니티가 필요로 하는 것들을 연결해 줬다.

그가 정치 분야 인사와 인연을 맺게 된 것은 UCLA에 다니고 있을 때였다. 그의 아파트 옆에 살고 있던 헤럴드 이그재미너 편집장 토니 로저씨가 시의원에 출마하는 에드워드 로이버(후에 국회의원을 지내다 6년 전

은퇴)씨의 캠페인을 도와줄 수 있느냐고 요청을 해오면서부터였다. 미국을 좀더 가까이에서 배우고 싶었던 이천용씨는 로이버 후보 캠페인에 참여해 달라는 요구를 마다할 이유가 없었다. 지역구 가택 방문, 우편물 만들기, 우송하기, 후보 지지 여론조사 등을 하면서 그는 로이버 후보를 당선시키는데 일익을 담당했다. 이로써 에드워드 로이버씨는 히스패닉계 첫 시의원이 됐고 다시 이천용씨의 캠페인 도움을 받아 히스패닉계 첫 국회의원이 되는 쾌거를 이루었다.

"처음에 한 정치인과 인연을 맺어 선거운동에서 성공하게 되자 여러 정치인들이 캠페인에 참여해달라고 요청을 해오더군요. 1973년에 탐 브래들리가 LA 사상 첫 흑인 시장이 탄생하는데도 동참했었지요. 그외에 조지 맥거번 대통령 후보, 아트 토레스 의원, 리치 알라토리 의원, 리차드 플랑코 상원의원, 제리 브라운 가주 지사, 지미 카터 대통령, 앨런 크랜스턴 상원의원 등 많은 정치인들의 선거 캠페인을 도왔습니다. 그렇게 되니까 자연히 이들과 가까이 친분을 쌓게 됐고 또 성심껏 열심히 일을 하니까 신용도 쌓게 됐지요. 선거 후보 캠페인을 도우면 그 다음 순서는 그들이 선거 운동원들의 요구를 들어주는 거지요."

시 커미셔너가 되기 전에 이천용씨는 Council of Oriental Organizations의 이사와 EYOA(Economic Youth Opportunities Agency)의 부이사장을 하면서 이미 아시아계 지도급 인사들과 커뮤니티의 발전을 위한 업무에 깊이 관여하고 있었다. 특히 EYOA는 연방정부와 소수계 커뮤니티를 연결하는 가장 강력한 조직이다. 여기에서는 1965년 산하 오리엔탈 서비스 센터를 통해 한국, 일본, 중국, 비율빈 등 네개 인종그룹의 커뮤니티 서비스 센터를 위한 수십만 달러를 할당했었다.

"지금까지도 제가 몹시 안타깝게 생각하고 있는 게 있습니다. 당시 이 기금으로 서비스 센터를 마련했던 중국과 일본, 비율빈은 계속 연방 기금을 받으며 지금까지도 교민들을 많이 돕고 있습니다. 그런데 한국만은 받지 못하고 말았어요. 당시 유신체제 하에 있던 한국정부의 간섭으로 총영사관이 개입해서 코리언 커뮤니티 서비스 센터 기금을 받지 못하게 한 거에요. 억울하기 짝이 없는 일이지요."

가주 운전 면허 필기 시험 안내 책자와 시험문제집을 한국어로 만들도

◐ 1970년 에드워드 로이버 후보를 위한 한인사회 첫 기금모금 행사에서 로이버후보가 이야기를 하고 있다. 왼쪽에 소니아 석여사의 모습이 보인다. 로이버 후보의 오른쪽 두번째가 이천용씨.

록 하고 한국어로 시험을 치를 수 있게 한 것도 이천용씨다. 1975년, 그는 시 커미셔너로 있으면서 아트 토레스 주 하원의원에게 건의해 이룬 것이다. 당시 한국말로 번역을 한 사람은 박학도씨였다. 또 1977년에는 재미 국악원 초대 이사장을 지내면서 재미국악원 육성 기금으로 15만 8천달러를 받아내 재미 국악인의 훈련과 공연 기금을 위해 사용했다.

이천용씨는 지미 카터 대통령에 의해 1978년에 연방 이민국 자문위원회 커미셔너에 임명됐다. 아시아계로는 첫번째 연방 이민국 커미셔너가 탄생해 6년 동안 서부지역 17개 주를 대표해 아시아계의 이민 문제를 검토하고 이민 정책에 반영하는 임무를 맡았었다.

"하와이와 알래스카까지 포함해 17개 주를 돌아다니면서 이민 과정에 문제가 있는지를 알아보는 일이었지요. 저는 우선 현지에 도착하면 전화번호부를 보고 김씨나 박씨 등 한국인 이름을 가진 집에 전화를 해서 이민에 대해 문제가 있는지를 물어봅니다. 대부분의 경우 오래 전에 영주권을 신청했는데 아무 소식이 없어 답답하다거나 가족 누구를 신청했는데

미국 땅에 심은 한국 211

아무런 이유도 없이 거부당하고 있다는 등 호소를 해요. 주위에 또 문제가 있는 한국인들이 있으면 함께 모이게 해서 실정을 파악하고 이민사무국에 연락해 어째서 이 사람들의 일이 잘 안되는지를 묻습니다. 특별히 큰 하자가 있는 경우가 아니라면 대개의 경우 그 자리에서 해결이 되곤 했지요."

연방 이민국 커미셔너로 있으면서 영주권 때문에 어려움을 겪고 있는 한인들을 도와 줄 수 있었던 것을 그는 큰 다행으로 생각하고 있다.

LA 시 조닝 커미셔너와 연방 이민국 커미셔너 외에 이천용씨는 LA 시 중소기업육성 위원회 커미셔너, LA 카운티 공공 소셜서비스 커미셔너 등을 지냈고 현재도 LA카운티 경제 자문 위원회 커미셔너로 일하고 있다. 민주당원인 그는 민주당 전국 컨벤션 대의원, Asian Democratic Caucus의 회장을 지냈고 텍사스주 샌앤토니오시의 명예 시장이기도 하다. 그는 민주당원이지만 마음에 드는 후보가 공화당일 때는 공화당 후보의 당선을 위해 최선을 다해 뛰었다고 했다.

이천용씨는 서울 사범을 졸업하고 1957년 유학차 미국으로 왔다. 한국전쟁 후 모두가 가난했던 시절이었다. 대기업 사주였던 고모부가 우리나라를 재건시키기 위해서는 외국에 나가 산업경영을 공부해 오는게 좋겠다고 해서 그는 단단히 마음을 먹고 어려운 유학길에 오르게 됐다. 청운의 뜻을 품고 약관의 나이에 떠난 유학길이 영영 미국시민으로 사는 길이 되고 말았다. 조국에 돌아가 일하지는 못했지만 이곳에서 한인 커뮤니티를 위해 적지 않은 일을 했던 것에 대해 그는 만족하고 있다.

UCLA에서 Industrial Management를 공부하면서 다른 유학생들과 마찬가지로 그도 많은 고생을 했다. 중간에 학비를 덜 내고 UCLA에는 없는 학점을 따기 위해 그는 아리조나 주립대학, 유타 주립대학 등에서도 공부했다. 학기중에도 밤이나 주말이면 공장에서 일했고 방학이면 라스베가스나 리노에서 학비를 벌었다.

그는 UCLA를 졸업한 후 라번대학에서 MBA를 획득했다. 학교를 졸업한 후에는 보험회사에서 10여 년 근무했고 현재 운영하고 있는 다임 인베스트먼트(Dime Investment Corporation)를 창설한 것이 1980년, Futuristic Applications Corporation은 1986년에 설립했다. 회사를 합병하거나 사고 파는 일을 하는 회사로 Valco Automotive, Fairchild Aircraft, Lipton Industry의 마이크로웨이브 오븐라인 등 대형 회사를 사고 파는 일을 성공적으로 마무리했다. 현재는 자동차 관련 업체인 Pepboys, Jiffy Lube, Midas 등 세개를 모두 구입하는 일을 진행하고 있는데 구입 액수는 1억 6천만달러, 거의 완성단계에 와 있다.

낯선 땅에 오자마자 주류 정계의 중앙에 뛰어들어가 힘을 키운 그의 능력은 사업으로도 이어져 그는 주류사회 대형 회사를 이손에서 저손으로 넘겨주는 엄청난 규모의 일을 성공적으로 하고 있다. 의욕과 성실, 사업 안목과 지식, 그리고 행정력을 고루 갖춘 이천용씨가 이룬 업적과 봉사는 한인 이민 후배들에게 귀중한 롤 모델이 될 것이다.

이천용씨의 부인 준 리씨는 행콕파 인근에서 20년 이상 부동산업을 하고 있다. 슬하에 자녀가 없어 이들 부부는 즉흥적으로 여행을 떠나는 때가 많다. 어딘가 멀리 가고 싶을 때 작은 가방 하나 챙겨들고 부부가 함께 훌쩍 여행길에 오른다. 여행 이외의 취미로는 최근에 시작한 한미양란협회에 가입해 양란 키우는 재미에 빠져있다.

□ 시절 그사람

올림픽 거리의 3천만불 신화

'영빈관' 설립자 **이 희 덕**

○ 1970년에 올림픽 거리에 자리잡고 코리아타운 형성의 주춧돌이 됐던 올림픽 마킷의 이희덕씨.

○ 올림픽 대로에 한국식 분위기를 물씬 풍기며 위용을 자랑하던 영빈관.
지금은 외국식당으로 바뀌었다.

넓은 땅 로스앤젤레스의 어느 곳에도 한국인의 근거가 전혀 없던 시절에 이희덕(62)씨는 올림픽 거리에 한인타운의 주춧돌을 세웠다. 1970년, 올림픽 3,324번지에 한국식품점을 연 것이다. 멀리 뿔뿔이 흩어져 살고 있던 한인들은 너나없이 올림픽 식품점을 찾았다. 찾아와서는 '한인끼리 한국말로' 정담을 나누며 조국에 대한 향수를 풀었다. 당시 올림픽식품점은 눈물겹도록 외롭고 힘겹게 살던 한인들에게 '미국 속의 고향'이었다. 직장을 얻거나 아파트를 구할 때도 이곳을 찾아 정보를 얻었다. 올림픽식품점은 남가주 한인들 생활의 중심지였고 지금의 코리아타운의 초석이 됐다고 말할 수 있다.

이희덕씨는 50달러를 들고 미국 땅에 들어와 10년여만에 3천만달러를 벌었던 입지전적 인물이다. 그는 어쩌자고 남의 땅 낯선 거리에 한국식품점을 열었던가. 사업에 대한 판단력과 추진력이 용기를 주었기 때문이다. 그는 아메리칸 드림의 신화를 만들어낸 선구자적 인물로 남가주 한인 이민사에 굵게 기록되어 있다.

요즈음 중국 심양에서 차(茶) 사업을 하고 있는 이희덕씨가 지난 달 로스앤젤레스에 왔다. 그는 3개월에 한번 정도 로스앤젤레스를 찾아 로스펠리츠의 자택에 머물며 가족들과 지내다 돌아가곤 한다.

이희덕씨가 코리아타운을 떠난 지가 어언 15년이다. 60을 넘긴 그의 얼굴에 세월의 흔적은 담겨있지만 올림픽 거리에서 뿜어내던 그의 패기와 정열, 조국을 향한 애정은 조금도 변함이 없다.

"남아프리카 희망봉에서 생산되는 차의 원료를 중국으로 들여와 포장을 해서 식당과 호텔 등에 납품하고 한국과 미국에도 팔고 있습니다. 중국에서는 누구든지 차를 마시기 때문에 사업은 그럭저럭 괜찮은 편이에요. 중국에 머물면서 저의 목표는 연변 지역의 백두산 관광 개발이었어요. 개발권은 1991년에 받아놓았지요. 백두산 천지를 가로지르는 케이블을 놓는 일을 추진하던 중 투자하기로 한 사람이 한국의 경제 사정때문에 약속을 지키지 못하면서 일이 중단됐습니다. 지금은 훈춘에서 블라디보스톡을 오가는 두만강 유람선 두척을 띄워놓고 있고 백두산 정상 바로 밑에 있는 천지호텔을 개조하고 증축도 해놓았습니다."

그는 충남대학을 졸업하고난 후 '대학을 나와도 취직할 수 없는 나라를 탈출' 하고 싶어 1964년 서독으로 갔다. 유럽 16개국을 돌아본 후 미국으로 들어온 것은 1968년 7월 20일이다. 50달러를 들고 로스앤젤레스 공항에 내려 그길로 택시를 타고 '바퀴벌레가 가득한' 5달러짜리 모텔에서 하룻밤을 지내고, 무조건 직장을 찾아 거리를 쏘다녔다. '뜨거운 햇볕 속을 얼마나 걸어다녔으면 양쪽 발 엄지발가락이 양말 밖으로 삐져나오고 발가락 크기만한 물집이 잡혔다' 고 했다.

그는 2년여 동안 깡통 만드는 일과 용접공으로 일하다가, 1970년에 올림픽 거리에 있던 조그만 마킷을 구입했다. 캔디와 장난감 등 재고품값까지 합해서 1만6천달러짜리였다. 주위에서는 '도둑이 들끓는 흑인촌에서 왜 마킷을 하려느냐' 며 극구 말렸다. 그러나 이희덕씨는 '큰일을 해보려고 조국을 떠난 사람이 직장 생활에만 매달릴 수 없어 내 사업을 해야겠다는 결심을 하게 되었다' 고 한다.

마킷을 인수하고 오래된 물건들을 모두 버리고 새것으로 바꾸며 한국인을 위한 물건들을 넣기 시작했다. 첫달 매상은 7천달러였다. 3개월 후 월매상은 3만달러, 3년후 월매상은 25만달러가 됐다. 3년만에 25배로 성장한 것이다. 그동안 시설도 깨끗하게 바꾸고 주변의 집들을 사서 매장과 주차장도 확장했다.

그는 불고기거리와 갈비를 기계로 썰어 팔았는데 표현 그대로 '불티나

◐ 1974년 영빈관 개업식날 아내 이길자씨와 동생 내외. 이희덕씨에게 안겨있는 아기가 큰딸이다.

게 팔려나갔다'. 일본식품 도매상에서 한국인들이 상용하는 야채를 들여다 팔고 한국에서 각종 젓갈이나 미역, 김도 들여다 팔았다. 1년 후에는 농업전문가에게 부탁해 치노힐의 농장에 한국 풋고추와 나일론참외를 키워 팔기도 했다. 나중에는 미꾸라지를 키워 팔 생각으로 한국에서 특수포장을 해 산소를 공급해가며 20마리의 미꾸라지를 들여왔지만 어쩐일인지 미꾸라지가 자라지도 않고 비실비실 대다가 죽고 말았다고 한다.

"식품을 팔면서 한달에 25만달러 매상을 올렸다면 얼마나 많은 한인들이 이곳을 찾았는지 알 수 있습니다. 이렇게 찾아오는 한인들을 보면서 이곳을 중심으로 한인타운을 만들어야겠다는 생각을 하게 됐지요."

1974년, 그는 3014 웨스트 올림픽에 좌석 1천개의 최고급 식당 겸 나이트클럽 영빈관을 열었다. 한식과 중식, 일식을 하면서 한인들의 자존심을 살릴 수 있는 곳이었다.

"한인타운이라면 무엇보다 한국 문화가 살아있는 곳이라야 합니다. 한국인들이 땅을 사고 건물을 산다고 해서 한인타운이 되는게 아니지요. 차이나 타운에는 중국문화가, 재팬타운에는 일본문화가 있어요. 저는 영빈관을 지을 때 한국에서 청기와를 한 배 들여와 얹었습니다. 우리도 그렇지만 외국인이라도 이 지역에 발을 들여놓았을 때 아, 한국이구나 하는 느낌이 들어야 코리아타운이 되는거 아닙니까?"
 영빈관은 곧 한인 커뮤니티 주요행사의 중심지로 자리 잡았다. 한국에서 오는 VIP들은 모두 영빈관을 찾았다. 민주인사였던 김대중씨와 김영삼씨를 위한 수백명 파티도 이곳에서 무료로 제공했다. 레이건 대통령 당선 축하 가주 공화당 파티와 로버트 핀치 연방 후생부 장관, 로버트 케네디 상원의원, 제리 브라운 주지사 등 주류사회 주요인사들의 파티도 영빈관에서 치러졌다. 올림픽 대로에서 청기와의 위용을 자랑하며 한국의 정취를 담고 선 영빈관은 곧 코리안 커뮤니티의 상징적 건물로 자리잡았다.
 "교포들의 향수를 달래주기 위해 시작한게 한국 유명 가수들의 초청 공연이었어요. 패티 김, 이미자, 이수미, 김세레나, 박재란, 서영춘, 김희갑, 정미조 등 많은 연예인들이 미국으로 올 수 있는 길이 열렸던 거지요. 1년에 평균 20명 정도 초청을 했지만 항상 자리가 모자랄 만큼 사람들이 몰려들었습니다."
 올림픽 마킷과 영빈관 두곳에서 한주에 소비하는 과일과 야채가 4천 상자였다. 소 한마리에서 나오는 갈비가 20파운드에서 23파운드인데 주말인 금, 토, 일요일 사흘동안 갈비를 4천파운드씩 팔았기 때문에 LA 인근에 있는 갈비를 쓸어다가 팔았다.
 "한인타운을 건설하겠다는 생각으로 주윗분들과 힘을 합쳐 여러가지 운동을 펼치기도 했습니다. 김진형씨와 함께 한글 간판 달기 운동, 거리 깨끗하게 쓸기 운동을 시작하면서 태극기 보급도 했습니다. 제리 브라운 주지사의 보좌관이던 김성직씨가 힘을 써줘서 10번 프리웨이에 코리아타운 사인도 세우고 여러분들이 힘을 합쳐 코리아타운 파출소도 설립했어요. 아드모어 공원에 20만달러를 들여 조경을 한 후에 이름을 파고다공원으로 바꿔 시에 기증하기로 허가를 받고 공원 한쪽에 있는 삼각지 땅에는 한인 커뮤니티를 상징하는 건물을 짓도록 설계까지 해두었었습니다."
 4년에 걸쳐 인근의 땅 세 블락을 모두 사들인 후 그는 코리아타운 설립을 안중에 두고 VIP 건물을 올렸다. 쇼핑센터도 짓고 객실 2백 30여 개의 대형 호텔에 대한 설계도 다 만들어졌다. 건물 건설을 위한 융자도 나왔다.

막힌데 없이 나가는줄 알았던 코리아타운 건설작업은 그러나 난데없는 장애에 부닥쳤다. 지미 카터 대통령이 취임하고 인플레를 막는다고 이자율을 9%에서 22%까지 올린 것이다. VIP 샤핑센터에 입주한 상인들이 렌트비를 내지 못하고 이자까지 높아지면서 그는 한달에 3만여달러씩 주머니를 털어내다가 급기야는 챕터 11을 신청하고 말았다. '피눈물을 흘리며' 영빈관을 외국인의 손에 넘기고 머리도 식힐겸 새로운 도전의 땅 중국을 향한 것이 1986년이다.

"제가 역마살이 끼었어요. 이제까지 국제선 비행기를 탄 것만해도 9백회가 넘어요. 돌아다닌 나라만 해도 58개국이에요. 여러 나라를 다니면서 참 많은 것들을 배웠습니다."

주류 언론에서는 미국에서의 이민 성공 사례를 다룰 때 반드시 이희덕씨의 이야기를 소개한다. 코리아타운의 발전을 이야기할 때도 빠짐없이 이희덕씨를 소개한다. 이제까지 로스앤젤레스 타임스는 물론 시사주간지 타임, 뉴스위크와 CBS, ABC, NBC 등 많은 언론에서 그를 소개했다.

올림픽 거리에 Korean Village의 꿈을 이루지 못한 이희덕씨는 로스펠리스 자택에 축소판 Korean Village를 만들어 놓았다. 한국식 가구와 격자무늬 문에 마당에는 한국 모양의 연못을 파고 백두산에서는 폭포가 떨어지고 있다.

"지금도 돈을 벌어 한인타운에 한국문화를 심는 일을 조용히 하겠다는 꿈을 갖고 있어요. 어떻게든 코리아타운에 한국문화가 살도록 하고 싶습니다."

간호사인 부인 이길자(57)씨는 이희덕씨가 코리아타운 설립을 꿈 꿀 수 있을 만큼 성공의 길을 걷도록 모진 고생을 하며 뒷받침을 해준 공이 크다. 이들 사이에는 장성한 2남 1녀가 있다. 젊은 날의 꿈과 땀이 배어있는 로스앤젤레스를 두고 중국으로 향하는 그에게서는 새로운 희망이 보인다.

□ 시절 그사람

최고의 양복점으로 할리웃 진출

하이소사이어티 대표 **임 윤 영**

● 1967년부터 지금까지 같은 장소에서 하이소사이어티를 운영하고 있는 임윤영씨.

○ 1970년대 말, 의상을 맡았던 TV시리즈 'Love Boat' 촬영장에서 출연진들과 함께. 앞에 선 소년이 아들 데이빗이다.

'하이소사이어티'는 윌셔가에 있는 맞춤양복점이다. 1967년, 한인타운이 형성되기 시작할 때 한인이 연 첫번째 맞춤양복점으로 처음부터 지금까지 같은 자리(2974 Wilshire Blvd.)에서 영업을 하고 있다. 처음 시작할 때는 2백 스퀘어피트의 협소한 장소에서 일했고 지금은 빌딩에 이어 옆의 아파트들을 사들여 건물을 확장한채 1층에서 3층까지 전체를 사용하고 있는게 다르다.

하이소사이어티 임윤영(68 · Richard Lim)대표는 1962년에 미국으로 왔다. 워싱턴DC로 가는 길에 로스앤젤레스에 들렀다가 이곳 사람으로 주저앉았다. '한국에서 가장 좋은 양복점'을 운영하겠다는 청년시절의 꿈이 '미국에서 가장 좋은 양복점'을 운영하자는 쪽으로 기울었던 것이다. 하이소사이어티 건물을 구입함으로써 그는 한국인으로는 첫번째로 윌셔 블러버드에 건물을 구입한 사람이 됐다.

"처음에 이곳에 와서는 다른 이민자들과 마찬가지로 고생을 많이 했지요. 접시 닦기도 해보고 공장에서 고된 노동을 하면서 미국이란 곳을 조금씩 알게 됐습니다. 젊은 날 막노동이란 고생스러운 만큼 해볼만한 가치도 있는 것 같아요."
 힘겹게 노동을 하면서 그는 LA Technique College에서 기계공학을, LA Pacific States University에서 경영학을 공부해 엔지니어면서 기업가로서의 기초를 다졌다.
 1965년 케네디 이민법이 통과되고 2년여가 지나면서 로스앤젤레스에 한인들이 늘어나기 시작하자 그는 맞춤양복집 '하이소사이어티' 간판을 내걸었다. 당시 일반 소비자들을 위한 양복 한벌이 65달러, 지금은 비슷한 수준의 것이라면 보통 5백달러 정도 된다.
 임윤영씨는 양복 디자이너나 재단사가 아니다. 맞춤양복점을 운영하는 사업가다. 맞춤 양복 사업으로 성공할 수 있었던 것은 미적감각을 타고났기 때문인 것 같다고 본인이 평한다.
 그는 충남 예산에서 출생했다. 부친의 근무지를 따라 황해도 봉산군에서 자라다가 봉산초등학교 6학년 때 해방이 되어 서울로 와서 체신학교에 다녔다. 한국전이 터지고 고향으로 피난을 갔다가 구제중학 5학년 때인 1951년 학도병으로 지원해 해병대에 입대했다. 3개월간 훈련을 받고 일선에 투입되어 영월전투에 참가했고 특공대에 들어가 활약했다. 그는 김일성고지 탈환 전투 공적으로 정부로부터 은성 화랑 무공훈장을, 임진강 방어전 86고지 첩보전으로 은성 충무 무공훈장을 받았다.
 제대 후 고향에서 초등학교 교사로 1년간 교편을 잡았고 서울로 와서 주간신문인 '대중민보사' 기자로 1년간 뛰기도 했다.
 맞춤양복점과의 인연은 당숙이 을지로에서 운영하던 맞춤신사복집 '미림라사'에 들어가 디자인에서부터 영업까지를 총괄하는 책임자로 일하면서 시작됐다. 그는 신문사에 근무했던 경험과 당시에 엮어놓은 인맥으로 비즈니스 프로모션을 시작, '미림라사'는 곧 유례없는 명성을 얻으며 사업적으로 크게 번성하게 됐다. 그가 일했던 3년 새에 미림라사는 탄탄한 기업으로 자리를 잡았다.
 임사장의 타고난 재능과 사업 안목은 그후 로스앤젤레스 '하이소사이어티'에도 그대로 적용됐다. 우연한 기회에 워너브라더스의 의상 담당 책임자와 알게 되어 하이소사이어티는 워너브라더스로부터 영화의상 하청을 받게됐고 납품을 마친 후 기술과 책임감을 인정받아 하이소사이어티의 이름은 할리웃 영화가와 명사들 사이에 서서이 퍼져가기 시작했다. 지금까지 그가 의상을 맡았던 영화는 1백여 편에 이르고 TV 시리즈물도 수십편에 이른다. 한인사회에서는 하이소사이어티가 일반 맞춤 양복점으로 알려져 있지만 주류사회에서는 영화의상, TV의상, 연예인 의상을 전문으로 하는 양복점으로 더 많이 알려져 있다.

영화나 TV 시리즈 의상은 한벌에 5백달러에서 3천 5백달러까지 가고 폭력물일 경우에는 배우와 스턴트맨이 입을 옷을 합해 의상 하나에 두벌씩 만들어야 하기 때문에 그들의 의상을 맡으면서 벌어들이는 수입은 단위가 굉장히 높다.

"하이소사이어티를 시작하고 어느 정도 사업이 궤도에 오르게 되자 한인 커뮤니티를 위한 봉사활동을 해야겠다는 생각이 들었습니다. 낯선 곳에서 한인 커뮤니티가 자리잡아가려면 먼저 온 사람들이 밑작업을 해야하지 않겠습니까? 도산 기념사업회, 한인회 이사, 한인회 건물 건립 위원회, 미스 코리아 경연대회 준비위원장 등을 하면서 제 도움을 필요로 하는 곳이 있으면 적극 도우려고 노력했습니다. 한국의 불우 여성과 장애 아동을 돕기 위한 패션쇼를 두어차례 갖기도 했구요."

임윤영씨는 한인 커뮤니티에 많이 알려진 인사면서 동시에 주류사회에서도 명사다. 특히 그는 업체 이름에 걸맞게 주류사회의 '하이소사이어티' 와 할리웃에서 유명하다. 그가 한인 커뮤니티와 주류사회를 연결하는 교량 역할을 할 수 있었던 것도 바로 이런 여건이 형성되어 있었기 때문에 가능했다.

"고객들 중에 정치적 역량이 있는 분이나 할리웃 유명인사들이 많다보니 주류사회 인사들을 한인 커뮤니티에 끌어들일 수 있었습니다. 동시에 우리도 주류사회에서 봉사 활동을 해야 하겠다는 생각이 들더군요. 우리가 이곳에서 힘을 키우려면 우리끼리만 해서는 어렵습니다. 서로 공조해 나가야 그들의 힘이 필요할 때 도움을 받을 수 있으니까요."

탐 브래들리 LA시장 선거 때 도운 것을 시작으로 데이브 커닝햄 시의원, 머빈 다이멀리 시의원, 잔 페라로 시의원 선거 때 캠페인을 도우며 정치인들과 탄탄한 우정을 쌓아 그는 이들이 한인 커뮤니티에 관심을 갖고 한인 커뮤니티와 가까와지도록 하는데 성공했다.

이런 영화·
TV 프로 의상들
우리가 만들었어요

하이소사이어티가 의상을 담당한 영화와 TV 시리즈, 단골 연예인들을 다음과 같다.

영화로는 Charlie's Angel, Mission Impossible, The Parent Trap, Ghost, Mississippi Burning, Jurassic Park III, Rush Hour 2 등 1백여 편에 이르고 내년에 소개될 The One, Minority Report, How High, The Country Bears가 있다. TV Series로는 The Young and the Restless, The Bold & The Beautiful, Buffy The Vampire Slayer, The Man Show, The Titans, Crossing Jordan, Nash Bridges(2000) 등이 있다.

단골 연예인으로는 빌리 크리스탈, 재키 챈, 맷 데이먼, 데니 드비토, 진 해크먼, 해리슨 포드, 더들리 무어, 토미 리 존스, 단 존슨, 잭 레몬, 키아누 리브스, 버트 레이놀즈, 아놀드 슈와제네거, 찰리 신, 크리스찬 슬레이터, 윌 스미스, 실베스타 스텔론, 존 트래볼타, 로빈 윌리엄스, 스티브 앨런 등이 있다.

임윤영씨가 돕고 있는 주류사회의 단체로는 거리의 소년들을 돕는 McCobb Homes for Boys Foundation, 복역을 마치고 나온 사람들에게 갱생의 길을 열어주는 Delancey Street Foundation이 있다. 또 한인 학생들이 많이 재학하고 있는 패션스쿨 FIDM Scholarship Foundation도 돕고 있다. Delancey St. Foundation은 16세에서 68세까지의 알콜 중독자, 전과자, 창녀, 전 마약 중독자 등의 재생을 도와주는 단체로 단기 교육을 통해 기술을 가르쳐 전문직업인으로 독립해 살 수 있도록 해주고 있다. 지난 30년간 수천명에게 갱생의 길을 열어주어 주류사회에서 성공한 봉사단체로 꼽힌다.

1974년에 LA 시의회가 주는 모범시민상을 받은 임윤영씨는 LA 시, 시의회, National Football Foundation, 중소기업 개발센터 등으로부터 많은 감사패와 공로패를 받았고 한인회를 포함해 한인상공회의소, 청소년 한인단체에서도 표창장을 받았다. 1983년에는 연방의회 의사록에 '리차드 임'의 공로가 오르기도 했다. 또한 Who's Who in Executives and Professionals 2001년도판에 수록되어 성공한 전문기업인으로 인정을 받았다.

그와 가까이에서 이야기를 나누며 시간을 보내본 사람은 안다. 그는 말소리가 낮고 차분하지만 목소리에 힘이 담겼다. 서두르거나 수선스럽지 않으면서 조용하고도 빠르게 움직인다. 흰셔츠에 짙은 쥐색 팬츠의 평범한 차림이지만 패션업계의 기업주다운 분위기가 물씬 풍겨나는 사람이다. 주말이면 빠짐없이 골프장에 나가 오랜 친구들과 우정을 나눈다.

부인 임화자(61)씨와 사이의 외아들 데이빗(29)은 부친의 재능을 물려받아 할리웃 영화계에서 그래픽 디자이너로 인정을 받고 있다.

현재 하이소사이어티의 직원은 20명이다. 제품의 질을 유지하며 업주로서 총괄할 수 있는 최대 규모로 보고 이 이상 사업을 확장하지는 않고 있다. 대신 시카고와 뉴욕 등 전국 50여 군데로부터 웹사이트 주문을 받아 제품을 만들고 있다.

┐시절 그사람

모친 소니아 석여사와 함께 타운 발전 위해 활약

치과의사 **장 기 열**

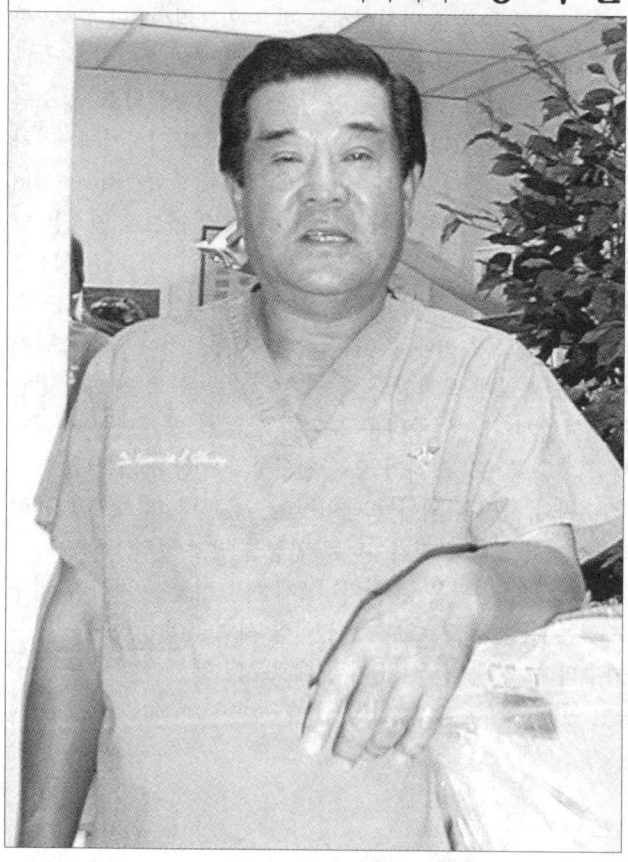

◐ 1971년 첫번째 개업한 1세 한인치과 의사 장기열씨.

◐ 어머니 소니아석여사의 도미 35주년을 기념하는 자리에서 장기열씨가 어머니께 감사패를 전달하고 있다.

치과의사 장기열(65 · Kenneth K. Chang)씨는 미국 치과 면허를 취득하고 로스앤젤레스에서 개업한 첫번째 1세 한인 치과의사다. 1971년 3월, 초봄의 햇빛이 눈부시게 쏟아지는 아침에 그는 윌셔와 샌앤드루스 인근에 한국에서 이모가 만들어 보낸 한문 간판 '장기열 치과'를 내걸었다. 지금부터 30년 전, 한인 커뮤니티가 형성되기 위한 씨앗이 뿌려지던 시기에 그도 함께 씨앗을 뿌린 것이다.

로스앤젤레스 한인 커뮤니티 형성 초기 대표적인 인사의 한사람으로 소니아 석(1996년 타계)여사를 꼽는다. 장기열씨는 소니아 석 여사의 1남 1녀 중 장남이다. 한인 커뮤니티 발전을 위해 어머니와 아들이 함께 적극적으로 활동했던 케이스다. 두사람 다 한인 커뮤니티 발전을 위해 벌였던 활동에 대해 높게 평가받고 있다. 다른 점이 있다면 소니아 석여사는 앞에 나서서 활발하게 뛴 반면 장기열 박사는 뒤에서 조용하게 봉사하는 방법을 택했다는 점이다.

소니아 석여사는 1948년 미국으로 건너와 한인 커뮤니티라는 개념조차 전혀 없던 시절부터 이미 이곳 유학생들과 조국 한국을 위해 헌신적으로 봉사한 사람이다. 당시 소니아 석여사가 했던 일 중 대표적인 것이 한국전후 가난에 허덕이는 조국을 위해 이곳에서 구호품들을 수집해 한국으로 보낸 일이다. 한국에서 전쟁이 나자 석여사는 사방에 호소해 구호품들을 산더미처럼 얻어놓고는 샌프란시스코 항에서 빈 채로 떠나는 해군 함정에 실어서 한국으로 보냈다. 한국전쟁으로 많은 것을 잃은 우리 동포들은 미국에서 건너온 이 구호품들을 참으로 유용하게 썼었다. 구호품을 모아들이는 일도 어려웠겠지만 무엇보다 큰 문제였던 수송편을 해군 당국에 요청해 해결할 수 있었다는 것은 소니아 석여사가 아니었으면 불가능한 일이었을 것이다. 장박사는 '어머니는 당시 구제품을 얼마나 많이 묶었는지 끈을 묶다가 이가 부러져 나갔다고 자주 말씀하셨다'고 회상한다.

소니아 석여사는 남가주 한인사에 길이 남을 선구자적 여성이었다. 1961년에 처음으로 한국어 방송을 매주 1시간씩 내보내 LA 한인들의 향수를 달래주었고, 한인회 회장, 한인회관 건축위원장을 지내면서 청와대를 방문해 박정희 대통령에게 한인회관 건립 기금을 지원해 달라고 요청해 한국정부로부터 15만달러를 받아냈다. 디즈니랜드의 스몰월드에 있는 한국인형도 소니아 석여사가 세웠고 오랫동안 장학사업을 통해 많은 유학생들을 도왔다.

소니아 석여사가 성질이 급하고 직설적인데 비해 장기열씨는 솔직하고 조용한 편이다. 치과 개업 초창기부터 그는 돈 없는 교포 환자들을 많이 도왔다. 가난한 유학생에게 치료를 해주고는 '2달러' '3달러'를 받은 이야기는 당시 치료를 받은 환자들 입을 통해 자연스럽게 널리 알려졌었다.

장기열씨는 평안북도 용천에서 태어났다. 대여섯살 때 부모가 헤어지는 바람에 그는 할머니, 아버지와 어린 시절을 보냈다. 열한살 때 서울에서 모친과 합류했지만 1년간만 어머니와 함께 살았고 바로 다음 해에 어머니는 남매를 이모집에 맡겨두고 미국 유학을 왔다. 그리고 어머니와 미국에서 다시 합친 것이 20대 후반이다.

장기열씨는 사대부고를 졸업하고 서울대 치과대학에서 공부했다. 1959년 대학을 졸업한 후 군에 가서 4년간 근무했다.

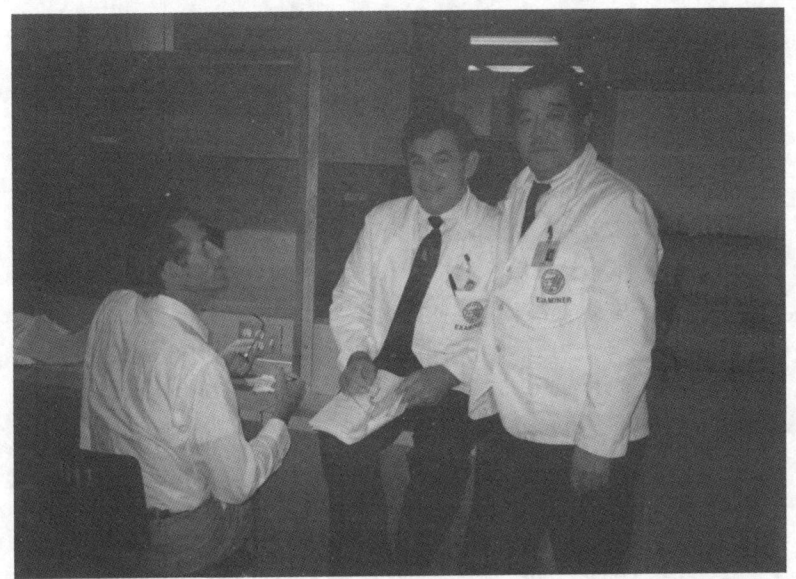
○ 장기열씨가 가주 치과의사 시험관들과 시험 결과에 대해 의견을 나누다가 찍은 사진.

미국으로 온 것은 1963년이었다. 처음에는 여동생이 앞서 와있는 뉴욕에서 공부를 했고 1년후 로스앤젤레스로 왔다.

"물론 어머니가 계시니까 마음도 든든하고 정신적으로 많은 도움이 됐지요. 그렇지만 저 혼자 독립해 살겠다는 생각으로 힘들게 일해 돈을 벌었습니다. 돈이 있어야 학교에 들어가 공부를 할 수 있으니까 빵공장과 치과 기공소에서도 일해 보고 UPS에서도 일했어요. UPS는 시간당 2달러 50센트씩 줬기 때문에 당시 유학생들이 선호하는 직장이었습니다."

그는 어떻게 해서든 치과대학에 들어가 공부를 하기 위해 많은 노력을 했다. 여러 방면으로 수소문을 하던중 쿠바 치과의사들을 만나 정보를 얻게 됐다. 당시 미국 정부에서는 쿠바 난민들을 위해 특별 프로그램을 갖고 있었는데 이를 위해 로마린다 대학에서 치대 편입생 3명을 뽑는다는 것이었다. 응시생은 모두 40명, 장기열씨는 쿠바 학생들 틈에 끼여 시험을 봤는데 '운좋게도' 합격이 되어 2학년에 편입했고 2년반만에 치과 면허를 취득할 수 있었다.

"한인 커뮤니티와의 연계는 어머니가 한인회장에 출마하면서 선거운동을 돕다보니 자연스럽게 이루어졌습니다. 제가 로마린다 의대에 다니고 있으면서 어머니 심부름을 뛰어다니느라고 여러분을 만나뵙게 됐지요. 제가 직접 나서서 관여한 것은 1972년 한인회 이사로 들어간 것입니다. 그러나 여러 정황으로 미루어보니 제가 이사로서 별 도움이 될 것 같지 않아 1년만에 그만두고 말았습니다."

그가 크게 업적을 남긴 단체는 한인상공회의소다. 1974년에 장기열씨가 한인상공회의소에 가담하기 전까지는 비즈니스맨들만 들어가는 것으로 되어 있었으나 그가 들어가면서 전문직 종사자도 회원이 될 수 있는 길을 터놓았다. 장기열씨는 '주류사회나 일본 커뮤니티 등에는 이미 전문직 종사자들이 상공회의소에 들어가 있었는데 유독 한인 상공회의소만 그렇지 않아 문을 넓히기 위해 동참했다'고 말했다.

장기열씨는 1979년부터 81년까지 상공회의소 회장으로 있으면서 몇 가지 두드러진 일을 했다. 회장 본인이 이중언어권에 속해있었기 때문에 주류사회 LA 상공회의소와 연계를 맺고 정보를 교환하면서 이사들이 오가며 함께 회의를 했다. 또 일본 동경에 있는 한인 상공회의소와 자매 결연을 맺고 그쪽 회원 25명을 초청해 미국내 산업 시찰을 함께 하기도 하는 등 활발하게 활동을 펴서 그해 한국 정부가 상공인에게 주는 철탑훈장을 받았다. 또 상공인 실태 조사를 실시해 커뮤니티에 중요한 비즈니스 정보를 제공하기도 했다. 당시 함께 상의에서 활동했던 한 인사는 '단체장을 하면서 그는 단체의 발전을 위해 자신의 주머니를 많이 털어낸 사람'이라고 회상했다.

그는 1974~75년도 미국 한인치과의사협회(Korean-American Dental Association · KADA) 제3대 회장을 지냈고, 1976년부터 91년까지 15년간 가주 전문의 시험관을 지냈다. 그외에 코리아 타운 번영회 이사장, 재미 체육회 이사, 나우회 회장 등을 지냈다. 1990년에는 북한에 가서 뼈에 사무치는 아픔을 경험했다. 열한살 때 헤어진 부친이 북한에 생존해 계시다는 것을 북한측으로부터 통보받고 오랜 준비기간을 거쳐 어렵게 북한땅을 밟았으나 현장에 도착해 부친이 이미 1953년에 돌아가셨다는 사실을 알았다. 40년 쌓인 그리움이 부친의 묘 앞에서 피눈물로 폭발했고 조국 분단이 또다시 원망스러웠다고 한다.
 남가주 지역에서 일하고 있는 한인 치과 의사들 중에는 초창기에 면허를 딴 1세 치과의사 장기열씨의 도움을 받은 사람들이 적지 않다. 그는 한국에서 온 후배들에게 치과의사가 되는 방법 등 그들에게 낯선 이곳 정보를 알려주고 테크닉을 가르쳐주고 큐바 의사들이 갖고 있는 시험문제 예상집도 구해서 나눠주고 사무실에 와서 직접 환자 치료 실험을 해보게도 했다.
 요즈음 한인 단체 활동에 참여하지 않고 있는 것에 대해 그는 이렇게 설명했다.
 "전에는 한인들이 많지 않고 변호사나 의사 등 전문직 한인들이 많지 않을 때니까 커뮤니티를 돕는 차원에서 저까지도 나섰었지만 지금은 똑똑하고 젊은 사람들이 많으니까 그사람들이 일할 수 있도록 나이든 사람들이 물러나 있는게 도리라고 생각하기 때문입니다."
 그는 부인 수 장씨와 마운틴 올림퍼스에 살고 있고 앤드루(구강외과 의사), 리사(관광업), 마이클(공무원) 등 장성한 2남 1녀가 있다.
 "큰 욕심 없습니다. 남에게 폐 끼치지 않고 나쁜 소리 듣지 않으면서 평범하게 사는 게 제가 바라는 거에요. 좋아하는 골프나 가끔 치고 좋은 옛 친구들 만나 식사나 하면서 지냅니다." 그와 가까이 지내는 사람들은 그를 '좋은 이민 선배'라고 말한다.
 장기열씨는 어머니가 남겨놓고 간 재산을 모아 앞으로 노인 휴게실과 장학금을 만들고 싶은 꿈을 갖고 있다.

시절 그사람

관직 없는 외교관 반세기

한국연구협회 회장 정 경 조

● 1950년부터 연방 국방부 외국어 대학에서 한국말을 가르친 정경조 박사.

○ 정경조 박사의 저서 'KOREA TOMORROW'를 미군 태평양 총사령관 와이트 대장과 함께 보고 있다.

지난 달에 만 80세 생일을 지낸 정경조박사는 6척이 넘는 장신에 쩌렁쩌렁한 목소리로 자신이 살아온 미국 생활 반세기를 들려줬다. 1949년 미국에 온 후 반세기가 넘는 세월 동안 그는 이런저런 방법으로 한국을 해외에 알리는 일을 꾸준히 해 왔다. '조국의 평화와 통일을 위해 미국과 세계 여러 곳에 한국의 입장을 알려야 한다는 염원이 강하기 때문'에 그는 지금도 건강할 수 있다고 했다.

로스앤젤레스에서 북쪽으로 3백여마일 떨어져 있는 카멜시는 아름다운 도시로 널리 알려져 있다. 나무와 꽃이 지천으로 흐드러져 있고 바닷바람이 실린 공기는 투명하다. 저명한 예술가들이 많이 모여 있으며, 최고급 식당과 호텔들이 즐비한 세계적인 관광지다. 미국을 포함한 각 나라의 대통령과 유명인사들이 휴가를 보내기 위해 찾아오는 곳이다.

아름다운 도시 카멜에서도 정경조씨의 집은 아름답기로 잘 알려져 있다.

디자이너인 부인 수 정씨가 직접 손질해 키운 동양식 정원수(분재)가 앞뜰을 지나는 사람들의 눈길을 모은다. 6천 스퀘어피트의 넓은 생활공간은 전체가 스카이라잇으로 되어 있어 한낮이면 태양빛이 방으로 들어온다. 방마다 분재 장식을 해서 자연을 그대로 방안에 옮겨다 놓고 있다. 그는 '집안에 있지만 자연 속에서 산다'고 했다. 이 집이 지어진 1951년에 이 집은 한 건축잡지에 '아름다운 집'으로 소개됐다.

"당시에는 아시아계가 마음대로 땅이나 집을 살 수 없었습니다. 저희도 집을 짓기 위해 땅을 사려고 하니까 주민들이 반대 서명을 하고 나섰어요. 마침 한 유대인 의사가 반대 서명을 거부해 땅을 살 수 있었습니다. 이집에서 꼭 50년을 살아왔습니다. 미국의 유명한 예술가와 정치인, 한국의 저명인사들이 수도 없이 많이 이 집에 왔었습니다. 내가 아직도 이렇게 건강한 것은 이 집의 환경이 좋은 점도 한 이유가 됩니다. 집안에서의 생활을 햇빛과 나무가 있는 자연 속에서 하고 있으니까요. 조국의 평화와 통일을 위해 아직 해야 할 큰 일이 있다는 것도 제가 건강을 지킬 수 있는 한 원인입니다. 운동도 열심히 하고 있습니다. 매일 아침 1시간 30분씩 헬스클럽에 가서 운동을 하고 냉온욕을 번갈아 가며 합니다."

정경조씨는 1921년 서울에서 태어났다. 양정고등학교를 졸업한 후 서울대로 진학, 정치학과 1회 졸업생이 됐다.

"제가 양정학교에 다닐 때 유명한 독립운동가인 김교신 선생님이 재직하고 계셨는데 제게 영어 공부를 많이 해야 한다고 늘 독려해 주셨어요. 저는 영어 공부를 열심히 해서 영어를 비교적 잘 했습니다. 서울대학 재학중 총장이신 안스테드박사가 제게 영어 시험을 쳐보라고 하고는 성적이 좋다며 미국 정부 장학금을 주선해 주셨어요. 1948년, 인천항을 떠난지 18일만에 샌프란시스코에 도착했습니다."

그는 샌프란시스코에서 기차를 타고 뉴욕까지 갔다. 콜럼비아대학에서 사회사업학을 전공하면서 공부를 많이 한 후 귀국해 조국을 위해 일하겠다는 꿈을 갖고 있었다. 그가 콜럼비아대학에 다닐 당시에는 후에 미국 대통령이 된 아이젠하워가 총장이었다. 그는 아이젠하워 총장의 초청을 받아 그의 자택에 갔었던 일도 좋은 추억으로 기억하고 있다.

그가 미국에 온 다음다음 해에 한국에서는 6.25 전쟁이 터졌다. 미국은

◐ 1950년대에 국방외국어대학에서 한국어를 배운 미군 장병들과 함께.

한국에 군인을 파견하면서 한국말을 가르칠 사람이 필요했다. 갖고있던 정부장학금 수혜자 명단에서 그들은 정경조씨를 찾아내 국방부 외국어대학에서 한국말을 1년간만 가르쳐달라고 요청했다. 박사과정을 밟고 있던 그가 '1년만' 봉사하기로 하고 한국말을 가르치기 시작한 것이 40년 이상 계속됐다.

"이 학교에서는 외국에 파견되는 군인과 외교관에게 파견국의 언어를 가르칩니다. 언어를 가르치면서 그 나라의 문화와 정치, 역사도 가르치게 되지요. 파견임무가 끝난 후 이 사람들은 자기가 살았던 나라와 비즈니스를 하는 경우가 많기 때문에 이 언어교육은 대단히 유익합니다. 이 학교에서 가르치는 외국어는 보통 30개 내외입니다."

이 학교에서 가르치는 일을 그만둔 지는 이미 10년이 됐지만 그는 지금도 이 학교를 자주 찾는다. 도서관을 이용하기 위해서다. 북한에 관한 자료를 가장 많이 광범위하게 보유하고 있는 도서관이기 때문이다. 그는 이 학교에서 40년 이상 한국어와 한국, 한국문화, 한국역사를 가르치며 도서관에서는 북한 관련 책을 거의 모두 섭렵해 남북한 문제 전문가가 됐다.

그는 지금까지 뉴욕의 유수 출판사에서 한국에 관한 책을 4권 발간해냈다. 한국에서는 전쟁이 일어나고 있는데도 미국에서는 '코리아'란 나라를 아는 사람이 없는 것이 너무 안타까왔다. 그는 본인이 해야 할 가장 큰 일이 우선 한국이란 나라를 세계에 알리는 것이라고 생각했다.

아직 한국전이 계속되고 있는 중에 그는 첫번째 한국에 대한 책을 펴냈다. 제일 처음에 나온 것이 휴전이 되게 하기 위해 쓴 것으로 'Korea Tomorrow'다. 뉴욕의 맥밀란(Macmillan) 출판사에서 상재했다. 미국이 한국에 대해 너무 모르고 있는 것이 안타까워 빨리 휴전을 해서 우리 나라의 희생을 줄이기 위해 쓴 것이다. 당시는 한국전이 계속되고 있던 때라서 이책은 불티나게 팔려나갔다. 정경조씨는 '수십만권이 팔려나간 것은 타이밍이 맞았기 때문'이라고 했다. 뉴욕 타임스에서 좋은 서평을 써준 것도 큰 도움이 됐다.

두번째 나온 책은 역시 맥밀란 출판사에서 발간한 'New Korea'다. 한국에 4.19 혁명이 일어나고 이승만 대통령도 떠나고난 후의 새로운 한국을 알리기 위한 것이었다.

세번째 책도 맥밀란 출판사의 'Korea:The Third Republic'이다. 미국이 쿠데타를 지지하고 있었고 박정희씨는 군정을 마친 후 평복으로 다시 대통령이 됐기 때문에 민정으로 이양해야 한다는 것을 주장하는 책이었다.

네번째 책은 1988년에 뉴욕의 Harper & Row에서 나온 'The Korea Guidebook'이다. 6백 페이지에 달하는 것으로 7년에 걸쳐 집필했다. 지금까지 총 80만부가 팔렸다. 올림픽을 관람하기 위해 한국을 방문하는 사람들이 너나없이 이 책을 샀고 1989년에는 일본의 대학 교수가 일본어로 번역해 시사통신사에서 출간해 냄으로써 한국관광을 가는 일본인들의 필수품이 되다시피 했다. 이 책은 2002년 월드컵 축구대회에 대비해 범우사에서 개정판 출간을 서두르고 있다.

"맥밀란이나 하퍼 앤 로우 같은 대 출판사에서 책을 출판한다는 것은 어렵습니다. 저는 콜럼비아 대학에 다니고 있을 때 맥밀란 출판사에서 동양책에 대한 교정을 봐주는 일을 파트타임으로 했는데 이때 유명한 저술가들을 많이 만날 수 있었고 이런 것들이 인연이 되어 책을 출판할 수 있었습니다. 맥밀란에서 세권의 책이 나와 모두 좋은 반응을 얻게 되자 네번째 책은 하퍼 앤 로우에서 해주기로 나섰던 겁니다."

이 외에도 정경조씨의 글은 뉴욕타임스 'Editorial Opinion'란에 네차례나 게재됨으로써 미국 정가에 한국에 대한 큰 영향력을 행사했다. 그는 1970년대에 이미 남북대화를 해야 한다는 것과 한국의 평화를 위해 한국과 북한, 미국, 중국의 4자 회담을 주장했었다.

정경조씨는 현재 한국연구협회(Korea Research Council) 회장이다. 한국연구협회는 한국이 일제 치하에 있던 1934년에 안창호선생과 장세운박사가 독립운동을 위해 만든 기구다. 정경조씨는 유학생 시절 장세운박사를 도와 일을 하다가 후에 자료를 물려받아 이 단체를 인수해 '세계에 한국을 알리자'는 목표를 갖고 활동해왔다. 일본이 한국을 통치하면서 철저하게 했던 일이 바로 한국이라는 나라가 존재한다는 사실이 세계에 드러나지 않도록 한 것이었는데 안창호선생과 장세운박사가 한국 알리기 운동을 하기 시작한 단체다. 요즈음도 미국 정부나 백악관에서는 한국연구협회에 의견을 물어오는 경우가 자주 있다.

그는 5번째 저서 'Korea Miracle'(한국의 기적) 집필로 바쁘게 보내고 있다.

정경조박사는 미국 인명록, 세계인명록, 아시아 인명록 등에 수록되어 있고, 한국 정부와 미국 정부로부터 수많은 표창장과 감사장을 받았다.

그시절 그사람

아메리칸 드림에 한인들 꿈 접목

가든 그로브 전 부시장 **정 호 영**

◐ 이민 1세로서
가든그로브
부시장을 지낸
정호영씨.

◐ 1980년 제1회 오렌지카운티 축제에 정호영(제일 오른쪽)씨가 사모관대를 하고 참가했다.

대학 전임강사로 있던 34세에 정호영(67)씨는 미국으로 왔다. 유학이나 이민을 위한 신천지로의 도전이 수월한 나이는 아니었다. 그런데도 그는 미국 생활 몇해가 지나면서부터 주류사회의 벽을 넘어 성공적인 삶을 이룬 이민자의 롤모델로 서 있다.

그는 남가주 지역에서 생활한 지 17년만에 가든그로브 시의원에 출마해 당선됐고 그로부터 4년 후에는 부시장이 됐다. 평생을 지역 주민으로 살며 시의원 자리를 겨냥하고 있는 그 많은 주류사회 터주들을 물리치고 그는 승자의 자리에 오른 것이다. 끊임 없는 '도전의식과 꿈' 이 이루어낸 결실이다.

1967년, 정호영씨는 돈을 벌겠다는 한가지 목표를 세우고 미국으로 왔다. 한양대 전임강사 자리를 미련 없이 버리고 '병아리 감별사' 가 되어 큰돈을 벌겠다는 것이 그가 조국을 떠나면서 가진 '아메리칸 드림' 이었다. 큰돈을 벌어 금의환향해서 그 돈을 밑천삼아 국회에 출마하겠다는 계획이었다.
　미국에 오는 것이 참으로 어렵던 그 시절에 미국에 가서 돈을 벌려면 '병아리 감별사'가 되어야 한다는 이야기가 '정설'처럼 전해졌었다. 그래서 당시 서울에는 병아리 감별사 양성소가 여러 군데 있었다. 정호영씨는 서울에서 병아리 감별 기술을 배웠고 이곳에 도착한 후 자격증을 받기 위해 필라델피아 인근 렌즈데일에 있는 병아리 감별학교에 3개월간 다녔다. 병아리 감별이란 부화기에서 깨어 나오는 병아리의 항문을 뒤집어 돌기를 보고 암·수를 구별해 놓는 것이다. 부화된지 24시간 이내에 해야 감별이 쉽다. 달걀을 낳을 암놈은 양계장으로, 빨리 크게 자라는 수놈은 식용 사육장으로 보내는 것이다.
　미국 땅에서 돈을 버는 첫번째 수단이었던 병아리 감별에서 그는 최우수 전문인이 되었다. 정호영씨는 주 1천달러를 버는 1급 감별사가 됐다. 코인론드리에서 세탁기와 드라이어를 함께 사용하면 사용료가 10센트 하던 시절이었다. 병아리 감별사가 돈을 많이 번다는 이야기는 듣고 왔지만 그렇게까지 많이 받을 줄은 상상을 하지 못했었다. 그는 한국으로 송금도 하고 코버넌트 신학교에서 공부도 하며 미국 생활에 익숙해져 갔다.
　"돈도 잘 벌고 가족들도 미국으로 들어와 합류했지만 병아리 감별사는 어디까지나 월급을 받는 거잖아요? 사업을 해서 더 큰돈을 벌고 싶었습니다. 그래서 시작한게 친칠라 농장이에요. 친칠라는 고급 모피 동물이에요. 친칠라에 대한 책도 보고 목장도 견학하면서 오랫 동안 준비해 시작했지요."
　친칠라 목장은 하루하루 커가는 재미가 있었다. 열마리로 시작한게 5백마리가 넘을 만큼 성장했다. 병아리 감별사로도 일하면서 그는 제임스 메디슨 대학에서 기업경영학 석사과정을 밟고 있었는데 공부를 어느 정도 마쳐갈 무렵 보험업에 큰 매력을 느끼게 됐다. 친칠라 목장도 나날이 성장해 가고 있으니 봉급생활을 청산하고 보험으로 이 땅에서 승부를 겨뤄보겠다는 결심을 했다.
　컴바인드 보험회사에서 그의 세일즈맨십은 만개했다. 입사 6개월만에 버지니아주 보험 사상 최고의 판매기록을 세웠다. 영어도 잘 못하고 이곳 문화에도 익숙지 않은 도미 5년만에 이룬 '기적'이었다. 발로 뛰며 고객을 직접 만나 고객이 필요한 부분을 채워준다는 판매원칙이 현실과 맞아 떨어진 것이다. 곧 스테이트팜이 그를 스카웃했고 지금까지 그는 수십개의 기록을 갱신해오고 있다.

로스앤젤레스 인근으로 이사를 온 것은 1975년이다. LA에 사는 처남을 만나러 왔다가 올림픽에 있던 영빈관에서 식사를 하는데 뚝배기에 담긴 된장찌개와 접시에 놓인 갈치구이를 보고 그는 '눈물이 핑 돌았다'고 했다. 한국을 떠난지 8년만에 고향의 냄새를 거기에서 맡은 것이다. 동족이 있고 고향의 맛이 그대로 있는 LA로 오고 싶었다. 그는 8년간의 동부 생활을 청산하고 서부로 옮겨와 오렌지카운티에 자리를 잡았다.

"또 한번 대이동을 하면서 저의 결심은 두 가지였습니다. 우선 보험인으로 크겠다는 것과 한인들이 많은 이곳에서 동포를 위해 일을 하겠다는 거였어요. 당시에 오렌지 카운티에 사는 한인은 2천여 명이었고 한인 교회는 세개 밖에 없었어요."

몇몇 사람과 마음을 합해 오렌지 한인교회(담임 강준용목사)를 창립한 게 이사온 다음 해인 1976년이다. 그리고 그는 오렌지 한인교회의 창립 장로가 됐다.

오렌지카운티로 오고나서도 그는 스테이트팜에서 두각을 나타냈다. 그의 보험 실적은 서부지역으로 오고나서도 변함이 없이 선두를 달렸다.

1977년 그는 수산업에 손을 댔다. '맛있는 은대구' 잡이를 위해 수산회사 Westcoast Fisheries, Inc.를 시작한 것이다. 출자액의 51%를 그가 내고 나머지는 투자자의 몫으로 해서 시작했다. 은대구는 태평양 연안 2천, 3천 피트 깊이의 바다 밑바닥에서 서식하는 아주 맛있고 단백질이 풍부한 생선이다. 1백 80톤짜리 배가 떠난지 1주일만에 만선이 되어 산페드로 항에 들어올 때 그는 세상을 얻은 듯 가슴이 벅찼었다고 한다. 아, 미국은 나에게 참으로 많은 것을 해주고 있구나! 감격할 수 밖에 없었다고 한다. 안타깝게도 수산회사는 재미를 보지 못하고 3년만에 문을 닫았다.

정호영씨는 1984년에 이곳에서 코리아 엑스포를 했다. 조국을 위해 이 땅에서 할 수 있는 일이라고 생각한 것이다. 애나하임 컨벤션 센터에서 열린 '코리아 엑스포 84'에는 한국의 1백 37개 중소기업이 참가했고 참관인원도 10만 명을 넘어서는 대성공을 거두었다.
"제가 주류사회에 들어가 정치적인 힘을 키워야겠다고 마음먹은건 1992년의 LA 폭동을 보면서였습니다. 잠못자고 먹을 것 못먹으면서 모아온 재산과 미래를 향한 꿈을 송두리째 짓밟히는 한인들을 TV를 통해 보면서 너무나 원통하고 분했습니다. 그런데 한술 더 떠서 주류 언론은 한흑 갈등쪽으로 몰아가며 우리한테 불리하게 만드는 거에요."
1992년 11월 가든그로브 시의원 선거가 있었다. 2명을 뽑는데 정호영씨까지 12명의 후보가 나왔다. 마침 시정부의 실력자 한사람이 정호영씨에게 적극 밀어주겠다고 앞장섰다. 그러나 사실상 정호영씨는 자신이 없었다. 백인 터줏대감들이 시정부에서 오랫동안 기반을 쌓아오고 있는데 어디에서 나타난지도 모르는 아시아계가 출마한다고 해서 누가 표를 찍어 줄 것 같지가 않았다. 그렇지만 다른 한편으로는 한인들 중에 누군가가 정계에 진출해 우리의 힘을 키워야 한다는 생각이 떠나지 않았다. 정호영씨는 이번 출마로 이름을 알리고 다음 번 출마에 기대를 걸어보자는 속셈으로 캠페인에 나섰다.
정호영씨는 독실한 기독교 신자다. 그는 무슨 일을 하든 하나님의 힘을 믿고 의지하는 사람이다. 사람의 힘으로는 도저히 될 수 없는 일이지만 그는 하나님의 힘으로는 무엇이든 할 수 있다고 믿고 시의원에 출마했다. 가든그로브 시에 국제 문화 무역 센터를 세운다는 플랫폼을 내세웠다.
그의 선거운동 방법은 다른 사람들과는 달랐다. 그는 오후 4시부터 밤 8시 30분까지 유권자 가택방문을 했다. 문을 두드리고는 '나는 시의원에 출마한 정 아무개다. 앞으로 어떤 일을 하겠다"고 말하면서 악수를 하고 돌아서는데까지 약 2분이 걸린다. 그는 이렇게 해서 하루 1백에서 1백 20 주택을 방문했다. 투표일까지 직접 찾아간 곳이 7천 군데다. 후보의 방문을 받은 유권자들은 예상 외의 반응을 보였다. 가든그로브에 산지 40년이 넘었지만 후보자가 직접 찾아온 것은 처음이라며 대단히 반가와 하는 사람이 대부분이었다. 그리고는 "내 표는 당신 것"이라는 용기를 줬다.
이름이 쟁쟁한 후보 11명은 모두 가든그로브에서는 잘 알려진 인물들이다. 거기에 사상 최초의 아시아계 후보 정호영씨가 끼어들었다. 그런데 12명 후보 중에서 정호영씨는 최고 득표로 당선되어 본인도, 가족도, 친지도, 이웃도 모두 놀라는 이변을 연출해냈다. 4년 후인 1996년의 시의원 선거 재선에 도전해 그는 또다시 최고 득표로 당선됐고 시의원 만장일치로 부시장에까지 추대되었다. 그의 임기는 지난해에 끝났다. 그는 한인들을 위한 봉사에 주력하기 위해 그 이상 출마는 하지 않았다.

그는 지금까지 미국 대학의 재단 부이사장, 미국 수정교회 장로, 가주 공화당 중앙위원, 공화당 전당대회 대의원 등을 지냈다. 1990년에는 한인회장도 지냈다.

그는 요즈름 '코리언 드림'이라는 월간지를 만들어 보급하고 있다. 미국 땅에 사는 한인들에게 꿈을 심어주기 위해서다.

□ 시절 그사람

향수와 소망을 음악으로 승화

유뱅크스 음악학교 학장 **조 민 구**

● 1972년에 로스앤젤레스에서 코리언 심포닉 오케스트라를 창단한 조민구씨.

● 1988년 한국 교향악단 오페라의 '라보엠' 공연.

1972년 11월 4일, 로스앤젤레스 다운타운 엠버시 극장(Embassy Auditorium)에서는 한국인 교향악단(후에 한국교향악단으로 개명, Korean Philharmonic Orchestra)의 창단 기념 공연이 있었다. 조민구(69·Raymond Cho)씨의 지휘로 50명의 멤버들이 빚어내는 베토벤의 교향곡 5번 '운명'을 듣는 1천여 관중들은 손바닥이 터질만큼 박수를 보냈다. 한국에서 초청되어온 소프라노 김천애 여사(LA에서 1995년 작고)가 '봉선화'를 열창할 때는 모두가 눈시울을 적셨다. 낯선 이땅에서 우리의 교향악단이 우리의 손으로 만들어져 장엄한 음악을 들려주리라고 누가 기대했던가. 한국을 상징하는 대표적인 노래 '봉선화'는 성악가 김천애여사와는 특별한 인연이 있다. '봉선화'를 금하던 일제 때 젊은 소프라노 김천애여사는 도쿄의 히비야공회당에서 열린 음악회에서 즉흥적으로 '봉선화'를 불러 조국을 잃은 서러운 청중들을 울음바다로 몰아넣었다. 이날 공연장에는 일본 경찰이 출동했고 김천애여사는 일본 당국의 요주의 인물이 됐다. 그로부터 30여 년이 지나 미국땅에서 다시 '봉선화'를 부르면서 김여사로서는 남다른 감회가 있었을 것이다. 감히 일제에 항거했던 용감한 성악가 김천애여사의 봉선화를 미국땅에서 다시 듣는 미주동포들도 두고온 조국에 대한 감회가 깊었을 것이다. 여러 모로 이날의 연주는 문자 그대로 감격적인 공연이었다.

한국인교향악단이 창설된 1972년은 한인 커뮤니티가 형성되어가기 시작하던 초기다. 1966년에 문을 연 김방아가 라브레아와 제퍼슨에서 가래떡과 절편을 만들어 팔고 있었고 1967년에 윌셔가에 맞춤 양복점 하이소사이어티가 문을 열었다. 1969년 들어 1세 한인 의사 서종원씨가 김창하 박사에 이어 두번째로 라브레아와 할리웃에 개업을 했고 다운타운의 힐튼호텔에는 김정선씨가 대규모 고급식당 대원각 문을 열었다. 인쇄인 김종훈씨는 워싱턴 블리버드에서 한미인쇄소를 시작했다. 1970년 이희덕씨가 올림픽 마킷을 열면서 한인 업체들은 올림픽 블리버드를 중심으로 모여들기 시작했다. 이민 초기, 너나없이 하루살이에 쫓기던 어려운 시절에 한 음악인의 집념은 우리 커뮤니티에 자랑스런 오케스트라를 마련해 줬다.

코리언 필하모닉 오케스트라의 모체는 1967년에 조민구씨가 창단했던 할리웃 필하모닉 오케스트라다. 그때만 해도 한국인 음악가가 많지 않아 40명 단원에 다섯명만이 한국인이고 나머지는 모두 미국인 음악가였다. 1970년대에 들어서면서 한국인들이 늘어나고 한국인 음악가들도 많아짐에 따라 한국인 음악가 50명으로 구성된 코리언 필하모닉 오케스트라를 창단하게 된 것이다.

"오케스트라의 이름에 코리언이라는 단어를 넣으면서 그 기쁨은 이루 표현할 수 없었습니다. 음악가 조민구의 아메리칸 드림이 이루어지는 순간이었지요. 온 단원들이 한마음이 되어 코리언 필하모닉 오케스트라라는 이름으로 미국내에 한국을 알리고 한국인의 음악적 재능을 펼쳐보이겠다고 다짐했었습니다."

코리언 필하모닉 오케스트라는 한국인의 음악적 재질을 미국사회에 보여준다는 것 외에도 한국인의 작품을 연주하는 것, 재능있는 한인 음악인들을 무대에 세운다는 목적을 갖고 있었다.

메마른 이민 생활을 하고 있는 한인들에게 조민구씨는 음악을 선사해줬

◐ 1973년 헨델의 '메사이어' 공연. 이스트 로스앤젤레스의 화이트 메모리얼 처치에서.

다. 코리언 필하모닉 오케스트라는 한인 커뮤니티의 자랑이요 윤활유였다. 피곤한 생활이지만 한인들은 객석을 메웠다. 단원들의 마음도 한데 뭉쳤다. 이민생활의 어려움 때문에 모여서 연습하는 것 조차 수월하지 않던 때였지만 음악에 대한 열정과 이민자들의 정서적 안정을 위해서는 음악이 필요하다는 명제하에 모두가 한 마음이 되어 열심히 노력했다.

코리언 필하모닉 오케스트라는 올 11월 17일 92회째의 공연을 갖는다. 30년 이상 연평균 3회씩 정기적으로 연주를 해온 것이다. 이제까지 코리언 필하모닉 오케스트라와 협연한 한국인 음악가로는 강동석, 서주희, 송영지, 이관옥, 한규동, 안형일, 이규도 씨 등 본국의 음악가와 재미 음악가들이 있다.

충청남도 서천군에서 출생한 조민구씨는 중앙고등학교를 거쳐 육군군악학교에서 풀룻을 전공했다. 육군 군악학교 교관으로 3년간 봉직하면서 육군 교향악단의 풀룻 주자로도 활약했다. 수복후 이 교향악단이 해체되고 KBS 교향악단이 생기자 단원들은 자연스럽게 KBS 교향악단으로 흡수되어 들어갔다. KBS 교향악단 풀룻 주자로, 모교인 중앙고등학교 음악교사면서 밴드 지휘자로 활약하던 조민구씨는 1960년 한국에서의 생활을 접고 미국 유학을 결심하게 됐다.

이 해가 저물어가는 12월, 음악가 조민구씨는 한국 항공사 KNA (Korea National Airline)의 쌍발 프로펠러기를 타고 유학을 위해 미국으로 왔다.

그로부터 로스앤젤레스 생활 40년. 그는 캘리포니아 인스티튜트에서 풀룻과 지휘를 공부해 학사학위와 석사학위를 받고 셔먼 음악학교와 캄튼 고등학교에서 음악교사를 지냈고, 예술 전문 학교인 유뱅크스 음악 예술학교(Eubanks Conservatory of Music & Arts)에서도 가르치며 유뱅크스 음악학교 학장이 됐다. 학장이 된 후 그는 외국인 유학생 프로그램을 만들었다. 음악 공부를 하고 싶은데 여러가지 여건이 맞지 않아 뜻대로 하지 못하는 한인 음악 유학생들에게 공부할 수 있는 길을 열어준 것이다. 지금도 그는 5백여 명의 재학생이 있는 유뱅크스 음악학교 학장으로 재직하고 있으면서 성공적으로 학교를 이끌어가고 있다.

"지난 40년을 돌아보면 감격적인 순간이 많았습니다. 가장 감격적인 순간은 물론 음악인들과 함께 힘을 모아 코리언 필하모닉 오케스트라를 조직해 창단 공연을 할 때였지요. 창단 기념 연주를 하던 날의 감격과 박수소리는 지금도 생생하게 기억하고 있습니다."

이제까지 해온 코리안 심포닉 오케스트라의 아흔한번 연주 하나하나가 그에게는 소중한 기록이다. 온 단원들이 심혈을 기울여 연습을 하고 청중들을 감동시키지 않은 연주가 없다고 믿고 있다.

1991년 코리언 필하모닉 오케스트라는 할리웃 보울 무대에 섰다. 걸프전 승리를 축하하는 부활절 할리웃 보울 공연에서 LA 각 커뮤니티를 대표하는 2천여 명의 연합성가대와 함께 조민구씨는 한국교향악단 65명의 연주를 총지휘했다. 이날 할리웃 보울에는 1만 8천명의 청중이 운집했고 TV 채널 9을 통해 미 전국에 생중계됐다.

그리고 바로 그 해에 조민구씨는 마텔(Prix de Martell) 음악상을 받았다. 마텔 음악상은 주빈 메타, 조지 솔티경, 레너드 슬랫킨 등이 받은 권위 있는 음악상이다. '음악인에게 주어지는 최고의 상 가운데 하나인 마텔 음악상이 내게 돌아온 것은 어려운 이민생활 속에서도 음악만을 위해 외길을 걸어온 것을 평가해 준 것' 같다고 본인은 풀이했다.

조민구씨의 음악 인생에 또 하나 가슴 깊숙히 새겨진 기억은 1985년에 중국 정부의 초청으로 상해 교향악단의 지휘를 맡아 연주한 일이다. 공연에 앞서 '나는 음악이라는 마음의 언어를 갖고 여러분을 찾아왔다'는 인사말에 청중들은 뜨거운 박수를 보내줬다. 그는 차이콥스키 교향곡 5번으로 중국 청중들을 사로잡았다. 세계적 지휘자 세이지 오자와에 이어 그는 두번째 외국인 지휘자로 상해교향악단의 지휘봉을 든 것이다.

오는 11월 17일 코리언 필하모닉 오케스트라는 제92회 연주에서 피가로의 결혼 서곡과 정낙영씨의 'Emperor' 콘체르토를 연주한다. 30년에 걸쳐 92회째의 연주회를 갖는 이 교향악단의 발자취에는 구성원의 호흡이 악보처럼 새겨져 있다. 초기 단원 중에는 이미 세상을 떠난 사람도 있고 28년을 같이한 사람도 있으며 10년 이상된 단원이 20여 명이다.

조민구씨는 1964년에 결혼한 부인 조정옥씨와의 사이에 세 딸이 있고 행콕파에 살고 있다.

□ 시절 그사람

한인들 사업성장의 증인

타운 초기 공인회계사 **조 용 직**

◐ 30년 가까이 타운 인근에서 회계사 사무실을 운영해온 조용직씨는 어려웠던 초기 한인들과 함께 일해온 것을 큰 보람으로 여기고 있다.

◐ 1968년 캐나다에서 열린 기독교 실업인 협회 회의에 한국대표로 참가하고.

30여년 새에 한인 커뮤니티가 이만큼 성공적으로 형성될 수 있었던 것은 뜻있는 인사들과 단체들의 노력이 모아졌기 때문이다. 한인 커뮤니티 일각에서 활동했던 공인회계사들도 바로 이들 그룹 중 하나에 속한다.

2001년 현재 로스앤젤레스 인근에서 한인사회와 관련되어 활동하고 있는 한인 공인회계사가 5백여 명으로 추산되고 있다. 한인 커뮤니티가 조성되어가고 있던 1970년대 초반부에 로스앤젤레스 인근에는 김종관, 이영일, 김성철, 조용직씨 등 불과 네 명의 공인회계사가 사무실을 갖고 있었던 것에 비하면 대단한 양적 성장이다.

1970년대 들어 식당이나 마킷, 주유소, 세탁소, 리커스토어 등 사업을 시작하는 한인들이 늘어나기 시작했기 때문에 너댓명의 한인 공인회계사들이 각 사업체의 장부를 만드는 일만 해도 눈코 뜰새 없이 바빴다고 한다. 근무 시간이 자정을 넘기는 것은 다반사였고 주말에도 근무해야 하는 경우가 많았다.

지난 30년 가까이 타운에서 공인회계사 사무실을 운영해 온 조용직(65)씨는 타운 형성 초창기부터 이제까지 한인들의 경제적 성장 과정을 지켜보며 타운 성장에 한몫을 한 원로다. 초창기부터 동참했던 많은 다른 인사들과 마찬가지로 조용직씨도 타운에 남다른 관심과 애정을 갖고 있다. 은퇴를 몇년 앞두고 있는 지금까지도 그의 머리 속을 떠나지 않고 있는 명제는 타운의 미래와 발전이다.

조용직씨는 현재 Cho, Han & Son의 CPA 파트너로 있으면서 기업체 회계 감사와 비영리단체 어카운팅을 전문으로 하고 있다.

○ 1971년 휴스턴 대학 졸업식에서 아내 조수자씨와 함께

"70년대에는 한인 인구 비율로 볼 때 공인회계사가 적은 편이라 사무실을 열자마자 몹시 바빴습니다. 새 땅에서 새로 시작한다는 건 누구에게나 어려움이 따르지 않습니까. 특히 언어도 서툴고 이곳 문화에도 익숙하지 않은 상태에서 독자적으로 사업을 하기란 웬만한 각오와 노력이 있지 않으면 안됐지요. 교포들이 어려울 때 그 어려움을 함께 헤쳐나가는 위치에 있었던 것을 저는 대단히 기쁘게 생각합니다."

그의 고객 중에는 초창기부터 지금까지 30년 가까이 단골인 경우가 있다. 영세업으로 시작했던 고객이 세월과 함께 이제는 탄탄하게 자리잡은 대기업으로 성장한 사실에 그는 회계사로서 큰 자부심을 갖고 있다. 초기의 단순한 북키핑 대행에서 벗어나 이제는 기업 감사를 하는 것도 공인회계사로서 느끼는 기쁨이다.

조용직씨는 남가주 지역 한인 커뮤니티가 짧은 시일에 미국 생활에 적응하는 데에는 CPA들의 공이 컸다고 말한다. 경제적 성장의 저변에는 공인회계사들의 역할이 극히 중요했다는 것이다.

조용직씨는 경상북도 경주에서 태어났다. 독실한 기독교 신앙 배경으로 해서 그는 대구 계성고등학교를 졸업하고 연세대 영문과에서 공부한 후 경영대학원을 2년 수료했고, 공군 장교로서 공군대학 교관으로 있다가 한국 전력에서 5년 동안 근무했었다.

풀브라이트 장학금을 받고 미국으로 유학을 온 것은 1967년초다. 텍사스주 휴스턴 대학에서 회계학 석사를 받았고 1971년에는 텍사스주 CPA가 됐다.

"텍사스에서 학교에 다니고 있을 때 돈을 벌기 위해 텍사스 커머스 뱅크에 취직 신청서를 냈는데 면접을 한 부사장이 마침 한국전에 참전했던 분이었어요. 그분이 앞으로 CPA 공부를 하겠다면 그 조건으로 일자리를 주겠다고 해서 CPA 공부를 하게 됐습니다. 제가 운이 좋았었어요. 들어가기 어려운 은행에 취직도 했고 또 CPA를 공부하게 된 것도 아주 잘한 선택이었다고 생각합니다."

그는 CPA 자격증도 획득했고 은행에서도 좋은 자리에 앉아 안정된 생활이었지만 그곳에는 한국동포들이 없어 외로움을 견디기가 힘들었다. 동포끼리 부딪치며 살아가는 인정이 그리웠다. 휴가 때 잠시 들러본 로스앤젤레스 한인사회에 대한 마음이 잠시도 그를 떠나지 않았다.

그는 1973년 로스앤젤레스로 이주해 왔다. 이곳에서 정착하기로 결심하고 공인회계사 라이센스를 받기 위해 미국인 CPA 사무실에서 2년간 근무했다. 그리고 1975년에 윌셔와 하버드 인근에 공인회계사 사무실을 열었다.

"처음에 사무실을 열었을 때 고객들은 물론 거의 전부가 한인들이었지요. 당시는 변호사도 많지 않고 하니까 저희 CPA들이 때에 따라서는 변호사가 해야 할 일까지 했어요. 집을 사고 파는 일에서부터 융자하는 일, 사업체를 마련하는 일을 처음부터 끝까지 고객과 함께 뛰면서 했습니다."

공인회계사로서 고객의 회계 업무를 하는 것은 전문인으로서 당연히 해야 하는 주된 업무다. 그러나 그는 이런 주된 업무 외에 사회적으로도 큰 일을 했다. 자신의 사무실을 통해 후배 공인회계사들을 키워낸 것이다.

조용직씨가 공인회계사 사무실을 운영하면서 30명 가까운 후배 공인회계사들이 이곳에서 트레이닝을 거쳐 공인회계사 자격증을 받았다. 공인회계사는 시험을 통과하고 나서 감사 케이스로만 500시간 트레이닝을 받아야 한다. 이 전문 훈련을 받는데는 대개 2년여 기간이 소요된다. 조용직씨의 사무실에서는 은행과 정부 기관 등의 감사 케이스가 많아 후배들을 실습시킬 수 있었다.

"우리처럼 초기에 CPA가 된 사람들은 미국인 회사에 들어가서 트레이닝을 받아야 했었습니다. 한인 사무실이 없었으니까요. 그만큼 힘이 들었다고 할 수 있지요. 그러나 한인 CPA들이 사무실을 갖고 후배들을 트레이닝 시키면서 한인 후배들을 많이 도울 수 있었던게 큰 보람이에요. 한마디라도 더 조언을 해줄 수 있었고 용기를 줄 수도 있었습니다. 기쁜 마음으로 열심히 했지요."
 조용직씨는 한인 커뮤니티에 있는 대기업체나 학교 등의 고객을 많이 갖고 있는 것도 다행으로 생각하고 있다. 학교의 경우 교육부에 감사보고서를 내고 리뷰를 받아 아무런 문제가 없어야 학생들이 재정보조금을 받을 수 있게 된다. 감사보고서 작성은 학교 운영에 대단히 중요한 문제인데 이런 일을 맡아 할 수 있었던 것도 그로서는 큰 보람이다. 그는 정부에 제출할 감사보고서를 작성하면서 고객이 정부와 계약을 할 수 있도록 알선하기도 하고 계약 체결을 위해 전문가적인 조언을 하기도 했었다.
 한인 커뮤니티를 위한 공인회계사들의 역할이 가시적으로 드러난 게 1992년 로스앤젤레스 폭동 때의 일이다. 절망에 빠진 한인 업주들을 위해 한인 공인회계사 협회가 한마음으로 나선 것이다. 한인공인회계사 협회는 1개월 이상 회원들 10여명씩이 교대로 매일 봉사를 했다. 연방정부에 FEMA(Federal Emergency Management Agency · 연방 비상대책본부) 신청을 무료로 해준 것이다. '모든 회원들이 어려움을 당한 한인 커뮤니티에 봉사한다는 마음으로 정말 열심히 일했었다'고 조용직씨는 회상한다.
 "공인회계사를 30여 년 하고 나니까 이제야 어떤 문제가 생기든 문제 없이 처리할 수 있다는 자신감이 생기는 것 같습니다. 30년 일하면서 참으로 많은 공부를 했습니다. 이제는 사후에 기록 정리하는 역할에서 한발짝 나아가서 경제 동향이나 조류를 미리 알아서 앞으로의 전망에 대해 조언도 하고 경제 변화에 대처하는 방안도 제시해주는 역할까지 자신감을 갖고 할 수 있게 되었습니다."
 사업 현장의 증인으로서 그는 사업을 성공시키기 위해 사주가 해야 할 가장 중요한 기본 한가지는 어떤 규모로 무슨 종류의 사업을 하든 '직원들한테 잘해주는 것'이라고 말한다. 직원들이 만족할 때 회사가 안전하게 발전할 수 있다는 것이다.
 "제 경우는 몇년 후면 은퇴를 해야 하니까 아무래도 지난 날을 새겨보며 많은 생각을 하게 됩니다. 더 좋은 한인 커뮤니티를 위해 타민족과 융화히며 같이 살아가는 방법을 연구해야 하고, 2세 전문인들을 적극적으로 뒷받침해서 커뮤니티 리더들을 키워야 합니다. 이제는 너무 경제적인 면에만 치중하지 말고 정신적인 면도 생각할 때라고 생각합니다."

그의 미국 생활을 밑바닥에서부터 바쳐준 가장 기본적인 힘은 신앙적 확신이었다고 했다. 그는 중학교 때 교회에서 하는 한 부흥회에 갔다가 크게 감동을 받고 그때부터 철저한 신앙생활을 해왔다. 계성고등학교 시절 서문시장 근처에서 노방전도를 했던 기억도 있다. 또 미국에 온 다음해에는 캐나다에서 열린 국제 기독교 사업가 협회 회의에 한국 대표로 참가하기도 했다. 그는 현재 영락교회 증경장로로 봉사하고 있다. 그는 '누구든지 죄를 지을 수 있다. 그러나 확고한 신앙이 있는 사람은 죄를 지어도 곧 회개하지 않는가. 죄와 회개가 반복되면서 그만큼 죄에서 멀어질 수 있다고 생각한다'고 말한다.

그는 부인 조수자(59)씨와의 사이에 앤드루(34 · 변호사), 아서(33 · 컴퓨터), 아놀드(30 · IBM 컨설팅) 등 세 아들을 두고 있다. 풀러튼에 살며 1년에 한두차례 한국에 나간다. 한국에 투자한 고객도 있고, 이곳 지사의 한국 고객도 있기 때문이다.

Cho, Han & Son에는 5명의 CPA에 6명의 직원이 있다. 그는 1984년에 한인 공인회계사협회 제2대 회장, 1991년 로스앤젤레스 카운티 재산세 재심 커미셔너, 1996년에 평통 부회장, 상공회의소와 한인회 이사, 감사를 지냈다. 그리고 이제까지 한인 커뮤니티에서 있었던 세금과 재정 관련 세미나에서 70여차례 강의를 했다.

공인회계사로서 할 수 있는 전문적인 업무와 마찬가지로 그는 정확, 성실, 정직, 봉사 등 최선의 덕목을 신앙과 사랑 속에 굳건히 확립하며 살고 있다.

그시절 그사람

"2세들 훨훨 날게 활주로 닦은거죠"

부동산 중개인 한인타운 1호 **조 지 최**

● 1962년부터 LA 지역에서 부동산 중개인 으로 활약한 조지최씨.

◐ 1975년 한국의 날 퍼레이드 카가 올림픽 거리의 한국 상징이었던 청기와 건물 '영빈관' 앞을 지나가고 있다. 왼쪽이 조지 최씨, 오른쪽은 양석규씨.

한인 커뮤니티의 초기를 다졌던 이민 선배들 중에 이제는 본업에서 은퇴하고 봉사활동에 전념하는 분들이 적지 않다. 오랜 미국생활의 체험으로 주류사회와 한인사회를 잇는 교량 역할을 하기도 하고 한인 커뮤니티의 권익을 위해 조용히 봉사를 하는 경우들이다.

로스앤젤레스 한인 커뮤니티 초기, 커뮤니티의 발전을 위해 노력했던 대표적인 인사 중에 조지 최(70)씨가 있다. 그는 1953년에 미국에 와서 1962년부터 LA 지역에서 부동산 중개인으로 활약했다. 특히 경제인들의 모임인 나우회를 만들어 경제인들이 서로 협력하도록 이끌었고 한인 자산을 모아 한미은행을 창설하는 등 한인 커뮤니티의 경제 발전을 위해서도 많은 공을 세운 사람이다.

한인타운이 지금의 지역으로 자리잡는 주춧돌이 놓여진 것은 1970년 이희덕씨가 올림픽 블러버드에 올림픽 식품점을 연 것이라고 할 수 있다. 흩어져 사는 한인들이 올림픽 식품점을 찾아와 그리운 얼굴들을 만나고 한국음식을 사 갔으며 필요한 정보 교환도 했다. 이곳으로 한인들이 찾아오게 되자 바로 옆에 미스터 우가 사진관을 열었고 다시 그 옆에 김진형씨가 책방을 열었다. 올림픽 거리는 한인들의 발길이 가장 잦은 거리가 된 것이다.

일본인이 경영하던 작은 마킷이 매물로 나왔을 때 부동산 중개인 조지 최씨는 이 마킷을 한인에게 소개했다. 몇달 동안 가게를 운영하던 주인은 다시 이희덕씨에게 넘겼다. 이희덕씨는 마킷을 구입해서는 재고품을 모두 버리고 한인들을 위한 물건으로 바꾸어 한국식품점을 시작했다. 마킷은 첫달 매상 7천달러에서 3개월 후 3만달러, 3년 후 25만달러의 매상을 올리면서 크게 성공했다. 월매상 수십만달러가 되기 위해서는 얼마나 많은 한인들이 이곳을 찾았겠는지 가늠해 볼 수 있다.

조지 최씨는 1962년에 로스앤젤레스에서 부동산 중개업을 시작한 첫 한국인이라고 할 수 있다. 조지 최씨보다 먼저 또 한사람이 있었지만 그는 오랫동안 하지는 않았다. 조지 최씨가 시작하고 바로 다음해에 고 소니아 석여사가 '소니아석 부동산 사무실'을 열었다. 이 두 사람은 한인 커뮤니티 형성 초기 대표적인 부동산 중개인이다.

조지 최씨는 중앙고등학교를 졸업하고 고려대학에 다니다가 한국전이 나자 육군 본부에서 통역장교로 근무했고 제대 후 53년에 도미, 대학 공부를 위해 그는 다시 미국 군대에 들어가 독일에서 근무했다. 제대 후 그는 중가주 리들리에 있는 리들리 칼리지, 프레스노 스테이트 칼리지에서 공부했고 아주사 패시픽 대학을 졸업했다. 대학 졸업후 그는 평생 직업으로 부동산 중개업을 선택했다. 10년 가까운 미국생활 동안에 그는 미국 땅에서 발전할 여지가 많은 쪽이 부동산 중개라는 판단을 한 것이다.

곧바로 부동산 회사에 들어가 2년여의 경험을 쌓은 후 1964년 그는 선셋 블러버드에 '국제부동산'을 열었다. 고객은 한인들을 대상으로 했는데 사업을 시작하고 첫 2,3년은 별 재미를 보지 못했다. 1967년에 들어서면서 비즈니스를 시작하는 한인들이 늘어나기 시작해 국제부동산은 바빠졌다. 한인들이 모여들면서 활기를 띠기 시작한 국제부동산은 35명의 직원들이 밤낮 없이 뛰어야 할 만큼 성업을 이루었다.

"한인타운이 올림픽 거리를 중심으로 형성된 데에는 길이 넓고 좋은데다가 버스를 타고 다니기가 좋았다는 이유도 있습니다. 처음에는 후버에서 크렌셔 사이의 커머셜 건물을 한인들이 많이 구입했는데 시간이 가면서 남북으로도 뻗쳐 나가서 이제는 일본타운이나 중국타운보다 한인타운

○ 1973년 나우회 크리스마스 파티. 당시 인기 절정에 있던 펄시스터즈가 초대손님으로 출연했다.

이 훨씬 크게 됐습니다. 한인 커뮤니티가 없던 시절에 이곳에서 부동산 중개인을 한 사람으로서 보람도 크고 자랑스럽기도 합니다."

본업인 부동산 중개업이 궤도에 올라 호황을 누리게 되자 그는 한인 커뮤니티를 위한 봉사활동에 나섰다.

1971년에 조지 최씨를 포함한 경제인 10여 명이 모여 상공회의소를 만들기로 합의, 첫 모임에서 조지 최씨가 초대 회장으로 선출됐다. 30년이 지난 지금 한인 상의는 건전한 대규모 단체로 성장했다. 활발하게 활동하는 상공회의소를 보는 선배 상공인들의 마음은 참으로 흡족하다.

1972년에 그는 LA 한인회장을 지내면서 일본식 이름인 '거류민회' 라는 이름을 '한인회' 로 바꾸었다. 그리고 1973년에는 조지 최씨와 구한모,

미국 땅에 심은 한국 259

임윤영씨 등이 경제인들의 모임인 나우회를 시작했다. 나우회는 경제인끼리 경쟁을 하는 것이 아니라 서로 돕고 단결해 상부상조하는 법을 실천하며 배워가자는 목적으로 만들어졌다. 50명 회원이 한달에 2백달러씩의 회비를 내서 기금을 만들어 몇년만에 건물을 사는 등 성공적으로 운영했다.

1975년에는 로스앤젤레스 한인타운 번영회 이사장을 지냈다. 1977년에는 윌셔 상공회의소 이사가 됨으로써 한인으로는 처음으로 주류사회 상공회의소 이사가 됐다.

한인 커뮤니티의 경제 발전에 획기적인 계기를 만든 것이 1982년의 한미 은행 창설이다. 교포들의 자본으로 교포들을 돕는다는 목표를 세우고서였다. 당시 한인 커뮤니티에는 외환은행과 윌셔 스테이트 뱅크가 있었다. 외환은행은 한국과의 무역을 돕는 것이 주업무였다. 윌셔 스테이트 뱅크는 한인과 미국인의 합작으로 만들어진 것이었다. 한미은행은 한인 주주 11명이 모여 순수 한인들의 자본금으로 한국인의 은행으로 탄생한 것이다. 자본금 6백만달러로 시작했는데 19년이 된 지금 12억달러라는 엄청난 규모로 성장했다. 1983년에는 LA 시 구획관리 위원회 커미셔너로 임명됐다.

"조국과 동포에 대한 사랑과 열정으로 정말 열심히 일했습니다. 한인 커뮤니티가 이만한 공동체로 발전한 것은 어느 한 개인이 한 건 아닙니다. 초기 이민자들이 힘을 합해 앞으로 이 땅에서 살아갈 후손들을 위해 길을 닦아야 한다는 생각으로 노력한 결과지요. 활주로가 있어서 비행기가 뜰 수 있듯이 이민 후손들이 재능을 펼치고 대접받으며 활동할 수 있도록 초기 이민자들이 활주로를 닦았다고 생각하면 됩니다."

조지 최씨는 요즈음에는 사회봉사 활동에 전념하고 있다. 이제까지의 경험에 따라 주류사회와 한인 커뮤니티를 자연스럽게 잇는 교량역할을 하면서 한인들이 누릴 수 있는 혜택을 연결해 주고 있다.

그는 3년 전부터 굿 사마리탄 하스피틀의 고문으로 봉사하고 있다. 굿 사마리탄 병원의 8백 50명 의사 중 한인 의사가 80명, 간호사 5백 50명 중 50여 명이 한인 간호사다. 한인 환자가 차지하는 비율은 이보다 높아 산모중 30%가 한인 산모다. 조지 최씨는 한인들이 많이 근무하고 있고 한인 환자들의 사용률이 높은 이 병원의 고문으로 봉사하면서 한인들의 권익을 위해 자리를 지키고 있다. 굿 사마리탄 병원에서는 해마다 한미 의료협회, 미국 암협회 등과 함께 Korean American Health Fair를 연다. 동양선교교회에서 하는데 독감 예방 주사, 일반 검진, 눈 검사, 유방암 검사, 결핵 검사 등을 무료로 받게 된다.

"한국인들은 기질이 강하고 좋은 점이 많은 국민이에요. 여기에 미국인들의 좋은 점을 보탠다면 우리는 정말 좋은 국민으로 살 수 있습니다. 우리도 미국인들의 봉사정신을 배워서 이 사회에 봉사할 때가 됐다고 생각합니다. 요즈음처럼 국가가 위기에 닥쳤을 때 우리 한인들이 충성심을 보여주는 것이 참으로 자랑스러워요. 저는 건강의 축복을 받아서 이 나이에 사회에 봉사할 수 있다는 것이 기쁘고 감사합니다. 이번 테러사건 이후 녹십자사에서도 봉사 요청이 왔어요. 국민들의 안전을 돕는 봉사단체인 녹십자사의 요청에 따라 요즈음에는 이쪽 사람들과 만나 회의도 하고 안전 대책 등에 대해 많은 의견을 나누고 있습니다."

조지 최씨는 한미은행 명예회장이면서 이사이고 국제부동산 대표, 암 검진센터 디렉터, 한미재단, 교육재단의 이사다. 그는 교포사회를 위한 기도와 봉사로 여생을 보내겠다고 한다.

취미는 독서. 무엇이든 읽는 것을 좋아해 손에 잡히는 것은 모두 읽는다. 부인 엘리자베스(71)씨와의 사이에 두 아들이 있고 로스펠리츠에 살고 있다.

⌐ 시절 그사람

KAL 태평양 횡단 이뤄낸 명교관

연방항공국 서부지역 매니저 **체스터 장**

◐ 1960년대에 연방항공국 조종사검열관이 된 체스터 장씨.

○ 1948년 4월, LA 공항에 도착한 부인 장병윤여사와 세아들을 맞이하고 있는 장지환씨. 뒤에 모자를 쓴 소년이 체스터 장씨. 그는 이 비행기를 타고 오며 항공인이 되겠다는 꿈을 갖게 됐다.

○ 1971년 4월 KAL 화물기의 서울-LA 노선 첫 취항 성공에 대한 기사. 가운데 모자를 쓰지않은 사람이 체스터 장씨.

대한민국 정부 수립 후 정부의 공식 임무를 띠고 제일 처음 로스앤젤레스에 파견되어 온 사람은 장지환(1992년 로스앤젤레스에서 작고)씨다. 민희식 초대 LA 총영사가 부임하기 반년 정도 앞서서 총영사관 설립 준비를 위한 특사로 1948년 4월 하순에 로스앤젤레스로 왔다. 이로써 로스앤젤레스 인근에 한인 커뮤니티가 조성되는 첫 씨앗이 뿌려졌다고 할 수 있다.

그로부터 8개월 후, 같은 해 크리스마스를 이삼일 앞두고 장지환씨의 부인 장병윤(83)씨와 일곱살 짜리 장남 등 세아들이 로스앤젤레스에 도착해 합류했다. 이들 세 아들 중 일곱살이던 체스터 장(62·장정기)씨가 현재 연방항공국(FAA) 서부지역 운항담당 매니저로 근무하고 있다.

체스터 장씨는 반세기 가까이 비행기와 함께 하늘을 무대로 살아왔다.

비행기가 생활의 일부분으로 느껴지지 않던 시절에 일곱살 어린 소년은 비행기를 타고 태평양을 건너 오면서 하늘을 나르는 조종사의 꿈을 갖게 됐다고 한다. 미국으로 오는 동안 그는 내내 가슴이 뛰었다. 아름다운 창공을 보는 것이 감격이었다. 작은 창을 통해 내다본 구름밭은 어린 소년에게 아름다운 꿈을 심어주기에 충분했고 '나도 언젠가는 비행기를 직접 몰아보리라'는 꿈을 갖게 됐다고 한다.

당시 서울을 떠난 어머니와 세 아들은 토쿄와 앵커리지를 거쳐 로스앤젤레스에 도착했다. 노스웨스트를 타고 출발했지만 중간에 갈아타고 로스앤젤레스 공항에는 웨스턴에얼라인을 타고 도착했다. 민희식 초대 총영사의 가족이 배를 타고 온 것에 반해 장지환씨 가족이 비행기를 타고 온 것은 장병윤씨가 멀미를 심하게 하기 때문에 '외할아버지가 마련해 준 자비로 비싼 비행기 삯을 내고' 비행기를 타고 왔다고 했다. 이날 장지환씨는 LA 공항에 나가 가족들을 맞았는데 Herald Examiner에는 이들의 재회 장면이 사진과 함께 소개됐다. 당시로서는 동양인 가족이 비행기를 타고 미국으로 들어오는 예가 거의 없었기 때문에 기삿거리가 됐다고 장병윤여사가 설명했다.

체스터 장씨는 LA의 브로드웨이와 5가에 한국 영사관 사무실이 마련되고 건물 앞에 태극기와 미국기가 꽂혀 있었던 당시를 지금도 생생하게 기억하고 있다.

"부친이 LA 총영사관에서 영사급으로 5년간 근무하고 귀국하시게 됐기 때문에 저도 32가 초등학교 5학년에 재학중 한국으로 들어갔었습니다. 경기고등학교 2학년을 마치고 다시 온가족이 이민으로 들어와 LA 하이스쿨에서 공부했지요. 1950년대 LA 하이스쿨은 인근이 유태인 밀집 지역이었기 때문에 학생 거의 전부가 유태인이었어요. 한두명의 히스패닉과 흑인이 있었고 한국 학생은 저를 포함해 세 명이 있었습니다. 50년이 흐르는 사이에 LA 하이는 극에서 극에 이르는 인종 변화를 한 거지요."

그가 비행기 조종을 배우기 시작한 것은 고등학교 재학 때부터였다. 하늘을 나르며 하늘에 살겠다는 꿈을 향해 첫발을 내디딘 것이다.

그는 LA 하이스쿨 졸업 후 USC에서 국제관계를 공부하고는 곧바로 롱비치에 있는 스튜어드 데이비스 항공사(Steward Davis Aviation)에서 일을 시작했다. 조종사면서 운항 책임자이기도 했던 그는 스튜어드 데이비스에서 일하면서 연방항공국(FAA-Federal Aviation Agency)의 지명검열관(Designated Pilot Examiner) 자격을 얻어 연방항공청이 지정하는 나라의 항공인들에게 시험을 통해 라이센스를 발급하는 업무를 담당했다.

"꿈을 이루기 위해서는 포기하지 말고 계속 추구해야 합니다. 당시 상황으로 아시아계가 파일럿이 되려면 어려웠습니다. 그렇기 때문에 실력 향상을 위해 많은 노력을 했지요. 마침 월남전이 계속되고 있어 젊은이들에게 조종사의 길을 열어주었다고 할 수 있습니다. 저같은 경우는 ROTC에서 모든 트레이닝을 받았기 때문에 대학 졸업 후 쉽게 일자리를 얻을 수 있었습니다."

그렇게 5년간 근무한 후 그에게는 조국의 발전에 기여할 수 있는 기회가 왔다. 민간 항공으로 탄생한 대한항공(KAL)이 임대한 보잉 707기로 미국 노선을 운항하기 위해서는 미국 연방항공국(FAA)이 발행하는 면허가 필요하기 때문에 체스터 장씨를 교관으로 초청해 간 것이다. 그는 1년 2개월간 한국에 머물며 대한항공이 세계 선진국과 어깨를 겨눌 수 있는 밑바침을 만들었다. 기장, 부기장, 항공엔지니어 등 약 50명에게 FAA가 발급하는 자격증을 받도록 도와준 것이다.

대한항공이 서울과 로스앤젤레스간 첫길을 튼 것은 1971년 4월이다. 동경을 경유하는 노선으로 화물서비스만을 했었다. 당시의 한 신문에는 다음과 같은 기사와 사진이 게재됐다.

'태평양 횡단 성공한 KAL 화물기. 민항 20년의 개가'

이 기사에는 꽃다발과 태극기를 들고 환영나온 로스앤젤레스 교민들의 모습이 담겨있다. '대한항공 카고 제트기가 로스앤젤레스 공항에 착륙하는 순간 1백여 명의 교포들은 태극기를 흔들며 열광적인 환성을 올렸다'고 적혀 있고 화물기를 타고온 비행사들의 사진과 함께 동승해온 체스터 장씨의 사진이 실렸다. 체스터 장씨는 비행사들을 훈련시킨 사람으로서 동행해 온 것이다.

그리고 1971년 8월, KAL 조종사들이 FAA 면허를 처음 받은 것에 대해 한 일간지가 소개한 기사는 다음과 같다.

'KAL 조종사 5명이 FAA 최상급 면허를 땄다. 일본을 앞지른 한국조종 기술— 이로써 한국은 1948년 민간항공이 최초로 창설된지 23년만에, KAL이 민영화된 지 2년 5개월만에 뛰어난 조종 기술을 국제적으로 인정 받게 된 셈이다— 동양에서는 최초로 가장 많은 합격자를 낸 KAL의 개가 뒤에는 체스터 장이라는 숨은 공로자가 있다. 태평양 노선 취항과 함께 KAL이 특채한 장씨는 올해 32세로 재미 교포다. KAL에 입사하기 직전 까지도 미국 스튜어드 데이비스 항공사의 교관조종사로 있었다. 10년 전 에 이미 어렵다는 FAA 면허를 취득한 장씨는 자신의 경험과 최근의 출제 경향을 참작해서 치밀한 교육계획을 짜서 동료 조종사들의 뒷바라지를 해온 것이다.' 기사와 함께 시험에 합격한 다섯명과 이들을 뒷바라지한 체스터 장씨의 얼굴사진이 실렸다.

한국에서 근무를 마친 후 체스터 장씨는 롱비치에 있는 스튜어드 데이 비스 항공으로 돌아와 부사장으로 재직하다가 1976년부터는 FAA 정식 공무원으로 자리를 옮겨 지금까지 이어왔다. 그동안 국방대학원, 오클라 호마대학, Air War College에서 석사학위를 받았고 라번대학에서 Public Administration으로 박사학위를 받았다. 또한 캘스테이트 LA 항공학과 와 내셔널 유니버시티에서 강의를 해왔고 지금은 엠브리-리들 항공대학 (Embry-Riddle Aeronautical University)에서 강의를 하고 있다.

체스터 장씨는 한국의 항공계가 세계적 수준에 오르는데 큰 역할을 한 사람이지만 한국 외에 일본과 베트남, 괌, 사우디아라비아 등에도 현지 파견되어 그 나라의 항공업계 발전의 초석을 쌓았다.

체스터 장씨는 부인 완다 장(48)씨와 어머니 장병윤씨를 모시고 산타모 니카에 살고 있다. 1947년 남편을 따라 로스앤젤레스로 왔던 장병윤씨는 80대의 나이를 믿을 수 없을 만큼 건강하고 멋쟁이다. 체스터 장씨의 2남 1녀 중 둘째 아들이 항공계통 공부를 하고 있다. 한국에서 공군 참모총장 을 지냈고 한국의 첫 항공사인 KNA를 설립했던 장성환씨가 체스터 장씨 의 작은 아버지인 것을 감안하면 집안 3대가 항공업계의 중요한 길을 걷 고 있는 셈이다.

"미래에는 항공이 모든 산업에 가장 긴요한 작용을 하게 됩니다. 항공과 우주항공 산업은 계속 팽창하고 있기 때문에 전문인력이 많이 요구되고 있어요. 개발해야 할 분야도 무궁무진합니다. 예를 들면 태평양을 몇분만에 가로지르는 극초음속 비행기(hypersonic plane)를 만드는 일이라든지 혼잡한 활주로 문제를 해결해 비행기의 연발이나 연착을 없앨 수 있는 방법을 해결하는 일 등 이루 헤아릴 수 없이 많아요. 저는 FAA에서 거의 30년간 근무하고 대학에서 15년간 가르치면서 한국사람들을 만날 수 없어 늘 안타까왔습니다. 미국에는 항공산업 전문인을 양성하기 위한 여러 가지 제도가 마련되어 있습니다. 저는 교포사회의 젊은이들과 이 정보를 나누고 싶습니다. 가령 민항기 조종사가 되려면 한국에서는 거의 다 공군에서 훈련을 받아야 하는 실정이지만 미국에서는 굳이 공군이나 Airforce Academy에 가지 않아도 많은 정규대학들이 좋은 학과와 시설을 제공하고 있습니다. 뿐만 아니라 중소 사립 비행학교에서도 충분한 교육을 받고 조종사가 될 수 있어요. 학비때문에 어려움이 있다면 항공과 관련된 회사에 근무하면서 회사에서 부담해주는 교육과정을 밟을 수 있습니다. 보잉이나 락히드, United Airlines, Gulf Stream Airway, Federal Express 등이 모두 고급 전문 인력 양성을 위해 투자하고 있는 회사들이에요."

조국을 떠나 이민길에 오르는 사람들의 궁극적인 바램 중 한가지는 외국에서 많이 배워 언젠가는 조국에 기여하겠다는 것이다. 세월이 흐르면서 이런 바램은 많이 희석된다. 또 배운 분야가 그렇게 할 수 있는 경우가 아닐 수도 있다.

체스터 장씨는 이런 소망을 충족할 수 있는 운이 좋은 경우라고 하겠다. 한국의 항공계가 국제적인 수준에 오르지 못한 시기에 미국에서 앞선 기술을 배워 조국의 항공 발전에 큰 몫을 했다. 그리고 지금은 이곳에 사는 이민 후배들에게 항공계로 진출하는 일을 열심히 돕고자 한다.

┐시절 그사람

이민 4세, 민완경찰로 명성 얻어

LAPD 한인 경찰 3호 **티모시 서**

○ 1974년에 LAPD 경찰이된 티모시 서씨.

○ 마약단속 가택수색 영장을 갖고 출동하기 앞서 단속반원들과.

1960년대에서 70년대 초에 이르기까지 LAPD에는 서너명의 한국계 경찰이 근무하고 있었다. 이민 2세인 레이 백씨와 조지 민씨가 1960년대에 LAPD에서 일을 시작했고 1974년에 티모시 서(53·Timothy Shur)씨가 들어갔다. 한인 커뮤니티 설립 초기에 경찰이 됐던 이 세 사람은 지금 모두 LAPD에서 은퇴했다.

티모시 서씨는 부계로 증조 할아버지가 1900년대 초에 멕시코로 건너 왔다가 10년 후 미국으로 들어와 산 이민 4세다. 이민 4세라고 하면 일반 적으로 완전히 미국화된 미국인을 생각하게 되지만 티모시 서씨의 경우는 그렇지 않다. 증조부모가 한세기 전에 미국으로 와서 이곳에서 몇대를 거쳤는데도 그는 한국인들과 많이 어울리며 한국인과 가깝게 살고 있다.

"제 자신이 저를 생각해 보면 한국에 대해 아는 게 많지 않으니까 미국 사람 같은 생각이 들어요. 그런데 실제로 생활주변을 돌아보면 제게 한국 적인 게 참 많아요. 한국 음식이 좋아서 한국 식당을 찾아다니고 한국인 들과 친하게 지내고…. 뿌리란 어쩔 수 없는 것 같애요. 가까이 지내는 유 태인 친구들이 많은데 유태인 친구들과 어울리다 한국인 친구들을 만나 보면 역시 나는 한국인들과 많이 닮았다는 것을 느끼게 됩니다. 문화 유 산이란게 핏속에 흐르고 있는 것 같아요. 아직 한번도 한국에 가본 적이 없지만 언젠가는 반드시 가볼 계획입니다."

그는 아버지 해리 서씨와 어머니 로즈 서씨 사이에서 2남 1녀 중 장남으로 로스앤젤레스에서 태어났다. 한국말을 모르지만 어려서부터 어머니의 손에 이끌려 권희상 목사(작고)가 시무하던 제퍼슨 블러버드의 한인연합장로교회에 다녔다. 초등부, 중고등부 주일학교에서 한국계 젊은이들과 한국식으로 성장했던 어린 시절을 그는 귀중하고 아름다운 추억으로 간직하고 있다. 주일학교 기금을 모으기 위해 학생들이 교회 앞에서 세차를 하던 일, 브룩사이드 공원에서 피크닉을 하며 숯불을 피워 갈비를 구워 먹고 잡채를 먹던 일 등을 그는 그리움을 담아 회상했다. 구강외과 의사였던 첫번째 아내 낸시 서(작고)씨도 한국인이었다.

티모시 서씨의 외할아버지 이범영(1982년 작고)씨는 1913년에 샌프란시스코에 온 유학생이었다. 이범영씨는 워싱턴의 구미 외교위원회에서 한국의 독립을 위해 일하고 있는 이승만박사에게 30년 가까이 독립 자금을 모금해 보낸 독립운동의 주요 인물이다. 한국 독립 후 1954년에는 귀국해서 이승만 대통령 특사로 동남아를 순방했고 아세아 반공연맹을 창설한 주역이다. 이범영씨는 이승만박사가 가장 신임했던 독립운동의 동지였고 가장 가까이 지낸 인사였다. 티모시 서씨는 '이승만 박사가 외할아버지 집을 여러 번 방문했고 외할아버지 집에서 식사도 같이 했다는 이야기를 들었다'고 했다.

부친 해리 서씨는 제2차 세계대전에 참전해 미국 정부로부터 은성훈장 등 10여 개의 국가 훈장을 받은 국가 유공자다.

티모시 서씨는 워싱턴 고등학교를 거쳐 롱비치 주립대학(Long Beach State University)에서 역사를 전공한 후 군 정예부대 특공대(United States Army Rangers)에 들어가 월남에서 근무했었다.

아주 어렸을 때의 그의 꿈은 선생이 되는 것이었다. 그러나 커가면서 경찰이 적성에 맞겠다는 판단이 섰다고 한다. 그는 뜀박질도 남다르게 잘했고 운동이라면 무슨 운동이든 잘했다. 경찰이라면 경제적으로 안정도 되고 살기 좋은 사회가 되도록 커뮤니티에 봉사할 수 있는 직업이기 때문에 보람이 있을 것이라는 생각에서 경찰의 길로 들어섰다고 한다.

"저는 로스앤젤레스에 한국인들이 그렇게 많이 있다는 것을 LAPD에서 일을 시작하고나서야 알았어요. 제가 LAPD에 들어가 보니까 한국인으로

레이 백씨, 조지 민씨가 있었어요. 같은 한국인이라는 배경때문에 곧 친해져서 한국에 대한 이야기를 많이 나누었고 한국에 대해 많이 배웠지요. 지금 하버지역 경찰서장인 폴 김씨가 조금 후에 들어왔는데 저는 폴 김씨로부터도 한국에 대해 많이 배웠습니다."

그로부터 4년 후에는 티모시 서씨의 동생 더글라스 서씨도 LAPD에 들어와 한국계 형제 경찰로 화제를 모으기도 했었다. 더글라스 서씨는 현재 램파트 경찰서 캡틴이다.

티모시 서씨는 2000년에 LAPD에서 은퇴하고 지금은 보험회사인 Surety Management Inc.의 특수업무반 책임자로 있다. 회사가 고객들로부터 금전적인 손실을 보았을 때 회사에 손실을 준 사람을 찾아내는 업무다. LAPD에서의 오랜 경력이 밑받침이 되어 '많은 연봉과 좋은 자리를 제의받았기 때문에 LAPD에서 은퇴하고 이쪽으로 자리를 옮겼다'고 했다.

"저의 26년 경찰 생활은 마약 단속반과 동양인 수사과 등 두개로 요약됩니다. 마약 단속반에 오래 있었고 동양인 수사과에는 4년 있었습니다. 가장 보람 있고 기억에 남는 일이라면 윌셔블러버드와 노만디에서 3가에 이르는 지역에서 집중적으로 마약 거래를 하고 있던 악명 높은 갱집단 MS(Mara Salvatrucha)파를 소탕해 이 지역 주민들의 삶의 질을 높여놓은 것입니다. MS는 엘살바도르 갱들이 중심이 된 최악의 갱집단으로 윌셔- 노만디 지역 인근 마약 거래를 주도하는 대단히 질이 나쁜 일당들이었습니다. 연방정부와 시정부가 합해 강력 전담반을 구성해 2개월에 걸친 비밀 조사 끝에 불가능할줄 알았던 갱 리더들을 체포했습니다. 여기에 참여했던 단속반 경찰들은 모두 DEA(Drug Enforcement Agency) 최고상인 Administrators Award를 받았지요."

그는 동양인 수사과에서 4년간 근무하면서 한인들과 가까이 지내고 한인들을 많이 알게 된 것도 큰 소득이었다고 했다.

"짧은 기간이긴 하지만 동양인 수사과에 근무한 것이 제게는 전혀 새로운 세계를 경험하는 계기가 됐습니다. 미국에서 출생했지만 저의 유산은 한국문화에 기초를 두고 있지 않습니까. 어려서부터 조부모님과 친척들로부터 이민 초기 한인들의 생활에 대해 많은 이야기를 들었습니다. 어른

○ 1970년 월남에서 군 특공대로 근무중.

○ LAPD 마약단속반에 근무하면서 압류한 마약을 배경으로 동료들과 찍은 사진, 앞줄 오른쪽에서 두번째 앉은 사람이 티모시 서씨.

동양인 범죄 수사과

1975년 10월 1일, LAPD 내에 임시 Asian Task Force(ATF)로 시작됐다. ATF는 미국에서 최초로 생긴 아시아계 범죄전담반이다. 원래의 목적은 LAPD가 아시아계 커뮤니티에 발생한 문제를 신속하고 정확하게 해결할 수 있다는 신뢰감을 주기 위한 것이었다.

14년 간의 업무 성과가 좋아 1989년에는 동양인 전담반을 영구적으로 두기로 했으며, 1990년 동양인 범죄 수사과(Asian Crime Investigation Section-ACIS)로 이름을 바꾸었다. 1991년에는 언어와 문화 등 전문가적인 의견이 있어야만 해결할 수 있는 범죄 케이스 중 아시아계 용의자나 희생자가 관련된 살인, 살인 미수, 폭행, 절도, 강탈 등 강력범죄를 수사하게 됐다.

한국계 경찰들은 거의 모두가 동양인 수사과를 거쳤다. 현재 동양인 수사과에는 한상진, 린 김, 태 홍, 스티브 샤이(화교) 등 4명의 한국계가 있다. LAPD 9천여 경찰 중 한국계는 1백 20여 명이다.

들은 시간만 있으면 자신들이 조국을 떠나와서 어떻게 살았는지를 들려주시곤 했으니까요. 한국인의 후예라는 인식과 한국, 한국인에 대한 애정을 키워주신 거지요. 동양인 수사과에 근무하면서 파트너였던 조지 민, 폴 김씨와 함께 한국 상인들, 한인단체, 한인 범죄 용의자와 희생자들을 일과처럼 만나고 다녔습니다. 한인 커뮤니티에 좋은 서비스를 제공하려고 많은 노력을 했습니다."

특히 기억에 남는 것은 1977년을 전후해서 3년 동안 매년 여름 샌버나디노 산속에서 있었던 한인 청소년들을 위한 캠프 코니퍼(Camp Conifer)에서 일했던 것이다. 그는 LAPD 경찰로서 캠프 코니퍼에 참가해 카운슬러로, 디렉터로 한국계 젊은이들을 지도할 수 있었던 게 큰 기쁨이었다. LAPD 측에서는 티모시 서 경관이 캠프에 참가하는 것을 업무수행의 일환으로 허가했었다.

"미국은 다인종들이 모여 사는 곳입니다. 이 다인종 사회에서 한국인들이 존경받는 민족이란게 제게는 큰 자랑입니다. 제가 활동하고 있는 주류사회에서는 한국인들이 부지런하고 교육 수준이 높으며, 사회에 공헌하는 민족이라고 인정하고 있습니다. 이민 한세기가 이루어놓은 가장 큰 자산이 아니겠습니까?"

첫번째 부인과 사별한 티모시 서씨는 두번째 부인인 트레이시(50)씨와의 사이에 아들 벤자민(9)을 두고 벤추라에 살고 있다.

'이번 주말에는 한국인 친구들과 샌프란시스코 쪽으로 전복을 잡으러 가기로 했다' 며 자랑하던 티모시 서씨는 헤어지는 인사를 하기 전 한마디 덧붙였다. "요즈음 한국 식당에 가서 먹어보면 우리 할머니가 만들어주던 만두나 갈비탕 맛이 안난다"는 것이다. 이민 4세가 간직하고 있는 만두 맛, 갈비탕 맛은 어떤 것일까. 1백여 년 아득히 멀리 있는 고향의 맛에 가까운 것인지도 모른다.

시절 그사람

이민문학 새 지평 연 방랑시인

첫 교포문학지 편자 **황 갑 주** 시인

● 1973년에 재미 시 동인지를 펴낸 황갑주씨.

◐ '지평선' 시대인 1970년대에 문학행사를 위해 한자리에 모인 문인들. 왼쪽부터 고원, 황갑주, 이선주, 최연홍씨.

시와 인디안과 돌— 한평생 자연과 순수를 좇아 살아온 시인 황갑주(71)씨를 상징하는 단어들이다. 그는 시인이면서 미국 원주민 연구가가 되었고 또 어느새 돌 전문가가 되어 있다. 여기에 한가지 더 첨부한다면 그는 한국의 독재에 항거했던 저항시인이다.

지금은 애리조나주 썬시티에 살고 있지만 그는 30년 가까이 로스앤젤레스 교민으로 살았다. 서울에서 로스앤젤레스로, 로스앤젤레스에서 뉴멕시코주 앨버커키로, 다시 로스앤젤레스로, 그리고 지금은 애리조나주 썬시티에서 그는 '사막의 의미'를 만끽하며 자연인으로 살고 있다. 그는 내년부터는 노스캐롤라이나로 가서 새로운 삶을 살 계획이라고 말한다.

동국대학 졸업 후, 한국에서 재능 있는 시인으로 꼽히던 황갑주씨는 1970년 5월에 이민왔다. '미국에 온 후 첫 4개월 동안 막노동을 하면서 한국의 인생을 모두 털어내고 오랜 휴식을 즐겼다'고 말한다. 이민생활의 시작을 그는 이렇게 '시인답게' 표현했다.

첫 로스앤젤레스 생활 5개월 후에 그는 간호사인 부인 김영희(64)씨의 직장을 따라 뉴멕시코주 앨버커키로 이사했다. 앨버커키는 자연이 자연

미국 땅에 심은 한국 275

그대로 숨쉬는 아름다운 곳이다. 자연의 아름다움에 반하고 지역 주류사회 문인들의 순수성에 반한 황갑주씨는 본인에게는 전혀 미개 지역인 미국의 시단을 알고 싶은 욕망이 생겼다. 뉴멕시코 생활은 시인으로서의 황갑주씨가 새로운 세계를 만날 수 있는 계기를 만들어준 것이다.

앨버커키 생활은 1년만에 끝났다. 그러나 황갑주씨에게는 대단히 중요한 의미를 갖는 시기였다. 1971년 봄, 뉴멕시코 시인협회 월례행사 모임에서 코리안 시인 낭독의 밤을 갖고 황갑주씨는 자신의 시를 소개했다. 그로부터 두어달 후에는 앨버커키시에서 남쪽으로 100마일 떨어진 소로코시에서 한국의 날 행사를 갖고 그 지역 한인들과 함께 주류사회에 한국문화를 소개하는 행사를 했다.

앨버커키 생활 1년후 황갑주씨는 다시 로스앤젤레스로 왔다. '아내가 너무 외로워 해서' 아내의 친구들이 있는 곳으로 이사를 왔다고 했다. 이들 부부의 30년 가까운 로스앤젤레스 시절이 시작된 것이다. 그리고 이곳에서 황갑주씨는 미국땅에 한국문학의 씨를 뿌리게 됐다.

"70년대 중반까지는 미국의 시단이 어떻게 돌아가고 있는가를 조사하는데 보냈습니다. 그동안에 미국 시단 내부의 이야기를 서울에서 나오는 시전문지에 연재해 소개하기도 했구요. 조사를 하고 글을 쓰다보니 어느 정도 미국 문단을 파악하게 됐습니다. 1960년대 전후 미국서 비트 같은 새 혁신의 문화풍조가 휩쓸고 있을 때 긴즈버그, 개리 스나이더, 케로악 등 그 패거리들이 시동인지를 만드는데 타이프 용지 몇장 접어가지고 첫면서부터 타이프를 쳐서 시를 수록했어요. 이 교회소식지 같은 동인지에 실린 시들이 미국 현대시의 대표작들인 거지요. 이런 동인지가 대학 도서관 희귀본 칸에 장서되어 있는 것을 알고 저는 충격을 받았습니다."

황갑주씨는 우리도 동인지를 만들 수 있겠다는 생각이 들었다. 분수에 맞게 성의껏 만드는 것이 중요하다. 작품 생활에 열중하는 자세가 중요하다는 것을 다시 깨닫게 된 것이다. 그는 미국에 와있는 한국 문인들을 찾기 시작했다. 직접 편지도 보내고 한국에 있는 다른 문인들에게 미국에 있는 시인들의 연락처를 문의하기도 했다.

그는 한글 타자기로 '한자라도 틀리게 치면 그 페이지 전체를 새로 쳐야 하는' 어려운 여건 하에서 한국 문인들의 작품집 '지평선'을 만들기에 나

황갑주씨 시집

1. 저 내년에라도(1965)
2. 하늘이 따라와(1973)
3. 사막기(1979)
4. 나성에서 본 광주의 하늘(1988)
5. 사막엔 달이 뜨더라(1992)
6. 조국아 너를 사랑한다((1999)

● 세계적 통소 음악가인 R.C.나까이씨와. 그는 나바호 인디언이다. (1996년)

섰다.

"교포문학을 싹트게 하겠다는 생각으로 우선 가능한 작업으로 출발했습니다. 1973년 초에 지평선 발간을 위해 여러차례 신문에 원고모집 기사가 나갔지만 응모작품이 하나도 없었어요. 그래서 개별적으로 연락을 해서 원고를 모았습니다. 지평선을 계기로 교포문학의 조성 분위기가 이뤄졌다고 할 수 있습니다."

첫 재미 시 동인지 '지평선'은 심한 진통 끝에 73년 연말에 탄생했다. 당시 동아일보 편집국장이던 이선주씨의 적극적인 도움과 황갑주씨의 말할 수 없는 고생의 결실이었다. 지금와서 보면 초라하고 볼품없는 책이지만 당시로서는 미국에 나와 사는 문인들에게 희망을 안겨준 문학지였다. 지평선 1호가 나왔을 때 본국의 언론은 '우리 문학사상 최초의 해외 교포문학지'라고 크게 소개했다.

'지평선'은 1970년대에 네권이 나오고 끝났다. 1호와 2호가 나온 후 3호는 '재미시인선집'이라는 제호로, 4호는 '지평선 3인집'으로 나왔다. 이 3인집이 미주에선 처음으로 사진식자로 쳐서 책의 면모를 갖추게 된 것이다. '책의 제호를 정하기 위해 뉴욕에 거주하고 있던 고원 선배에게 전화를 걸어 의논했더니 언뜻 떠오르는 것이 '지평선'이라고 해서 그대로 지평선으로 이름을 붙였다'고 했다.

'지평선' 외에도 황갑주씨는 1970년대, 80년대에 동인지와 개인시집을 여러 권 만들어냈다. 자신의 시집 '사막기', 역사적인 자료로 남을 광주항쟁 동인시집 '빛의 바다', '빛이 타는 5월' 등이 모두 여기에 포함된다. 그 후에 일본 토쿄의 한양사에 의뢰해 광주 의거 1주년 기념집 '아, 광주여 무등산이여'를 출간해냈다. 이 책들은 한글타자에서 시작해 사진식자기, 청타활자로 이어져 미국내 한국 출판역사의 축소판이라고 할 수 있다.

그동안 황갑주씨는 주류문단과의 교류도 활발하게 했다. 할리웃을 중심으로 Fifth St. Studio Theatre 등에서 시낭독도 하고 라디오, TV 방송국 초청으로 시낭독을 하기도 했다.

황갑주씨는 여행을 좋아한다. 그는 전국 여러 곳을 여행하면서 은퇴 후에 어디에서 살지를 눈여겨 보았었다. 그가 첫손가락에 꼽은 곳은 애리조나주 세도나였다. 그러나 사정이 여의치 않아 썬시티로 결정했고 10여 년 전에 이미 글을 쓰는 '서재용'으로 지금의 집을 구입해 로스앤젤레스에 본거지를 두고 시간이 날 때마다 이곳으로 와서 지냈다. 완전히 이곳으로 옮긴 것은 2년여 전이다.

"썬시티는 인디안 문화의 중심지입니다. 이 지역에는 보석세공사나 미술가, 음악가 등 세계적인 인디안 예술가들이 살고있어요. 저는 이 사람들과 가까이 지내면서 자연과 예술의 분위기를 즐기고 있습니다. 인디안 예술가들은 세계적인 예술가들이지만 독학으로 공부하고 학교 공부로 보자면 일자무식인 사람들입니다. 그렇기 때문에 이들의 예술세계는 참으로 순수합니다. 저는 10여 년 전부터 시간 나는대로 사막지대로 들어와 마음을 맑게 하는 작업을 해왔어요. 인디안 연구를 하면서 인디안 문화의 상징이라는 터키석(turquoise)을 연마하기도 했지요. 터키석이 갖고 있는 아름다운 옥빛에 빠져 보석세공을 하며 3년을 보냈습니다. 그동안은 제 일생의 모든 정신 질환이 치유된 클리닉이 된 셈이었지요. 터키석과 비취, 오팔 등을 아름답게 세공하고 연마하는 과정은 시 쓰기보다 수십배 황홀경이었습니다. 돌을 찾아 여행을 떠나고, 찾아서는 갈아내며 황홀경 속에 시간 가는 줄 모르고 지내다가 어느날 문득 이미 저질러놓은 문학은 어쩌나 하는 생각이 번쩍 들어 보석에서 손을 뗐지요. 문학의 마무리 작업에 전념하기로 한 겁니다."

보석으로 돈을 모았느냐고 묻자 그는 고개를 저었다. 받는 사람들이 기뻐하는 게 보기 좋아 모두 선물로 주었다는 설명이다.

그는 사막 예찬가다. 낮동안 뜨거운 태양열에 공기가 끓으며 모든 것을 말려버리고 저녁이면 식으면서 나오는 공기의 요정을 들이마시며 살지 않는 사람은 사막의 진미를 깨닫지 못한다고 했다. 그는 '사막의 여름밤'이란 시에서 '온누리는 밤공기의 요정이고/사막은 날개 돋혀/하늘도 세상의 사랑이어라' 고 찬양했다.

썬시티는 로스앤젤레스에서 380마일 떨어져 있다. 미주문인협회의 미주문학상을 수상하기도 한 황갑주씨는 '한인사회를 등진 것이 아니고 원시 속으로 깊숙히 들어가 고투하고 있다' 고 요즈음의 생활을 설명했다.

"지난 세월이요? 못다한 한스러움도 있고 회한도 있지요. 그렇지만 운명의 섭리야 어쩌겠습니까. 다 잊으려고 노력합니다. 내년부터 동부 생활을 계획하고 있으니 동부 쪽을 꼼꼼히 여행한다는 설레임으로 지도만 펴들면 새 기분이 됩니다. 제 일생은 방황하는 나그네 팔자에요. 이를 축복으로 새기고 있습니다."

3남 1녀에게서 이미 8명의 손주를 보았기 때문에 후손들에 대한 임무에서 자유롭다는 그는 여생을 문학과 여행으로 보내려 한다고 했다.

뿌리출판사 출판상담 : 전화 02)2247-1115, 02)466-4516
팩스 : 02)466-4517
인터넷 홈페이지 www.rootgo.com
주소 : 서울시 성동구 성수 2가 3동 317-10호 2층
우편번호 : 133-835